U0488761

公共事务与国家治理研究丛书

大病保险制度效应及对策研究：基于统筹城乡医保视角

顾海 许新鹏 著

南京大学出版社

本著作为国家自然科学基金面上项目"城乡居民重大疾病保障制度模式、效应评估与对策研究"(71573118)的成果

总序

在人类文明体系演进中,政治共同体的良善治理始终是衡量文明发展水平和程度的标尺。在中华民族源远流长的历史中,形成了丰厚的治理文明传统,至今依然熠熠发光。在近现代基于文明互鉴的治理实践中,中华民族不断探索新的治理文明道路。时至今日,在中华民族伟大复兴背景下,推进国家治理体系现代化成为时代发展的主题。推进国家治理体系和治理能力现代化,就是为人民幸福安康、为社会和谐稳定、为国家长治久安提供一整套更完备、更稳定、更有效的制度体系并构建其实践能力。这既是历史发展的主题,也是当今中国社会科学的时代责任,探究合法性和有效性兼备的治国理政知识,无疑是政治学和公共管理的根本旨趣。

在国家"双一流"建设背景下,南京大学确立了创建具有中国特色、南大风格的世界一流大学的总体目标,其中包括"国家治理现代化"学科高峰和"理论创新与社会治理"特色学科群建设计划。为高水平实现这些目标,南京大学以政府管理学院为主体组建了"公共事务与国家治理"学科群。本学科群以人类社会发展中的公共事务及其规律为基本关怀,研究国家治理与全球治理中的理论及实践问题,探索良政善治之道,全面服务于推进国家治理体系和治理能力现代化的总体目标。

南京大学政府管理学院脱胎于1921年成立的国立中央大学政治学系,历经百年沧桑,她既见证了中国现代国家治理体系的形成过程,又致力于通过对国家治理的知识创造积极参与到中国现代国家治理体系的建构之中。"周虽旧邦,其命维新",经过数代学人的不懈努力,南京大学政府管理学院形成了"道器相济,兼有天下""真诚研究、立德树人"的文化传承,确立了基础理论原创性研究和应用问题引领性研究的学术布局;在新时代社会科学发展进程中,南京大学政府管理学院正在成为科研力量雄厚、学术特色显著、传承紧致有序、发展充满朝气的国家治理现代化的研究和教学机构。

南大校歌云:"吾愿无穷兮,如日方暾。"创新性地开展国家治理现代化的研究,是政治学和公共管理的使命和挑战,呈现在读者面前的这套丛书,是我们研究国家治理现代化的学术成果。我们由衷期待这套丛书成为我们与学术界开展对话和交流的平台,并期待与学界同仁一道为探究国家治理现代化的中国话语做出贡献。

序

我国医疗保障制度逐步发展和完善,基本医疗保障制度的覆盖率不断扩大,待遇水平也逐步提高,一定程度上提高了居民的医疗可及性,减轻了居民的医疗经济负担,但是在缓解因病致贫和返贫现象方面仍然作用有限。此外,医疗资源供给、医疗保障制度设计方面的差异导致城乡群体间在医疗利用和健康方面存在不公平现象。为了解决人民群众高额医疗负担,缓解居民看病难、看病贵问题,部分地区积极探索并推进城乡居民大病保险制度实践。国家层面于2012年开始实行大病保险的试点工作,并于2015年全面实施大病保险制度。2020年2月,《中共中央 国务院关于深化医疗保障制度改革的意见》提出,强化基本医疗保险、大病保险与医疗救助三重保障功能,完善和规范居民大病保险。十九届五中全会强调,"十四五"时期我国医疗保障工作意义重大,通过深入贯彻落实深化医疗保障制度改革意见,推动医疗保障实现更高质量发展,增强人民群众的获得感、幸福感、安全感。大病保险通过对基本医保补偿后还需个人自付的高额费用给予二次补偿,在降低居民医疗经济风险和家庭灾难性卫生支出方面起到一定作用。在国家顶层设计下,各地区积极推进大病保险制度实施,但在实施过程中,不同地区大病保险制度城乡统筹模式存在一定差异。为了进一步凸显制度设计的公平性,部分地区将城镇居民和农村居民大病保险合二为一,予以整合,形成二元补偿统一制模式。部分地区将城镇职工、城镇居民和农村居民大病保险整合在统一的制度框架下，形成一元制模式。还有部分地区未实现大病保险不同险种之间的整合，即城镇职工大病保险、城镇居民大病保险和新农合大病保险分别独立运行。大病保险制度城乡统筹从制度设计上做到城乡统一，能够增强基金的抗风险能力和互助共济，进一步提高城乡大病患者的补偿待遇水平，并有利于城乡大病患者公平地享有大病保障。

上述背景引发出关于大病保险政策效果的多个研究问题，即实施大病保险制度能否提高居民的可及性，促进居民医疗服务利用并改善健康？实施大病保险制度能否降低居民疾病经济负担？大病保险制度实施的公平性如何？此外，在全国已基本实施大病保险制度的背景下，大病保险制度不同城乡统筹模式间的实施效应差异如何？城乡统筹与制度实施效应及公平性方面的关系如何？这些重要问题需要从理论和实践角度深入思考。本书基于上述逻辑，从制度实施效应及城乡统筹视角出发，对大病保险制度实施效应进行系统、全面的考察，以期为制度完善提供有益参考。

本书主要研究结论如下：

制度实施效应研究方面：① 大病保险制度能够总体上促进城乡居民的住院医疗服务利用，提高居民住院就诊概率和住院服务利用强度，并对城乡居民的自评健康起到显著改善作用。制度实施对处于相对劣势"环境"的居民补偿效应更明显，提高农村居民和中低收入居民的医疗服务利用并促进其健康水平改善。② 实施大病保险制度并未显著影响城乡居民的疾病经济负担。实施大病保险制度对不同收入群体的疾病经济负担具有明显差异：对低收入群体的疾病经济负担没有显著影响，对于中等收入群体，大病保险制度会显著提高其医疗经济负担，实施大病保险制度对其疾病经济负担有显著降低作用。③ 总体而言，随着大病保险制度的实施，与收入相关的医疗服务利用和疾病经济负担不平等程度并未下降，反而有增长趋势，但大病保险制度实施后有利于健康不平等程度的改善。④ 我国各地区医疗服务体系运行效率总体水平相对较低,且效率值较低主要归因于技术水平较低,实施大病保险制度能够显著提高医疗服务体系综合效率值。

城乡统筹模式效应差异分析方面:① 大病保险城乡统筹能够显著增加大病患者的医疗服务利用,提升其实际报销比,并改善其健康水平。一元制模式相比二元补偿统一制,能够进一步促进城乡大病患者的医疗服务利用水平,并改善其自评健康状况。大病保险制度城乡统筹对农村大病患者的效应更为显著。② 大病保险制度城乡统筹能够显著降低患者的自付费用和疾病经济负担比,显著缓解大病患者因罹患重大疾病而面临的高额经济负担;对于已统筹地区,一元制模式相比二元补偿统一制,能够进一步提高患者实际报销比。相对而言,大病保险城乡统筹对大病患者疾病经济负担的改善更为明显。③ 大病保险制度城乡统筹能显著缩小城乡大病患者在医疗服务利用和健康方面存在的机会不平等。对于已统筹样本而言,在缩小城乡大病患者医疗服务利用和健康的机会不平等方面,暂无明显证据表明一元制相对二元补偿统一制更优。④ 大病保险制度城乡统筹是居民疾病经济负担存在差异的主要贡献因素,对于已统筹地区,统筹模式对疾病经济负担公平性影响较小,是否统筹的差异远大于不同统筹模式间的差异。⑤ 大病保险制度统筹相比未统筹,总体健康不平等程度更低,健康绩效水平更高,且统筹与未统筹模式之间健康不平等的差异要大于不同统筹层次之间的差异。

基于上述分析结果,本书提出完善我国重大疾病保障的具体策略:① 逐步将大病保险融入基本医保之中,不断提高大病保险制度的保障水平;② 加快推进大病保险制度的城乡统筹,并逐步提高统筹层次;③ 在大病保险制度城乡统筹进程中,需进一步关注制度实施的公平性;④ 加强基层医疗机构服务能力建设,改善重特大疾病患者基层就医便利性、可及性;⑤ 加强医保体系制度间衔接,实现大病保险制度精准保障；⑥完善医保信息系统整合，加快推进大病保险"一站式"结算；⑦提高大病保险基金管理能力，进一步落实各地大病保险基金监管责任。

南京大学卫生政策与管理研究中心承担了多项国家级、省部级课题，已陆续出版《中国城镇化进程中统筹城乡医疗保障制度研究：模式选择与效应评估》《机会平等、制度绩效与统筹城乡医保》等系列研究成果。在大病保险制度全面实施和城乡医保统筹背景下，我们出版本书，通过对城乡居民大病保险制度的实施效应及不同城乡统筹模式下制度的效应差异进行分析，全面、系统地评估制度实践对微观个体及宏观效率的影响。希望我们的研究能够为中国医疗保障制度深化改革增添一份理论与实践方面的学术思考，为优化相关制度设计建言献策，为增进人民健康福祉贡献一份微薄之力！本书可能存在一些疏漏或不足之处，欢迎各位读者不吝指正！

顾　海

2020年12月

目 录

第一部分 绪 论

第一章 我国城乡居民医疗服务差异 …………………… 3
  一、城乡居民医疗服务供给与利用 ………………………… 3
  二、城乡居民医疗经济风险 ………………………………… 10
  三、城乡居民健康状况 ……………………………………… 13
  四、城乡居民医疗保障水平 ………………………………… 19

第二章 城乡居民大病保险制度缘起及发展现状 …………… 33
  一、城乡居民大病保险制度缘起 …………………………… 33
  二、城乡居民大病保险制度运行现状 ……………………… 35
  三、城乡居民大病保险制度发展方向 ……………………… 40

第三章 国外重大疾病保障制度比较研究 ………………… 42
  一、国家医疗保险模式下的重大疾病保障制度 …………… 42
  二、社会医疗保险模式下的重大疾病保障制度 …………… 44
  三、混合型医疗保险模式下的重大疾病保障制度 ………… 49
  四、国外重大疾病保障制度对我国的启示 ………………… 52

第四章 城乡居民大病保险制度相关概念界定 …… 55
一、重大疾病 …… 55
二、统筹城乡医保制度 …… 56
三、城乡居民大病保险制度 …… 57
四、大病保险制度实施效应 …… 59

第二部分 理论基础与研究回顾

第一章 理论基础 …… 63
一、医疗服务利用模型 …… 63
二、健康需求理论 …… 66
三、机会平等理论 …… 69

第二章 研究回顾 …… 73
一、灾难性卫生支出与城乡居民大病保险制度 …… 73
二、医疗保险与医疗服务利用 …… 74
三、医疗保险与健康 …… 76
四、城乡居民大病保险制度相关研究 …… 79

第三部分 城乡居民大病保险制度模式分类及效应分析框架构建

第一章 城乡居民大病保险制度模式划分及典型地区实践 …… 85
一、"一元制"模式 …… 85
二、"二元补偿统一制"模式 …… 89
三、"未统筹"模式 …… 94

第二章 分析框架与调查设计 …… 99
一、分析框架 …… 99
二、调查设计 …… 104

三、调查数据描述 …………………………………………… 108
四、其他数据来源及样本描述 ……………………………… 113

第四部分 城乡居民大病保险制度效应实证研究

第一章 大病保险制度对居民医疗服务利用及健康的影响研究 …………………………………………………… 121
一、研究方法与变量选择 …………………………………… 121
二、实证研究结果 …………………………………………… 126
三、讨论与小结 ……………………………………………… 144

第二章 大病保险制度对居民医疗经济风险的影响研究 …… 147
一、数据来源、研究方法与变量选择 ……………………… 148
二、实证结果分析 …………………………………………… 152
三、讨论与小结 ……………………………………………… 170

第三章 大病保险制度实施公平性研究 ……………………… 172
一、研究方法、数据来源与变量选择 ……………………… 174
二、实证结果分析 …………………………………………… 179
三、讨论与小结 ……………………………………………… 190

第四章 大病保险制度实施背景下医疗服务体系运行效率及影响因素分析 …………………………………………… 192
一、数据来源与研究方法 …………………………………… 194
二、实证结果分析 …………………………………………… 197
三、讨论和建议 ……………………………………………… 204

第五部分 统筹城乡大病保险制度模式效应实证研究

第一章 大病保险不同统筹模式对大病患者医疗服务利用及健康的影响差异研究 …………………………………… 209

一、变量选择及模型设定 ··· 210
　　二、实证研究结果 ··· 212
　　三、讨论与小结 ··· 230

第二章　大病保险不同统筹模式对城乡大病患者疾病经济负担的影响差异研究 ··· 233
　　一、数据来源、研究方法和变量选取 ································· 235
　　二、实证分析 ··· 237
　　三、讨论与小结 ··· 246

第三章　大病保险统筹模式对城乡大病患者疾病经济负担的影响的动态分析 ··· 248
　　一、数据来源 ··· 249
　　二、样本城市大病保险制度具体实践 ································· 249
　　三、城乡居民大病保险制度实施补偿效果的动态评价 ··············· 252
　　四、讨论与小结 ··· 260

第四章　大病保险统筹模式与城乡大病患者医疗服务利用及健康不平等 ··· 262
　　一、实证策略与变量选择 ·· 263
　　二、实证研究结果 ··· 265
　　三、讨论与小结 ··· 283

第五章　大病保险统筹模式与疾病经济负担公平性 ················ 286
　　一、分析框架 ··· 286
　　二、模型设定与变量选择 ·· 289
　　三、实证结果分析 ··· 291
　　四、研究结论与政策含义 ·· 296

第六章　大病保险统筹模式与健康绩效公平性 ······················ 298
　　一、实证分析框架 ··· 298

二、模型设定与变量选择 …………………………………… 300
三、实证分析结果 …………………………………………… 303
四、研究结论与政策含义 …………………………………… 308

第六部分 城乡居民大病保险制度综合评价、政策建议与未来展望

第一章 城乡居民大病保险制度的综合评价 …………… 313
第二章 城乡居民大病保险制度优化的政策建议 ………… 317
第三章 城乡居民大病保险制度未来研究展望 …………… 324
参考文献 …………………………………………………… 325
附录1 ……………………………………………………… 357
附录2 ……………………………………………………… 360
附录3 ……………………………………………………… 367
附录4 ……………………………………………………… 373
附录5 ……………………………………………………… 380
后　记 ……………………………………………………… 382

第一部分 绪 论

第一章 我国城乡居民医疗服务差异

我国在经济社会发展方面长期处于城乡二元结构的状态,城乡发展差异使得城市和农村居民不仅仅在收入和就业等方面存在较大差距,而且在教育、医疗服务和社会保障等与居民可行能力紧密相关的诸多方面也存在显著差异。本章重点考察城乡居民在医疗服务方面的差异化现状,包括城乡医疗服务资源的供给和利用情况、城乡居民所面临的医疗经济负担差异,在此基础上考察城乡居民的健康状况,最后从医疗保障制度出发,对比城乡居民的医疗保障水平。

一、城乡居民医疗服务供给与利用

医疗卫生资源供给会从可及性方面影响个体的医疗服务需求及实际利用情况,同时也会对居民的医疗服务满意度产生影响。医疗资源供给主要反映在人、财、物三个方面,因此下文从上述三个方面的投入考察城乡医疗服务供给情况,从医疗服务可及性、居民的实际就诊情况和医疗服务满意度来衡量居民的医疗服务利用情况。

(一) 城乡医疗服务供给比较

1. 每千人口卫生技术人员数

卫生技术人员数量变化从人力资源角度反映了我国卫生资源的投入和变动情况,最为常用的指标为每千人口卫生技术人员数,分城乡每千人口卫生技术人员数反映了城乡间卫生服务供给在人力投入上的差距。图 1-1-1 显示,我国城市每千人口卫生技术人员数在 1980 年至 2000 年间持续减少,随后缓慢增加,与此同时我国农村每千人口卫生技术人员数总体上持续增多,得益于自改革开放以来我国卫生事业的迅猛发展。城乡绝对数量差距从 2000 年的 2.76 个不断扩大至 2007 年的 6.60 个,近两年城乡差距又表现为缓慢缩小。城乡相对差距从 1980 年的 4.44 倍降至 2000 年的 2.15 倍,而后小幅升至 2010 年的 2.51 倍,后再次增长到 2015 年的 2.62 倍,现阶段又开始缓慢下降。由数据可知乡差距较大,反映出我国城乡医疗服务发展不平衡,这个问题亟待解决。

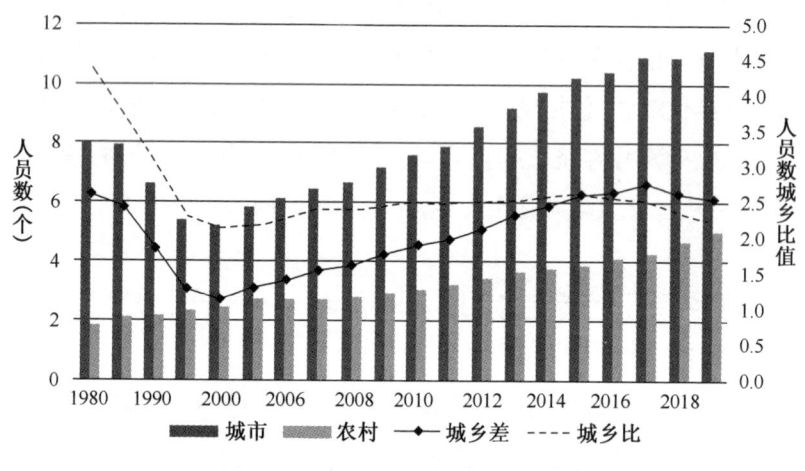

图 1-1-1 每千人口卫生技术人员数

注:数据来源于 2020 年《中国卫生健康统计年鉴》以及有关计算。城市地区包括直辖市区和地级市辖区,农村地区则包括县及县级市。

2. 每千人口医疗卫生机构床位数

医疗卫生机构床位数能够客观反映医院的规模和等级,以及卫生服务的供给能力,城乡每千人口医疗卫生机构床位数的对比体现了城乡间医疗供给能力的差异。从图 1-1-2 可以看出,与人力投入变化趋势类似,我国每千人口医疗卫生机构床位数总体上也呈现出先上升后下降然后再上升的态势。此外,城市和农村的每千人口医疗卫生机构床位数从 2003 年至今一直稳步增加,农村自 2003 年的 1.41 个增至 2019 年的 4.81 个。城乡绝对数量差距从差距最大的 2015 年 4.56 个,降至 2019 年的 3.97 个,城乡相对数量差距更直观地反映出近五年城乡比是逐年降低的。

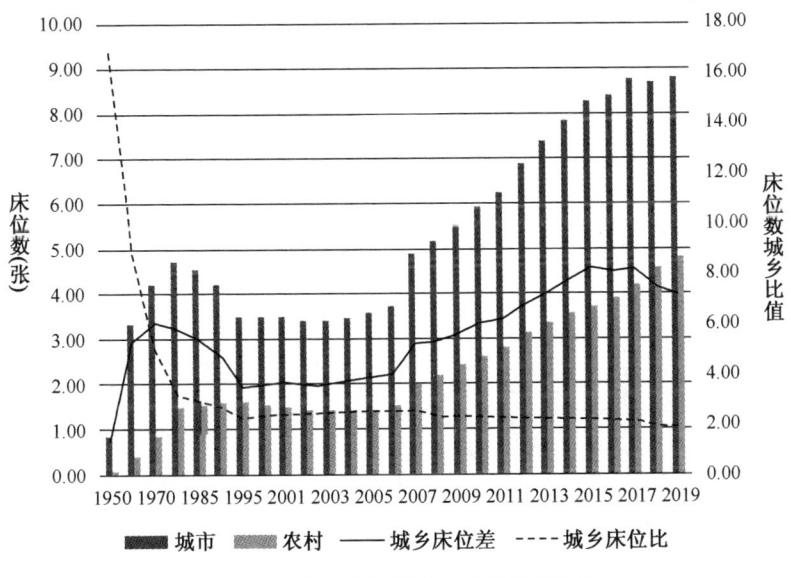

图 1-1-2 每千人口医疗卫生机构床位数

注:数据来源于历年《中国卫生健康统计年鉴》,2007 年起,年鉴中将指标"每千人口医院和卫生院床位数(市和县)"改为"每千人口医疗卫生机构床位数(城市和农村)"。

3. 城乡基层医疗卫生机构数

基层医疗卫生机构在提升居民健康水平方面扮演重要的角色,其主要包括社区卫生服务中心、社区卫生服务站、街道卫生院、乡镇卫生院、村卫生室、门诊部、诊所(医务室)(《中国卫生健康统计年鉴》)。本研究主要分析具有代表性的社区卫生服务中心(站)、乡镇卫生院与村卫生室,探讨城乡医疗服务供给与可及性。

图 1-1-3 显示,我国社区卫生服务中心(站)从 2005 年到 2007 年涨速迅猛,从 17,128 个增至 27,069 个,随后增长速度平缓;乡镇卫生

院数量则逐年下降,从 2005 年的 40,907 个减至 2019 年的 36,112 个;村卫生室是基层医疗卫生机构的主力军,为所在地区的农村居民提供一般疾病诊疗服务和基本公共卫生服务。我国村卫生室数量从 2005 年的 583,209 个增加到 2011 年的最大值 662,894 个,而后又缓慢下降至 2019 年的 616,094 个。基层医疗卫生机构在引导患者分流、促进分级诊疗实施方面起到重要作用,同时能够进一步缓解居民"看病难、看病贵"等问题。

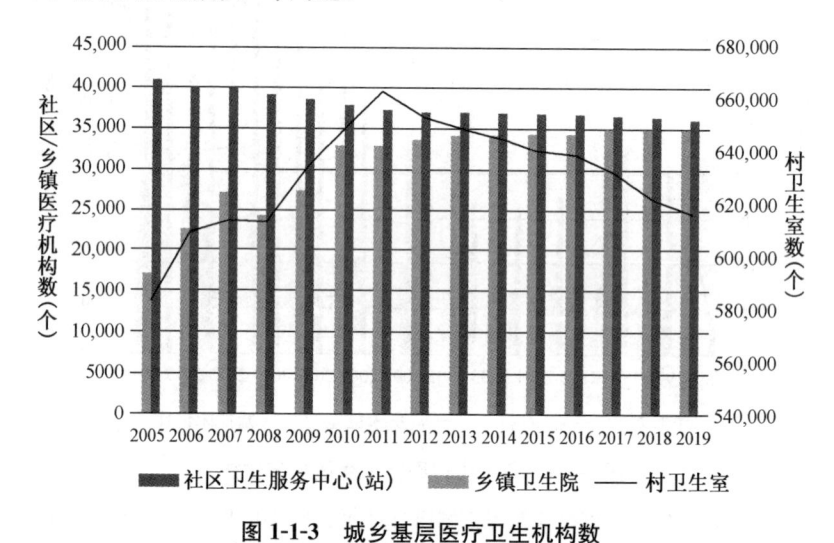

图 1-1-3　城乡基层医疗卫生机构数

注:数据来源于历年《中国卫生健康统计年鉴》。

4. 卫生总费用与财政投入

卫生总费用包括政府、社会、个人三者在卫生方面的支出,体现了特定经济条件下上述三个主体对医疗保健的重视程度和负担水平,同时也反映了我国卫生筹资模式的主要分布特征,据此考察我国卫生筹资方面的公平性和合理性。从图 1-1-4 可以看出,我国政府卫生支出占比先逐渐上升,随后快速下降至 2002 年的 15.69%,2003 年到 2015 年间政府卫生支出总体上升,2015 年达到 30.45%,近几年又有下降趋势。社会卫生支出整体变化趋势虽较大,从 1978 年的 47.41%降至 2001 年最低值的 24.10%,而 2019 年的数据又升至44.27%，与初始值相近；个人现金卫生支出整体趋势与社会卫生支出相似，从1978年的20.43%升至2001年的最高值59.97%，2019年又降回至28.36%，表明近年来，总体上国家与社会不断提高个人分担卫生费用经济风险的能力。卫生总费用与GDP之比反映我国对卫生事业的重视程度及发展程度。从1978年的3.00%增至2019年的6.64%，虽然波动上升，但总体趋势不断升高。

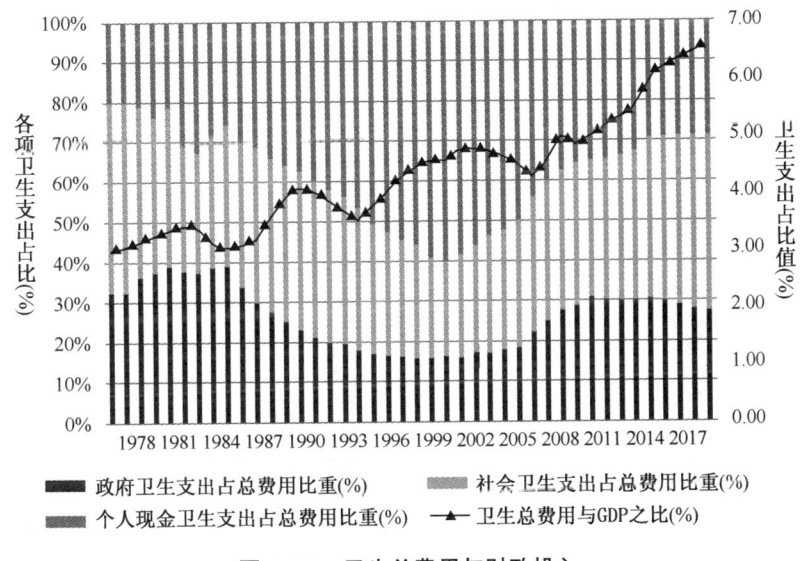

图1-1-4 卫生总费用与财政投入

注：本表中的数据为按当年价格核算的数据，2019年为初步测算数；2001年起《中国卫生健康统计年鉴》中的卫生总费用不含高等医学教育经费，2006年起卫生总费用包括城乡医疗救助经费。

(二) 城乡医疗服务利用比较

1. 城乡居民医疗卫生服务可及性对比

卫生服务可及性可通过家庭到最近医疗机构的距离来衡量，侧面反映便民程度、发展规模与机构分布的变化趋势。图1-1-5显示，在我国城市和农村，到最近医疗机构的距离小于1公里的家庭数量百分比从1993年到2013年显著下降，距离最近医疗机构不足1公里的城市家庭占比从1993年的82.5%逐步下降至2013年的71.0%,对应的农村家庭占比从1993年的67.8%逐步降至2013年的56.7%。有两点须考虑:① 城市布局变化、医院数量和规模扩张、居民代步工具选择等方面的原因,使居民到医院的距离与时间均受到不同程度的影响;② 结合城乡每千人口卫生技术人员数和床位数情况来看,城乡居民在医疗卫生服务可及性方面存在显著差异,城市居民的可及性要远高于农村居民,但近年来城乡差异有所减小。

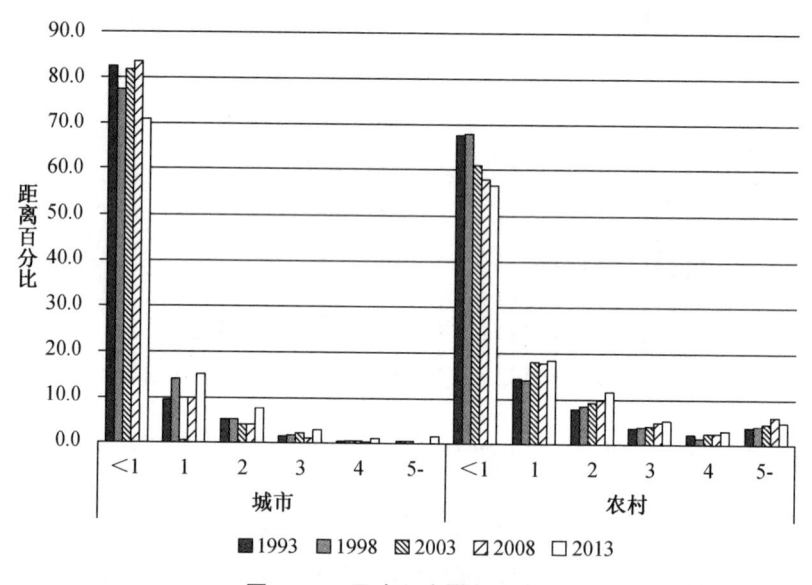

图1-1-5 医疗卫生服务可及性

注:数据来源于五次《国家卫生服务调查报告》,1993年数据为调查住户离最近基层卫生组织距离。

2. 城乡居民两周患病就诊率与住院率

表1-1-1为五次国家卫生服务调查报告的结果,对比城市和农村的两周患病率可以看出,总体上城市和农村的两周患病率逐渐上升,且城市要高于农村。两周就诊率与住院率反映了居民的医疗卫生服务利用水平,可以看出,我国城市的两周就诊率及住院率整体上都呈先降后增的趋势。城市两周就诊率从1993年的19.9%降至

2003年的11.8%,而后快速增长到2013年的28.2%;住院率从1993年的5.0%降至2003年的4.2%,随后增长速度较快,升至2013年的9.1%。相比之下,农村就诊率变化较小,而住院率呈稳步上升趋势。一方面,经济水平上升,使得城市、农村居民就医行为增加;另一方面,医保报销政策也是影响居民住院率的关键因素。

表1-1-1 城乡居民患病率、就诊率与住院率(单位:%)

年份	城市			农村		
	两周患病率	两周就诊率	住院率	两周患病率	两周就诊率	住院率
1993	17.5	19.9	5.0	12.8	16.0	3.1
1998	18.7	16.2	4.8	13.7	16.5	3.1
2003	15.3	11.8	4.2	14.0	13.9	3.4
2008	22.2	12.7	7.1	17.7	15.2	6.8
2013	28.2	28.2	9.1	20.2	20.2	9.0

3. 居民医疗服务满意度

居民的医疗服务满意度作为评价医疗服务质量的一个重要相关指标,能够反映居民潜在的医疗服务需求(王延中、江翠萍,2010),有利于明确后续医疗服务工作的改进方向,进一步提高医疗服务的质量。据图1-1-6所示,居民对城市门诊和住院机构的正向满意度相差无几,农村居民对门诊机构的满意度高于城市。城市门诊和住院对机构、医务人员、总体的"差"评程度均高于农村。存在上述差异可能源自以下两点:① 由于医疗资源配置不均,患者倾向于到医疗资源充足、技术先进的大医院就诊,城乡患者纷纷集聚大医院看病就诊,导致不同地区出现医疗资源紧缺或浪费等现象,不同群体产生满意度差异。② 由于城乡经济发展存在差异,城市居民本身在高质量医疗服务可及性方面优于农村居民,而且对自身的健康保健及相应的医疗服务有着更为严格的要求。

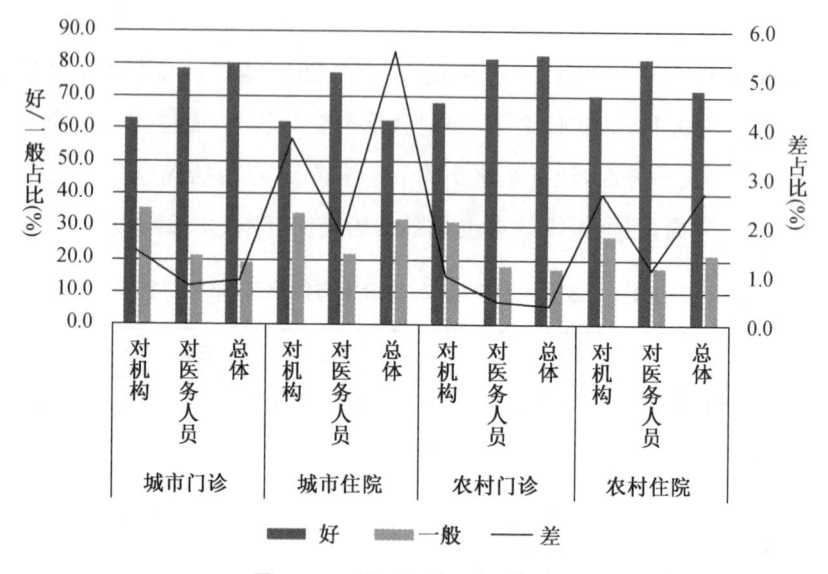

图 1-1-6 居民医疗服务满意度

注：数据来源于《2013年国家卫生服务调查报告》，对医务人员的满意度主要选取患者对医护人员解释问题的态度的评价。将总体满意程度的分类"满意""一般""不满意"统一成"好""一般""差"。

二、城乡居民医疗经济风险

如前所述，城乡二元结构使得城市和农村在经济社会发展上呈现出一定差距，城乡居民由于预算约束不同，因此在患病时也面临着不同的疾病经济负担，医疗经济风险会对居民的医疗利用和健康产生重要影响，因此本节从城乡居民的经济基础及其在医疗负担方面的支出压力进行分析。

(一) 城乡居民人均可支配收入

图 1-1-7 显示，从 2000 年到 2019 年，我国城乡居民的人均可支配收入逐年上升，相较于农村，城市居民在人均可支配收入方面增长幅度更高，增长速度更快。从收入五等份分组结果来看，城镇、农村

的中等偏上及高收入户的可支配收入涨幅较快,与相邻等份组别拉开较大差距。城市的中等收入户与农村的高收入户从 2000 年起至 2019 年,增长速度与增额都很相近。而农村的低收入户情况较为严峻,无论观察的起始值、目前收入额还是增长趋势都不乐观。2000 年农村低收入户与农村中等偏下户的比值为 0.56,而 2019 年这一比值降至 0.44,表明农村低收入户的经济状况并没有随着整体趋势有所好转,容易造成两极分化,因此需要进一步重视低保贫困户的经济、健康状况,使社会发展成果能人人共享。

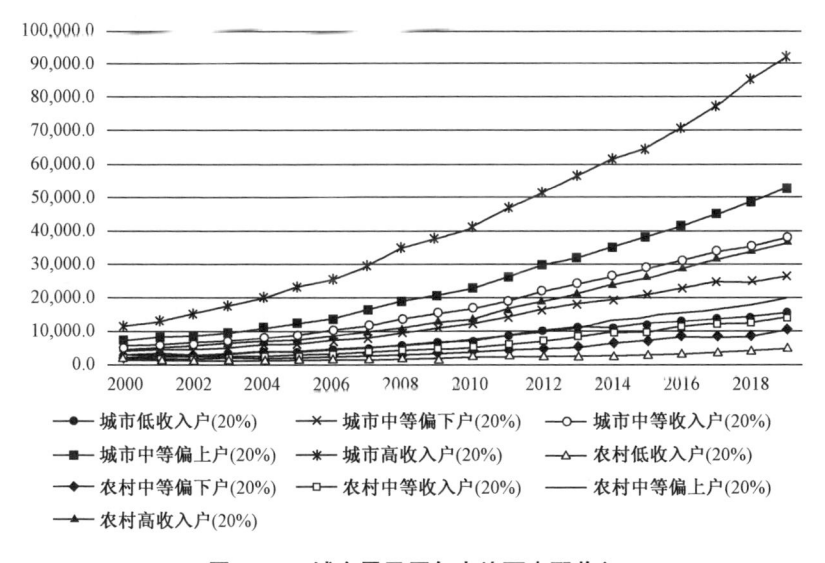

图 1-1-7 城乡居民历年人均可支配收入

注:2012 年及以前的相应数据来源于国家统计局开展的城镇住户抽样调查,2013 年及以后的相应数据来源于国家统计局开展的城乡一体化住户收支与生活状况调查。

(二) 城乡居民家庭人均医疗保健消费现金支出

根据《中国统计年鉴》的统计指标,医疗保健费用主要指用于医疗和保健的药品、用品和服务的总费用(包括医疗器具、药品,以及医疗服务),一定程度上反映了居民的医疗卫生保健需求与消费能力。

从图 1-1-8 可以看出,总体上看,城乡居民的人均医疗保健消费现金支出呈逐年上升趋势,城市居民医疗保健消费支出增长较快,与农村居民仍然存在一定差距。但城乡居民在医疗保健现金支出方面的差距要小于消费现金总支出方面的差距,城市居民医疗保健现金支出占消费现金支出比例增幅较大,但农村比值一直比城市高,侧面反映出虽然农村居民医疗保健消费需求较高,但消费能力较弱,在医疗保健支出方面面临较大的经济压力。

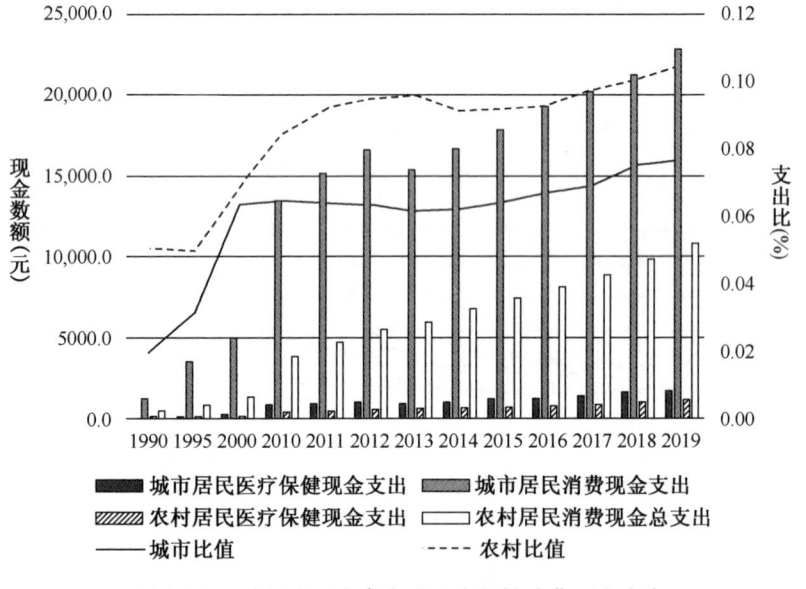

图 1-1-8　城乡居民家庭人均医疗保健消费现金支出

注:2012 年及以前年份相应数据来源于国家统计局城镇住户调查,2013 年及以后年份相应数据来源于国家统计局开展的城乡一体化住户收支与生活状况调查。

(三) 城乡最低生活保障人数

城市与农村由于二元经济社会结构的影响,在医疗服务供给与利用方面都存在显著差异,两者不能同轨并行,长此以往将形成两极分化,不利于城乡统筹协调发展。图 1-1-9 显示,我国城市居民最低生活保障人数从 2007 年的 2272.1 万人上升至 2009 年的 2345.6 万人，随后逐年下降至 2019 年的 860.9 万人，城市居民最低生活保障人数下降较快；相较之下，农村居民最低生活保障人数也经历了先增后减的趋势，从 2007 年的 3566.3 万人增加到 2012 年的 5344.5 万人，又下降至 2019 年的 3455.4 万人，与 2007 年人数相差无几，表明农村居民贫困情况没有得到显著改善，还存在较严重的贫富差距问题。

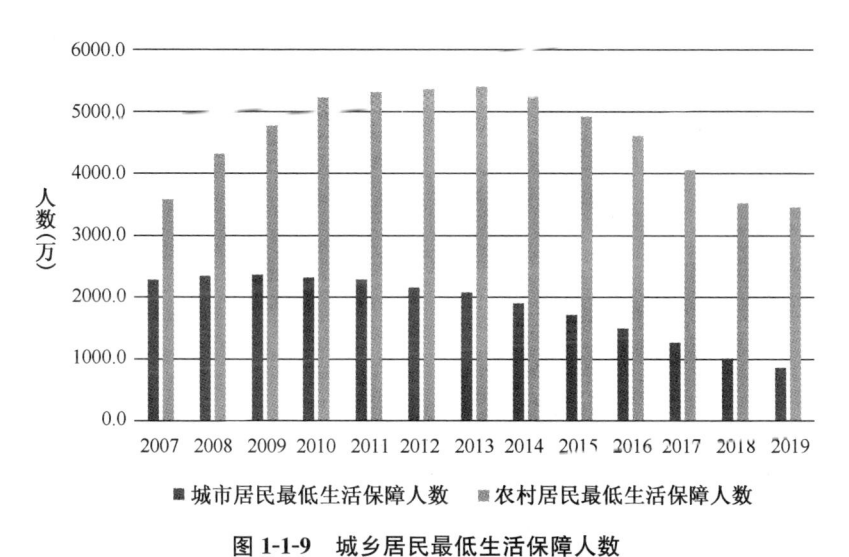

图 1-1-9 城乡居民最低生活保障人数

三、城乡居民健康状况

世界卫生组织在衡量一个国家或人群的整体健康或医疗保健状况时，常常会使用人口平均预期寿命、死亡率和患病率等指标。借鉴国际通用的标准，结合我国城乡发展的历史背景和现实情况，本书将采用平均预期寿命、婴儿死亡率和孕产妇死亡率、两周患病率和慢性病患病率等指标衡量我国城乡居民健康水平状况，分析城乡居民在健康方面存在的差异。

(一) 城乡居民平均预期寿命

平均预期寿命指在各年龄组死亡率保持现有水平不变的情况下,新出生的一批人平均可存活年数,能够有效衡量一个社会的经济发展水平和居民健康状况(《2019年我国卫生健康事业发展统计公报》)。表1-1-2显示了基于不同年份人口普查数据测算的平均预期寿命,从表中可以看出,2010年全国人口普查数据显示,我国全部人群的平均预期寿命为74.83岁,随着社会经济的发展,人均预期寿命也大幅提高。分性别数据显示,女性的预期寿命要高于男性,且男女预期寿命差异逐步扩大。

表1-1-2 平均预期寿命变化(单位:岁)

年份	合计	男	女	男女之差
1981	67.77	66.28	69.27	−2.99
1990	68.55	66.84	70.47	−3.63
2000	71.40	69.63	73.33	−3.70
2010	74.83	72.38	77.37	−4.99

当前学术界关于我国人口预期寿命已形成较多研究成果,但较少研究关注城乡居民在平均预期寿命方面存在的差异(王记文,2017)。虽然《中国统计年鉴》《中国卫生健康统计年鉴》等均涉及关于人均预期寿命的数据,但是分类主要聚焦于年龄、性别、地区等,并未涉及城乡差异。少数研究如胡英(2010)、王记文(2017)等对城乡人均预期寿命进行了关注与测算。通过对比参考已有国家层面的报告及权威调查数据结果,本研究选取了胡英(2010)利用人口普查和人口调查数据估算的结果,对1982—2009年我国城乡居民在平均预期寿命方面的差异进行比较,结果见表1-1-3。

表 1-1-3　城乡居民平均预期寿命比较(单位:岁)

年份	城镇 男	城镇 女	城镇 合计	农村 男	农村 女	农村 合计
1982	69.36	72.86	71.06	65.69	68.42	67.05
2000	72.95	77.30	75.21	68.00	71.40	69.55
2005	73.90	78.62	76.36	69.07	73.34	71.07
2009	74.75	79.68	77.33	69.92	74.90	72.29

从表1-1-3可以看出,1982—2009年,伴随着经济增长和社会进步,城镇居民和农村居民的平均预期寿命均有所提高,在这近三十年间,城镇居民平均预期寿命增加了6.27岁,乡村预期寿命增加了5.24岁,城镇人口平均预期寿命的增长幅度大于乡村,城乡居民在平均预期寿命方面仍然存在显著差异,但城乡之间的人口平均预期寿命差距逐步缩小。进一步按照性别区分来分析平均预期寿命,仍会得到相似的结论。

(二) 城乡婴儿死亡率和孕产妇死亡率

婴儿死亡率指年内一定地区未满1岁婴儿死亡人数与同年出生的活产数之比,一般用‰表示。(《中国卫生健康统计年鉴》)

图1-1-10中2000—2018年的统计数据显示婴儿死亡率总体上处于不断下降的趋势,且农村地区的婴儿死亡率要显著高于城市地区。2000年,我国婴儿死亡率高达32.2‰,其中城市为11.8‰,农村为37‰,城乡之间差异显著。从婴儿死亡率的下降幅度来看,农村地区下降的幅度更大,速度更快。2018年,我国总体上的婴儿死亡率为6.1‰,其中城镇地区为3.6‰,农村地区为7.3‰。从纵向来看,2000—2018年,我国婴儿死亡率总体下降了26.1‰,城镇地区和农村地区分别下降了8.2‰和29.7‰。可以看出,尽管农村婴儿死亡率经历了大幅下降,但是与城市地区之间仍然存在一定差距。

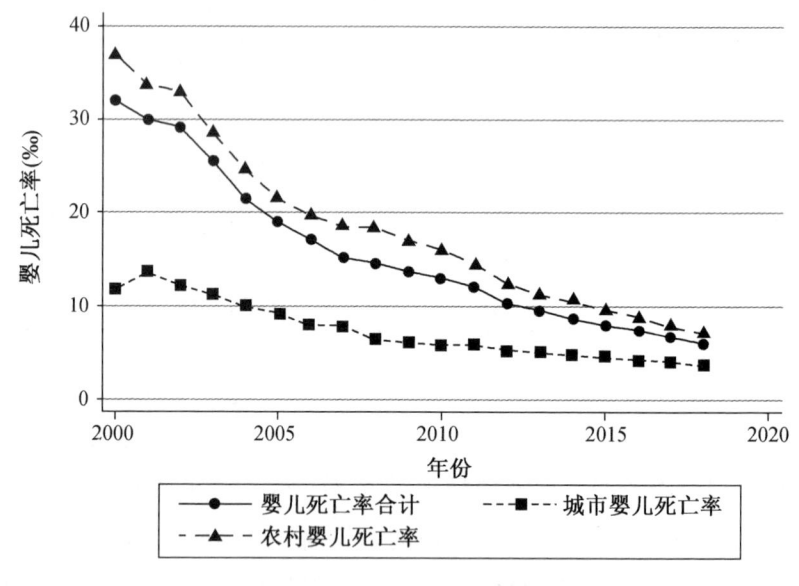

图 1-1-10　城乡婴儿死亡率比较

孕产妇死亡率指年内每 10 万名孕产妇的死亡人数。孕产妇死亡指从妊娠期至产后 42 天内,任何与妊娠或妊娠处理有关的原因导致的死亡,但不包括意外原因死亡者。(《中国卫生健康统计年鉴》)

图 1-1-11 中 2000—2018 年的统计数据显示,城乡孕产妇死亡率总体上处于不断下降的趋势,农村地区的孕产妇死亡率要高于城市,且不同年份间存在较大变动。2000 年,我国的总体孕产妇死亡率高达 10 万分之 53,其中城市地区和农村地区分别为 10 万分之 29.3 和 10 万分之 69.6,农村地区超过城市地区的两倍。从下降幅度来看,农村地区的孕产妇死亡率从 2000 年到 2015 年经历了大幅下降,尤其是 2005 年前后迅速下降。2018 年,我国总体孕产妇死亡率下降至 10 万分之 18.3,其中城镇地区和农村地区分别为 10 万分之 15.5 和 10 万分之 19.9。2000 年到 2018 年,我国总体孕产妇死亡率下降了 10 万分之 34.7,城市地区和农村地区分别下降了 10 万分之 13.6 和 10 万分之 49.7。从图形上也可以看出,城乡地区之间

孕产妇死亡率差距逐渐缩小。

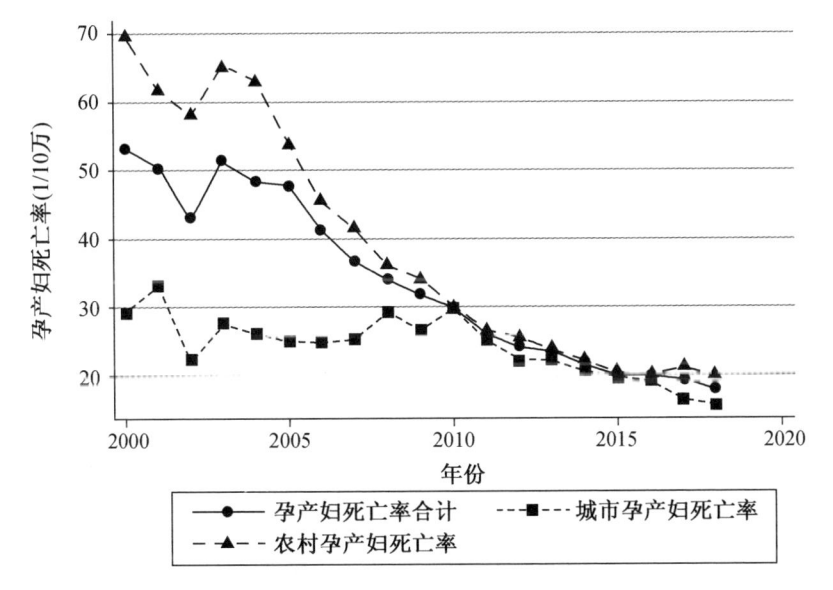

图 1-1-11　城乡孕产妇死亡率比较

注：数据来源于 2019 年《中国卫生健康统计年鉴》。

（三）城乡两周患病率和慢性病患病率

两周患病率是指每百名被调查者中两周内患病的例数（《国家卫生服务调查报告》），一定程度上反映了居民的总体健康水平和医疗服务需求程度。图 1-1-12 列出了 1993—2013 年我国五次国家卫生服务调查两周患病率的数据统计结果。从图中数据可以看出，20 年来，城乡居民两周患病率持续增加，但近 5 年的增长明显快于前 15 年。每一次调查中城市地区居民的两周患病率均高于农村，城乡之间差异呈现先缩小后逐步增大的趋势。1993 年的国家卫生服务调查数据显示，我国居民总体两周患病率为 14%，其中城镇地区和农村地区分别为 17.5% 和 12.8%。2013 年数据显示，我国居民两周患病率上升至 24.1%，其中城镇地区和农村地区分别达到 28.2% 和 20.2%。这 20 年间，我国居民两周患病率上升了 10.1%，其中城镇居民两周患病率上升 10.7%,农村上升 7.4%,城镇上升的幅度相对较大。

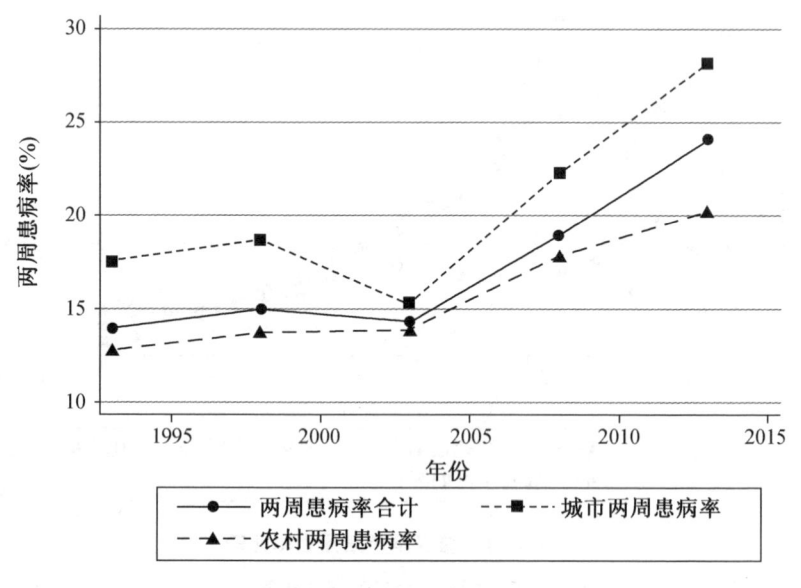

图 1-1-12 城乡居民两周患病率比较

注:数据来源于历年《国家卫生服务调查报告》。

慢性病患病率是指每百名 15 岁及以上被调查者中患慢性病的人数或例数。《中国卫生健康统计年鉴》)对 1993—2013 年五次国家卫生服务调查中慢性病患病率进行统计,得到如图 1-1-13 所示的结果。从图可以看出,我国城乡居民慢性病患病率在 1993 年到 2003 年下降之后,2003 年以后逐步上升,且农村地区的增长幅度要大于城市地区,城市地区和农村地区在慢性病患病率方面逐步缩小。到 2013 年,农村地区慢性病患病率逐渐接近城市地区。我国慢性病患病率快速增长可能与人口老龄化程度的不断加深有关,其中农村地区增长速度较快很可能是因为农村基础卫生设施的进步,更多农村居民能接受到基本医疗卫生服务,例如体检等,使得农村居民能更好地意识到健康问题,发现了潜在的慢性病人群。

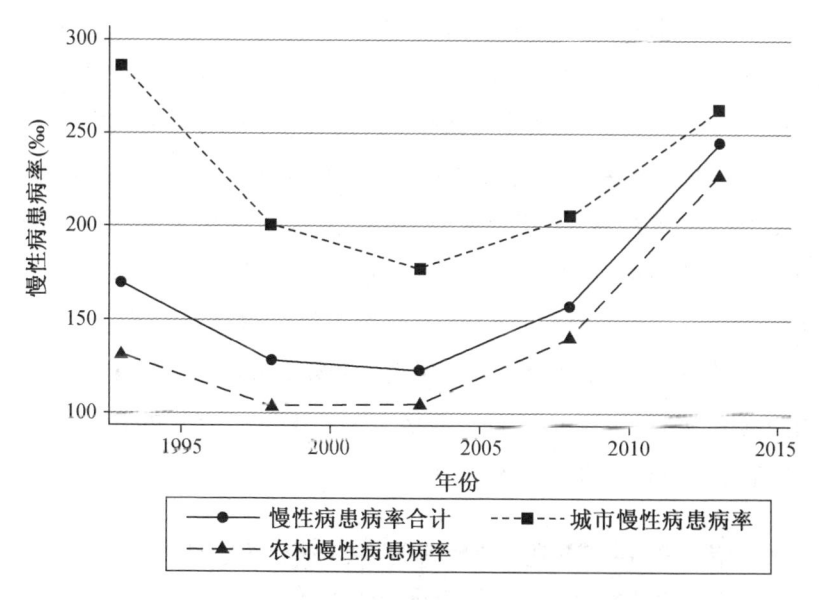

图 1-1-13　城乡慢性病患病率比较

注：数据来源于历年《国家卫生服务调查报告》。

综合上述关于城乡居民健康状况的分析，健康的积极效应表现为城乡人均预期寿命不断提高、婴儿死亡率和孕产妇死亡率不断下降，消极效应表现为城乡居民的两周患病率和慢性病患病率都在不断增长。从城乡差异来看，大部分健康状况指标差异在减小，而在部分指标上仍有较大的差距。

四、城乡居民医疗保障水平

综合考虑城乡居民在享有医疗保健等卫生服务事前、事中、事后全过程中所体现出的筹资水平、医疗服务使用成本以及与之紧密相关的间接效益，本节对不同基本医疗保险险种[包括 1998 年建立城镇职工基本医疗保险制度（以下简称"职工医保"），2003 年试点实施的新型农村合作医疗制度（以下简称"新农合"），2007 年开展试点的城镇居民基本医疗保险制度（以下简称"城镇居民医保"）以及 2016

年在全国范围内实施的城乡居民基本医疗保险制度(以下简称"城乡居民医保")]的参保人数、基金筹资、基金收支和保障水平进行深入分析,全面考察城乡居民不同医疗保障的实施情况和待遇水平。

居民医保关系人民健康水平、经济状况,有利于提升人民福祉。居民医保享受待遇人次反映出医保给人民带来的切实优惠,直观体现出居民就诊的变化情况,同时也反映出人们的就医选择和健康意识变化。从图1-1-14可以看出,我国职工医保和城乡居民医保享受待遇人次逐年上升,居民医保参保人数基数更大,因此享受待遇人次增长幅度更高,从2012年的2.3亿人次上升至2019年的21.7亿人次,超过城镇职工的21.2亿人次。

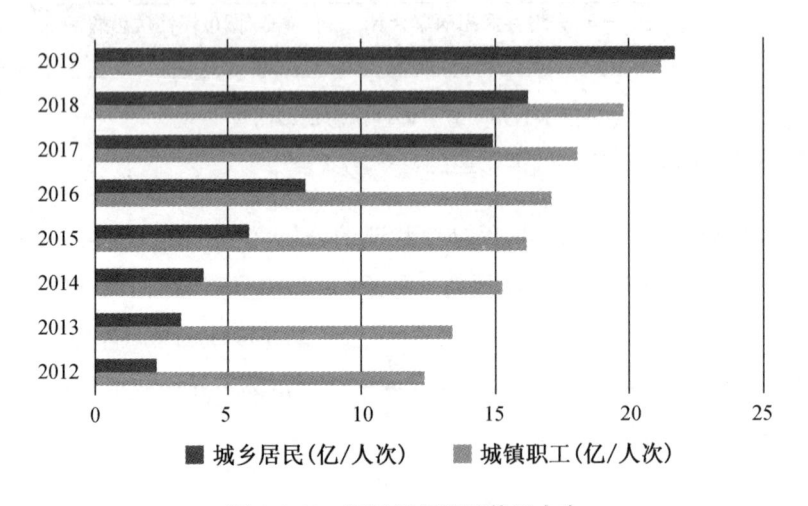

图1-1-14　居民医保享受待遇人次

注:数据来源于历年《中国卫生健康统计年鉴》。

(一) 社会基本医疗保险筹资与保障水平

从表1-1-4可以看出,从1998年城镇职工医疗基本保险制度建立以来,其参保人数不断增加,到2018年达到3.17亿人,人均筹资和消费水平不断提升,分别由2009年的1559.15万元和1198.93万元增长到4273.22万元和3379.63万元。

表 1-1-4　城镇职工医疗保险制度筹资与保障待遇概况

年份	参保人数（万人）	基金收入（亿元）	基金支出（亿元）	人均筹资（元）	人均消费（元）
2009	21,937	3420.3	2630.1	1559.15	1198.93
2010	23,735	3955.4	3271.6	1666.48	1378.39
2011	25,226	4945.0	4018.3	1960.28	1592.92
2012	26,486	6061.9	4868.5	2288.72	1838.14
2013	27,443	7061.6	5829.9	2573.19	2124.37
2014	28,296	8037.9	6696.6	2840.65	2366.62
2015	28,893	9083.5	7531.5	3143.84	2606.69
2016	29,524	10,273.7	8286.7	3479.78	2806.77
2017	30,323	12,278.3	9466.9	4049.17	3122.02
2018	31,681	13,538.0	10,707.0	4273.22	3379.63

注：数据来源于历年《中国卫生健康统计年鉴》。

表 1-1-5 显示，自 2007 年城镇居民医保制度建立实施以来，其参保人数不断增加，相对应地，基金收入与支出、人均筹资与人均消费也不断提升。自 2011 年至 2015 年，参保人数由 2.2 亿人增长到 3.8 亿人，人均筹资和消费水平不断提升，分别由 2011 年的 269.28 万元和 187.21 万元增长到 559.69 万元和 472.45 万元。

表 1-1-5　城镇居民基本医疗保险制度筹资与保障待遇概况

年份	参保人数（万人）	基金收入（亿元）	基金支出（亿元）	人均筹资（元）	人均消费（元）
2011	22,066	594.2	413.1	269.28	187.21
2012	27,156	876.8	675.1	322.88	248.60
2013	29,629	1186.6	971.1	400.49	327.75
2014	31,451	1649.3	1437.0	524.40	456.90
2015	37,689	2109.4	1780.6	559.69	472.45

注：数据来源于历年《中国卫生健康统计年鉴》。

表1-1-6总结了自2003年决定建立新农合以来其参保、筹资和受益情况,可以看出,新农合的参合覆盖率、人均筹资和基金支出水平均呈现逐年上升趋势。在各地区逐步整合新农合与城镇居民医保为城乡居民基本医保的过程中,原本参与新农合的农村居民得以参加城乡居民医保,因而总体的参合人数有所下降。此外,由于经济社会发展和医疗保障待遇的提升,新农合的筹资水平也逐年提高,人均筹资从2005年的42.10元增长至2016年的559元。

表1-1-6 新型农村合作医疗制度筹资与保障待遇概况

年份	参加新农合人数（亿人）	参合率（%）	人均筹资（元）	当年基金支出（亿元）	补偿受益人次（亿人次）
2005	1.79	75.66	42.10	61.75	1.22
2006	4.10	80.66	52.10	155.81	2.72
2007	7.26	86.20	58.90	346.63	4.53
2008	8.15	91.53	96.30	662.31	5.85
2009	8.33	94.19	113.36	922.92	7.59
2010	8.36	96.00	156.57	1187.84	10.87
2012	8.05	98.26	308.50	2408.00	17.45
2013	8.02	98.70	370.59	2909.20	19.42
2014	7.36	98.90	410.89	2890.40	16.52
2015	6.70	98.80	490.30	2933.41	16.53
2016	2.75	99.36	559.00	1363.64	6.57

注:数据来源于历年《中国卫生健康统计年鉴》。

城乡居民基本医疗保险制度是将城镇居民医保和新农合两项基本医疗保险整合在统一的制度框架下,实现覆盖范围、筹资水平、补偿待遇、基金管理和定点管理等方面的统一。早在国家2016年发文建立城乡居民基本医保制度之前,部门地区就先行探索实践整合两项医保制度。从表1-1-7可以看出,自政策开始实行以来,筹资总额与人均筹资均在不断上升,自 2016 年至 2018 年,筹资总额由 2220.6 亿元增长到 6653.1 亿元,人均筹资由 620.4 元增长到 723.2 元。

表 1-1-7 城乡居民基本医保筹资概况

年份	筹资总额(亿元)			人均筹资(元)		
	城镇居民医保	城乡居民医保	新农合	城镇居民医保	城乡居民医保	新农合
2014	1494.5*		3074.90	453.3*		417.20
2015	2085.1*		3197.50	530.7*		483.60
2016	696.4	2220.6	3230.6	570.2	620.4	551.4
2017	282.6	5472.3	999.8	647.0	646.1	612.9
2018	200.4	6653.1	695.4	695.7	723.2	654.6

注:数据来源于《中国卫生健康统计年鉴》,* 表示含城乡居民医保整合部分。

随着医疗保障制度的不断发展,基本医疗保险参保人数不断增加,逐步接近全民医保目标的实现。表 1-1-8 列出了 2006—2019 年基本医疗保险参保人数,这里的居民医保参保人数包括城乡医保统筹之前独立运行的新农合和城镇居民医保的参保(合)人数。城乡居民基本医疗保险参保人数在 2014 年后开始逐年减少,主要有两个原因:一是部分人员转而参加职工医保;二是城镇居民医保与新农合在未整合之前存在重复参保的现象,城乡医保制度统筹后,剔除重复参保样本后减少了总的参保人数。(郑功成,2018)总体来说,基本医疗保险的覆盖率逐步提高。

表 1-1-8 2006—2019 年基本医疗保险参保人数(单位:亿人)

年份	职工基本医疗保险		城乡居民基本医疗保险	合计
	在职参保	离退休参保		
2006	1.16	0.42	4.10	5.68
2007	1.34	0.46	7.26	9.06

（续表）

年份	职工基本医疗保险		城乡居民基本医疗保险	合计
	在职参保	离退休参保		
2008	1.50	0.50	9.33	11.33
2009	1.64	0.55	10.15	12.34
2010	1.78	0.59	10.31	12.68
2011	1.89	0.63	10.53	13.05
2012	1.99	0.66	10.77	13.42
2013	2.05	0.69	10.98	13.72
2014	2.10	0.73	10.51	13.34
2015	2.14	0.75	10.47	13.36
2016	2.17	0.78	7.24	10.19
2017	2.23	0.80	10.07	13.10
2018	2.33	0.84	10.28	13.45
2019	2.42	0.87	10.25	13.54

注：数据来源于历年《医疗保障事业发展统计公报》和《中国统计年鉴》。

（二）医疗救助情况

医疗救助是政府负责并专门补助低收入群体参加医疗保险缴费和负担疾病医疗费用的兜底性政策，在我国多层次医疗保障体系中扮演着重要的角色。表1-1-9对2012—2018年的我国医疗救助总人次及参保人数进行了数据统计，可以看出，我国医疗救助总人次、直接救助和资助参加基本医保的人数除了个别年份有所下降外，总体处于上升的趋势。

表 1-1-9　2012—2018 年医疗救助总人次　　　单位：万人次

年份	2012	2013	2014	2015	2016	2017	2018
医疗救助总人次	8051.2	8485.2	9119.0	9523.8	8256.5	9138.1	13,034.9
直接医疗救助	2173.7	2126.4	2395.3	2889.1	2696.1	3517.1	5361.0
资助参加基本医疗保险	5877.5	6358.8	6723.7	6634.7	5560.4	5621.0	7673.9

注：数据来源于我国民政部 2012—2016 年《社会服务发展统计公报》、民政部 2017 年全国社会救助基本数据以及国家医疗保障局《2018 年全国基本医疗保障事业发展统计公报》。

我国医疗救助对象主要包含五类：低保对象、特困人员（五保户）、建档立卡贫困人员、低收入人群及因病致贫人群。医疗救助的标准目前在不同地区之间差异较大，筹资方式还是以各级政府的财政资金为主。表 1-1-10 列出了 2005—2015 年城乡医疗救助的基本情况。分析表中数据可知，我国医疗救助的覆盖面在逐步扩大，救助的金额也在逐步增长。在医疗救助人次、医疗救助参加医疗保险的人数，以及医疗救助支出上，农村远高于城市，但是城市人均医疗救助水平高于农村。这说明在医疗救助的普及面上，农村大于城市，这可能是由于农村基础条件相对较差，需要医疗救助且符合医疗救助标准的人较多。而在医疗救助的质量上，城市地区的人均医疗救助水平相比农村地区更高，这可能归因于城市地区的医疗费用相对较高。

表 1-1-10　2005—2015 年医疗救助情况

年份	城市医疗救助人次（万人次）	城市医疗救助资助参加医疗保险（万人）	农村医疗救助人次（万人次）	农村医疗救助资助参加医疗保险（万人）	城市人均医疗救助水平（元）	农村人均医疗救助水平（元）	城市医疗救助支出（亿元）	农村医疗救助支出（亿元）
2005	114.9		199.6	654.9				7.8
2006	187.2		241.9	1317.1	434	366	8.1	13.1

(续表)

年份	城市医疗救助人次(万人次)	城市医疗救助资助参加医疗保险(万人)	农村医疗救助人次(万人次)	农村医疗救助资助参加医疗保险(万人)	城市人均医疗救助水平(元)	农村人均医疗救助水平(元)	城市医疗救助支出(亿元)	农村医疗救助支出(亿元)
2007	442		377.1	2517.3	326.6	543	14.4	28.1
2008	443.6	642.6	759.5	3432.4	483.5	360.3	29.7	38.3
2009	410.4	1095.9	730.0	4059.1	764.7	676.6	41.2	64.6
2010	460.1	1461.3	1019.2	4615.4	809.9	657.1	49.5	83.5
2011	672.2	1549.8	1471.8	4825.3	793.8	635.8	67.6	120.0
2012	689.9	1387.1	1483.8	4490.4	858.6	721.7	70.9	132.9
2013		1490.1		4868.7				
2014		1702.0		5021.7				
2015		1666.1		4546.8				

注：数据来源于历年《中国统计年鉴》。

(三) 医保待遇情况

近些年，我国医保待遇改革的进展较为突出，主要有待遇管理职权得到了强化、保障水平及结构不断优化等。

在待遇管理职权方面，一方面，启用了医保待遇清单管理办法，待遇改革持续调整扩大。国家医疗保障局发布《关于建立医疗保障待遇清单管理制度的意见》，具体明确了基本医疗保障等基本制度安排、基本政策、基金支付等项目和标准、统筹基金不予支付等范围。另一方面，医保支付范围确定机制明确，待遇决策权限上移。

在保障水平及结构方面，制度资源逐步整合，全民医保制度框架基本确立。自城镇居民医保和新农合两项制度统筹以来，我国基本医疗保险体系主要由职工医保和居民医保构成。目前，享受医保待遇的人次在逐年上升，基本医疗保障待遇水平也在逐步提高。2018

年,职工医保的参保人员待遇享受人次为19.8亿人次,相比2017年增长了9个百分点;居民医保参保人员享受待遇16.2亿人次,相比2017年增长了8.4个百分点;住院费用方面的报销水平稳中略升,医保基金支出、卫生总费用及医保基金占卫生总费用的比例也在逐步上升,意味着个人卫生费用负担减少。

然而,医保待遇方面仍有待改进,职工医保和居民医保之间的待遇及筹资关系失衡,待遇水平方面仍然存在较大差距。从参保和待遇享受比例来看,近年来,我国居民医保的参保人数始终高于职工医保,但是居民医保的享受待遇人次始终低于职工医保。截至2018年,两者之差为3.6亿人次,制度收益率在一定程度上有失公平。从人均医保基金支出差距来看,两者均处于不断上升趋势,但是两者之间存在一定差距,且差距在不断扩大,由2012年的1589.77元到2019年的2796.14元。从医疗服务的利用来看,如图1-1-15所示,历年来我国职工医保参保人数的次均住院费用逐年上涨,居民医保参保人数的次均费用总体上有所上涨,但变动幅度远小于职工医保,

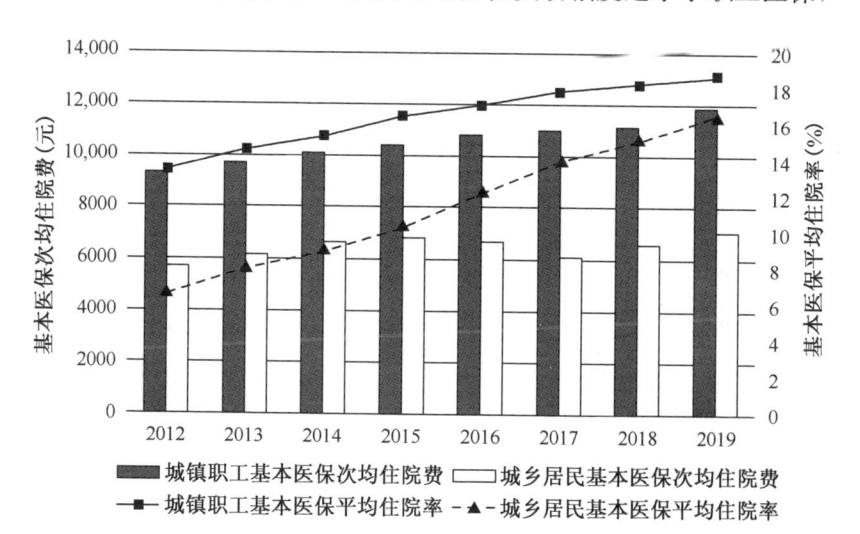

图1-1-15 2012—2019年我国基本医疗保险次均住院费用与平均住院率

注:数据来源于《2019年全国医疗保障事业发展统计公报》。

而且各年份职工医保参保人员的次均住院费用都显著高于居民医保参保人员。此外,职工医保参保者的平均住院率也高于居民医保的参保人员。同时,如图1-1-16所示,职工医保参保人员的住院费用中,医保统筹基金的支付比例要明显高于居民医保的参保人员,且医疗机构的级别越高,两者之间的差距越大。

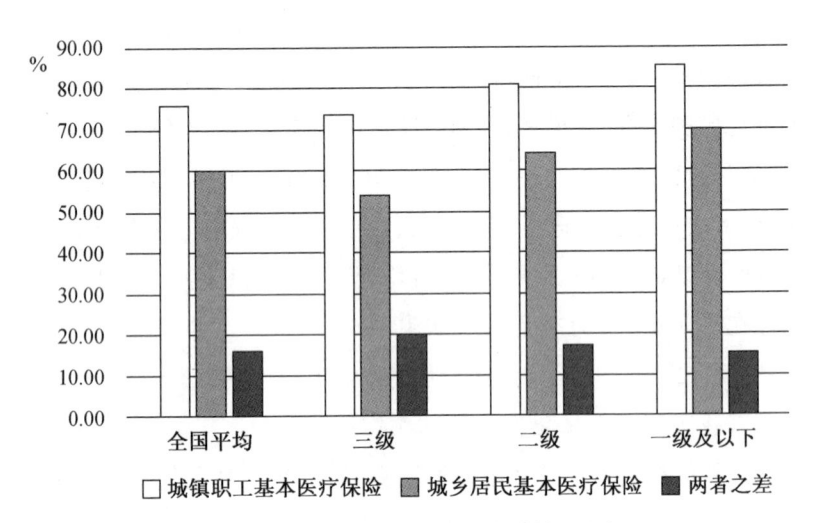

图1-1-16　2019年我国住院费用统筹基金支付比例

注:数据来源于《2019年全国医疗保障事业发展统计公报》。

(四) 商业保险

构建多层次医疗保障体系是我国医疗保障改革的重要目标,而商业健康保险的发展对于实现这一目标至关重要。在国家政策的支持下,商业健康保险以多种形式深入参与多层次医疗保障制度建设,我国商业保险业务增长迅速,初步形成了具有一定市场规模、供给主体日益多元的商业健康保险市场。但总体而言,我国商业健康保险起步较晚,发展仍然较为缓慢,一些深层次的问题仍然制约着商业健康保险的发展。

目前,主要存在以下问题制约商业健康保险的发展。第一,商业保险公司的社会角色逐渐多元化,但是政策导向仍有待完善,商保定位不清,政府与市场的边界及各方主体权责划分不够清晰。第二,相比其他险种,我国健康险方面的发展水平仍然较低,与发达国家之间也有较大的差距,在国内各区域之间,发展也较为不平衡。第三,健康保险市场集中度较高,专业健康险公司发展不足。与传统的寿险相比,商业健康保险更加专业化的经营模式对人才、信息建设等方面有较高的要求,而目前我国商业健康保险在运营方面没有反映出与寿险、财产险的差异,没有形成专业化的经营方式。第四,商业健康保险产品结构失衡,难以满足不同群体的多样化商业健康保险需求。

为了进一步分析商业健康保险在我国医疗体系中的地位,图1-1-17 列出了 2000—2019 年我国商业健康保险和基本医疗保险的筹资能力。可以看出,在 2000 年,我国的医疗保障体系尚未形成,商业健康保险的筹资能力为基本医疗保险的 38.52%,处于一个较高的水平。随着我国医疗保障体系的逐步完善,基本医疗保险的基金筹资水平有较大的提高,而商业健康保险的发展相对滞后,与基本医

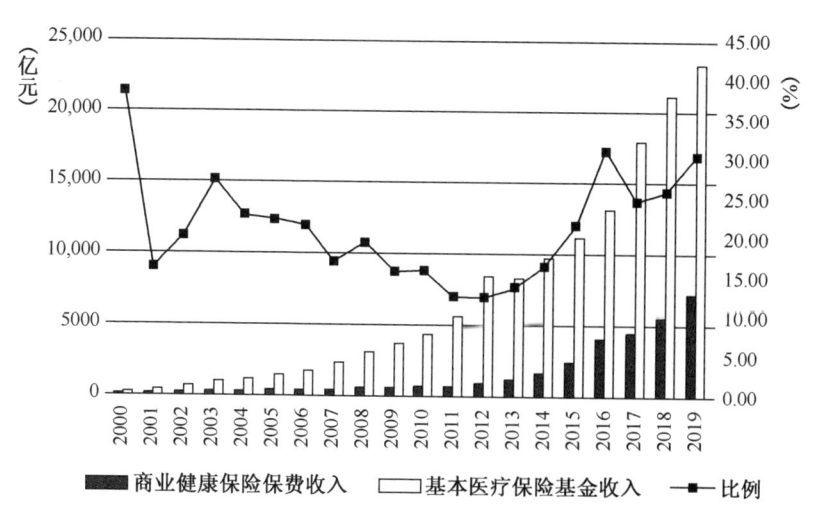

图 1-1-17 商业健康保险和基本医疗保险筹资能力比较

注:数据来源于国家统计局。

疗保险制度发展相差较大,筹资能力占基本医保的比重在下降,到2012年,商业健康保险收入仅占基本医保基金收入的12.43%。在此之后,随着健康中国战略的推进,商业健康保险在国家政策支持下加快发展,在医疗保障体系中的地位开始逐渐提升,2019年,商业健康保险收入与基本医保基金收入比值上升到30.28%。

支出水平也展示出了类似的趋势。综合来说,虽然我国在政策层面上已经将商业健康保险明确为国家医疗保障体系的重要组成部分,但是其发展相对滞后的格局还未改变,还没有真正发挥降低社会大额医疗费用风险、满足人民群众多元化健康需求的作用,在未来商业健康保险仍有较大的发展空间。

基于已有研究可以看出,自改革开放以来,我国经济保持高速增长,但同时也形成了一些结构性矛盾,如城乡收入差距逐步拉大。与此同时,我国城乡间居民医疗及健康不平等问题也较为严峻,呈现出城乡二元分割的局面。从医疗资源供给角度来看,我国城市和农村的每千人口卫生技术人员数均呈现逐年增加趋势,但城乡间差异明显,农村居民医疗资源供给仍然处于相对较低的水平。从医疗保健支出和健康水平来看,2018年,城镇和农村居民的人均医疗保健支出分别为2045.7元和1240.1元,仍然存在较大差距。除此之外,农村居民在收入禀赋方面也处于弱势地位,医疗可及性较差,看病就医面临更为严格的预算约束,导致城乡居民在健康方面的不平等进一步深化和加剧。2013年国家卫生服务调查报告显示,1993年—2013年,城乡居民15岁及以上人口慢性病患病率持续上升,增长幅度逐渐加快,且农村增长幅度大于城市。[①]

如何缩小城乡医疗及健康不平等,既是学术界广泛讨论的热点问题,也是政策制定者关心的重要问题之一。从医保制度角度来看,

---

① 国家卫生和计划生育委员会统计信息中心,《第五次国家卫生服务调查分析报告》,2013年,第37页。

逐步整合城乡居民医疗保障制度,能够提高城乡居民在就医方面的可及性和就医质量,并能使城乡居民公平地享有医疗保障。我国基本医保制度从建立之初就存在着城市和农村并行发展的两条路径。计划经济时期,我国医疗保障体系主要由针对企业职工的劳保医疗、针对机关事业单位工作人员的公费医疗和针对农村居民的合作医疗组成。改革开放之后,医保制度进行了大幅改革,1998年建立了城镇职工基本医疗保险制度,2003年建立了新型农村合作医疗制度,2007年开始试点并逐步建立城镇居民基本医疗保险制度。此后为进一步提高居民保障水平,各项医保制度日益完善,医保覆盖人群、报销范围逐步扩大,保障待遇水平不断提升。但医疗保障制度仍然保留着城乡二元分割的局面。按照就业、户籍、身份等特征区分参保人群,各项医保制度之间筹资及补偿差距较大。

前期针对医疗保险制度实施效应及不同医保制度间保障效应的比较研究发现,我国医疗保障制度分割运行、医保制度间差异过大等现象带来了严重的居民医疗服务利用和健康方面的不公平问题。(Li and Zhang, 2013; Tan et al., 2019)为了实现城乡居民公平地享有医疗服务,改善城乡间医疗保障方面的不公平现象,部分地区尝试进行医保制度的城乡整合。2007年,重庆市率先试点并实施了城乡居民合作医疗制度,将农村居民与未被城镇职工医疗保险覆盖的城镇居民整合到统一的医疗保险制度中。其后,天津、广东、浙江、江苏、四川等地的部分地区也进行了城镇居民医保和新农合两项制度整合的积极探索。2016年,国务院下发《国务院关于整合城乡居民基本医疗保险制度的意见》,各地在国家顶层设计下逐步推进两项医保制度的整合,以实现医疗保障更高层次的公平。但是由于不同地区医保制度发展存在不协调不充分问题,各地实施医保制度城乡整合的模式及时间并不一致。大病保险作为基本医疗保险的补充,在实际运行过程中其城乡统筹模式与基本医疗保险制度一样,不同地区进行大病保险城乡统筹的时间及运行模式存在差异,这为进一步评估不同城乡统筹模式下大病保险制度的实施效应差异提供了研究基础。需要对实施大病保险制度是否改善城乡居民的总体医疗服务利用和健康水平、不同模式下大病保险制度实施效应及公平性方面是否存在差异,以及如何进一步优化和完善大病保险制度从而提升制度福利效应等问题,进行严谨科学的研究。

综上所述,伴随着医保制度的不断建设和完善,城乡居民在医疗卫生支出方面仍然面临较高的经济风险,为此,国家层面从 2012 年开始试点并逐步推进城乡居民大病保险制度在全国范围内的全面实施。为缩小城乡居民在医疗保障水平方面的差距,各地逐步探索并开展医疗保障制度的城乡统筹。在此背景下,本书试图从城乡统筹视角,研究大病保险制度实施效应,并比较不同城乡统筹模式下大病保险制度在实施效应及公平性方面的差异,为如何进一步完善大病保险制度设计及实施,有效推进大病保险城乡统筹实施路径等问题提供有益参考和借鉴。

第二章 城乡居民大病保险制度缘起及发展现状

一、城乡居民大病保险制度缘起

我国医疗保障制度自新中国成立以来经历了长足发展,已经初步形成了以基本医疗保险为主体,医疗救助为兜底,补充医疗保险、商业健康保险等为补充的多层次医疗保障体系。制度建设日臻完善,体现在覆盖范围逐步扩大,保障待遇不断提高,服务管理方式不断创新,一定程度上提高了居民的就医可及性,并且减轻其医疗经济负担。但与此同时伴随着一些问题和争议。

目前城乡居民的医疗卫生支出压力仍然较大,城乡居民仍然面临着较大的医疗经济负担。我国城乡居民的医疗保健支出占消费性支出比重的年度数据显示,对于农村居民而言,医疗保健支出占比逐年上升且未有下降趋势,城镇居民的医疗保健支出占比从2009年到2013年逐年下降,其后又呈逐年上升趋势。此外,对于贫困人口而言,因病致贫比例也有所上升。2015年年底,我国建档立卡的贫困户中因病致贫和因病返贫的比例为44.1%。根据民政部政策研究中心调查数据显示,城乡居民困难家庭中有超过60%的家庭因病负债。综合上述数据可以看出,尽管我国医疗保障体系不断完善和发展,但在缓解居民医疗负担方面仍然作用有限,如何通过进一步完善医保制度设计,显著减缓居民医疗经济风险,提高其获得感和满足程度,是当下面临的亟须解决的问题之一。

为了使更少城乡居民陷入灾难性卫生支出的困境,提升大病患者的医疗保障水平,部分地区积极进行了大病保险的探索实践,并在国内形成了具有地区代表性的湛江模式、太仓模式、旬邑模式等。湛江早于 2009 年 1 月就进行了城乡医疗保障一体化改革,将城居保与新农合两项制度合并为居民医疗保险制度。为了进一步降低医疗保障资源与运营管理方面的投入,湛江市采取社商合作的方式经办居民医疗保险,即政府通过招标引入商保机构参与居民医疗保险的运营和管理,并着力建设大病保险制度。这一举措使得政府在不增加投入、不提高居民缴费压力的条件下提高居民医疗保障待遇。(刘玉娟,2016)太仓市于 2011 年开始实施城乡居民大病保险,从医保基金中划拨出一定比例作为大病保险基金,针对住院患者的高额医疗费用进行二次补偿。为了提高基金运行效率与服务管理水平,太仓市大病保险亦选择由商保机构承办。其后,太仓市于 2015 年进一步扩大大病保险保障范围,建立了门诊大病保险制度,进一步缓解城乡大病患者医疗支出压力。(李阳等,2018)

除湛江、太仓外,部分地区如旬邑、江阴等也积极探索大病保险制度的实施,提高居民医疗补偿水平。(赵峰等,2014)基于前期不同地区对实施大病保险的探索,国家于 2012 年[①]和 2015 年[②]发文提出在全国范围内试点和全面建立城乡居民大病保险制度。(王婉、吴晨晨,2019)经过几年的发展,大病保险制度取得了一定成效。截至 2015 年,大病保险在各统筹区全面启动,覆盖城乡居民超过 10 亿。2016 年 1—9 月,大病保险实际报销比在基本医保基础上提高了 13.85%,截至 2016 年年底,大病保险累计赔付超 300.9 亿元,个案

[①] 国家发改委、卫生部、财政部、人力资源和社会保障部、民政部、中国保监会:《关于开展城乡居民大病保险工作的指导意见》(发改社会〔2012〕2605 号),2012 年 8 月 30 日。

[②] 国务院办公厅:《国务院办公厅关于全面实施城乡居民大病保险的意见》(国办发〔2015〕57 号),2015 年 8 月 2 日。

最高赔付金额高达 111.6 万元。已有研究对大病保险实施前后报销比例、灾难性卫生支出发生率等进行了对比分析,数据描述显示,大病保险实施后医疗保险实际报销比有所提高(段婷等,2015),灾难性卫生支出发生率有所下降(毛瑛等,2015)。但大病保险的实施是否能从根本上解决患者的医疗可及性,它是否能促进患者的医疗服务利用并改善其健康水平,如何进一步完善大病保险制度设计以提高城乡居民的福利效应,这些问题在大病保险的发展和完善过程中都亟待解决。

二、城乡居民大病保险制度运行现状

已有研究针对重大疾病主要根据病种及费用两个方面来对其进行定义。世界上大多数国家都主要使用临床诊断及个体所在家庭是否发生灾难性医疗支出(Catastrophic Health Expenditure,CHE),来确定个体是否属于重大疾病患者的行列。后者在研究中通常是以世界卫生组织(WHO)在 2002 年提出的家庭自付医疗支出等于或超过其可支配能力的 40% 作为衡量标准,部分国家和地区会根据各自具体实际情况进行调整,设置不同阈值进行判定。

健康经济学家迈克尔·格罗斯曼(Michael Grossman)研究指出,个体对健康的需求源于健康所具有的消费品和投资品双重属性,居民的健康状况决定了其所能拥有的人力资本。(Grossman,1972)而罹患重大疾病会严重危害居民的身心健康,削弱其所获得的人力资本,给患者及其所在家庭带来较高经济风险,进而会对国民经济和社会发展造成严重的不利影响。重大疾病的发生往往会使家庭陷入灾难性医疗支出的困境,对于贫困患者,患有重大疾病更会使其陷入疾病与贫困的不良循环,会加重其所面临的就医负担并阻碍其改善基本生活水平。

现阶段我国已经逐步建立并形成覆盖城乡居民的基本医疗保障

体系，并且各项保障制度的补偿待遇逐年提高，人民群众的就医问题能够得到有效保障，截至2016年年底，基本医保制度已覆盖我国人口的96.5%。然而基本医保制度的总体保障水平仍然偏低，高额医疗支出加重了城乡居民的医疗负担，对于重大疾病患者而言尤其如此。为有效缓解重大疾病患者因面临高额医疗支出压力而致贫、致困的问题，使大病患者获得及时救治，避免其更多健康人力资本的损失，强化和补充基本医疗保险的保障功能，我国进一步建立了城乡居民大病保险制度，以完善多层次的医疗保障体系。本节通过对城乡居民大病保险制度文件及相关文献进行梳理，对制度运行现状、问题及实施效果进行分析，进而对大病保险制度的发展和完善提出相应的政策建议。

（一）城乡居民大病保险制度运行现状及问题

1. 城乡居民大病保险制度运行现状

2012年8月，国家发改委等部门联合发布《关于开展城乡居民大病保险工作的指导意见》，为有效提高重大疾病患者的医疗保障水平，在基本医保基础上，对面临高额医疗支出的重大疾病患者给予进一步保障，对患者在基本医保报销后仍需其负担的合规费用进行再次补偿，原则上要求实际支付比例不低于50%。为进一步加快推进该政策，国务院办公厅于2015年发布了《国务院办公厅关于全面实施城乡居民大病保险的意见》，要求全面推进该制度建设，惠及更多的人民群众。大病保险在具体实践中为属地化管理，各地区按自身经济发展水平及居民医疗需求对大病保险补偿机制进行设计，厘定筹资标准、报销比例等，深入推广大病保险的实施并促进其良性发展。

在统筹层次方面，不同地区大病保险制度实践的统筹层次存在差异，部分地区开展市级层面统筹，设定筹资标准和补偿待遇水平。还有部分地区实行县级统筹。从筹资机制来看，保险基金主要来源于一定比例的基本医疗保险的统筹基金,且不同地区之间筹资标准存在明显差异。一般而言,各地区会综合考虑自身发展情况,如重大疾病发病率、大病患者医疗费用、基本医保的赔付情况,根据上述因素制定较为合理的筹资水平并进行动态调整。

就补偿机制而言,大病保险制度的主要目标是避免家庭陷入灾难性医疗支出的困境,对基本医保报销后仍然需要个体负担的、达到所设立起付标准的合规治疗费用进行再补偿。首先,各地在起付标准设置方面存在差异,绝大多数省市会根据上年度的农村居民人均纯收入和城镇居民的人均可支配收入的50%设定起付额度,部分地区会根据基金的筹资规模设置起付额标准。其次,从封顶线来看,试点之初半数以上地区对封顶线额度不予设置,随着政策实施推进,越来越多的地区综合考虑基金可持续等现状,开始设置补偿封顶线额度。已有研究表明,2016年各地区大病保险封顶线设定额度的中位数是20万元。(程斌,2018)此外,补偿方法主要有"按比例分段补偿法"和"分段按比例累加补偿法"。"按比例分段补偿法"指对处于不同费用分段下的总合规医疗费用设置不同的政策补偿比例。"分段按比例累加补偿法"是指按费用的高低分段确定报销比例,对处于不同分段的合规费用进行报销后实行累加予以补偿,患者自付额度越高,其补偿水平越高。

从基金运行情况来看,大病保险主要由政府通过招标确定其具体承办机构,绝大多数地区由商业保险公司进行承办。(于保荣等,2018)在制度运行过程中主要由商保机构承担其自身经营风险,在确保其收支平衡、保本微利的条件下,政府需要合理地控制其盈利率、亏损率和运营成本,并构建考核机制以促进运行效率、提高效益水平。

从保障范围来看,大病保险是对个人在基本医保报销后的合规费用进行二次补偿,患有新农合大病保障制度22种保障病种之一的参合个体,除享受按照病种所给予的补偿外,还可享有大病保险给予的补偿待遇。到2016年年底,大病保险已覆盖10.5亿城乡居民,总共支付赔款300.9亿元,报销水平在基本医保基础上提高了13.85个百分点(朱铭来等,2017),制度的覆盖面和补偿待遇都有了较大提升。

2. 大病保险制度现存问题

城乡居民大病保险制度无论在覆盖范围还是在补偿待遇方面都有所提高,减轻了居民的重大疾病医疗负担。但是,在政策实施给个体疾病经济负担带来积极效应的同时,大病保险制度在运行过程中存在诸多问题。

首先,在重大疾病补偿范围界定方面,单方面从病种和医疗支出来界定重大疾病并予以补偿会存在偏倚与局限。第一,按照疾病的特定种类进行界定,会将部分医疗支出花费较高的疾病排除在目录之外,造成社会公平的缺失,并且随着医疗技术水平的不断提高和疾病谱的改变,重大疾病目录应做出相应调整。第二,按照医疗支出进行界定,会有部分极度贫困的患者因无法达到起付额度而被排除在补偿范围外,且会使大病保险基金面临较高出险风险。因此在界定重大疾病患者时应当综合考虑疾病及医疗费用,发挥特惠性政策的保障作用。

其次,在制度运行方面,目前筹资机制不健全,主要表现在筹资渠道单一,现有基金主要从基本医疗保险基金池进行划拨,会阻碍大病保险制度运行的可持续发展。基金的筹资水平较低会直接影响到政策保障水平,阻碍政策的有效运行与基本目标的实现。统筹层次较低,降低了基金的可调剂范围和抵御风险的能力,影响基金运行的稳定性和使用效率。(贾继荣等,2016;焦静静,2017;张心洁等,2017)此外,政府与商保公司信息和医疗服务机构之间信息系统"碎片化",缺乏合理的信息共享机制影响商保公司发挥专业优势。(武秀芳,2017;于保荣等,2018)目前大病保险主要采取社商合作的形式,但合作模式多流于形式,政府与商保公司风险责任共担机制缺失,使商业保险公司面临收不抵支的风险,难以实现"保本微利",如何平衡保险基金收支仍然是目前面临的主要挑战。(Zhu et al.,2016;刘洋,2016)从现有研究来看,商业保险公司仍然缺乏完善的监管考核机制,无法有效监控医疗服务,由于医疗机构诱导需求和道德风险,其专业化能力受到一定程度的制约。(焦静静,2017;吴晨晨,2016;张翔、赵宝爱,2018)

(二) 大病保险制度运行效果分析

目前针对制度运行效果的研究集中于考察其对患者的疾病经济补偿作用,通过对比政策实施前后患者的人均医疗费用、实际报销比例等指标,对其实施效果予以考察。(张正明等,2016)

针对重大疾病保障制度各地实施情况不同,现有研究多集中于对某一地区的政策实施情况进行评价。政策在实施之初的主要补偿对象为农村儿童,且前期制度的实际补偿比相对较低,导致大病患者面临较高灾难性医疗支出风险。(潘瑶等,2013)随着时间的推移,政策实施对个体补偿待遇的影响方面的研究结论较为一致,多数研究通过分析大病住院患者所产生的费用信息,认为政策实施能够使重大疾病患者的补偿水平有所提高,降低患者面临的医疗费用压力。(陈珍等,2016;张正明等,2016)但由于不同地区在经济发展水平和政策实施细则方面存在差异,部分地区大病患者仍然面临较重的医疗经济负担(陈珍等,2016;毛阿燕等,2013),例如部分地区大病患者单次治疗花费较高,并且补偿政策对疾病的诊疗次数有一定限制,加剧了不同病种之间患者的不公平感。

根据《2016年全国医疗生育保险运行分析报告》,2016年大病保险的实际保障水平约为57%,大病保险从2012年提出试点到全面推广,提升了患者的保障水平,但是制度运行过程中存在筹资水平较低、保障范围过窄、资金使用效率偏低等现象,使其整体保障水平偏低。(宋占军,2018)各地在实施城乡居民大病保险过程中,政策对大病患者有较高补偿能力,缓解了贫困人口及高额医疗费用患者的就医负担,然而部分地区也存在大病保险实际支付比例上升幅度较低的问题,低收入群体依然存在陷入灾难性医疗支出困境的风险。(卢婷、柴云,2017)

三、城乡居民大病保险制度发展方向

本章对当前城乡居民大病保险制度文件进行了梳理,并对当前制度运行现状、在运行过程中存在的问题及其实施效果进行了总结,得出以下结论与建议。

政策实施后能够有效减轻特定病种大病患者就医负担,降低大病患者因高额医疗支出所面临的就诊压力,强化个体获取健康人力资本的能力。但整体而言,政策保障水平仍有待提高。政策在实际运行中仍面临着筹资渠道单一和水平较低、制度统筹层次较低、信息共享机制不健全、风险共担机制缺失、无法有效管控医疗行为等问题,会影响政策实施的可持续发展。

城乡居民大病保险制度通过病种或费用对大病患者予以补偿,可进一步适当扩大病种目录和保障范围,并且适度提高补偿待遇,减轻其医疗负担。针对现有政策运行中出现的上述问题,应当拓宽筹资渠道,提高筹资水平,加强医疗行为监管力度,科学厘定赔付水平,建立健全政府与商保公司之间的风险共担机制,促进政策健康、平稳、有效地运行。此外,政府可以在补偿政策方面进行一定改善,例如在价格控制方面,以及在制定特定疾病诊断所需要的个性化治疗药品目录范围方面进行进一步优化。(Zhu et al.,2016)

现有政策按照病种和费用对大病患者予以界定和补偿,由于两者之间并非相互替代的关系,在费用报销方面存在叠加现象,这在一定程度上造成了不同病种患者之间的不公平现象。(刘小青,2014)通过对比部分地区的按病种和费用保障的偿付水平,发现前者的医疗费用实际补偿比较高,补偿幅度远高于后者。但是按病种予以补偿,政策覆盖范围较为有限,相对而言大病保险不受病种限制,其公平性相对较好。(汤丽娟、吴阿元,2015)也有学者认为,普惠式待遇违背了特惠性政策设计的初衷,也不利于基金的可持续利用。(雷新宇、冯黎,2017;宋占军,2018)未来在制度运行方面需要进行以下进一步探索。首先,不同政策间的协调与融合存在一定的挑战,也与如何界定大病患者息息相关。其次,有关现行大病保险制度的研究,基本上均集中关注政策在减轻患者疾病经济负担方面的作用,针对政策实施后患者健康绩效方面的研究较为匮乏。但实施城乡居民大病保险的最终落脚点是改善患者健康,因此需要进一步评估政策实施对患者健康的作用。

第三章 国外重大疾病保障制度比较研究

1983年8月，世界上第一个大病保险诞生，距今已近40年的时间，该大病保险建立之初，主要覆盖了四种重特大疾病人群，包括心脏病、癌症、中风和冠状动脉手术的患者。(Barnard, 2004)此后，大病保险迅速扩展到了各个国家，实行不同医疗保险模式的国家均建立了自己的大病保险制度，或实施了针对重特大疾病患者的医疗保险政策。对不同国家重特大疾病保险制度或相关政策进行梳理，借鉴发达国家大病保障制度设计，对于完善我国大病保险制度建设有重要的参考意义和价值。

一、国家医疗保险模式下的重大疾病保障制度

国家医疗保险模式是指政府通过税收收入建立的全民医疗保险体系，此种模式下公立医疗机构一般由政府直接创办或负责运营，居民可在医保体系覆盖下的公立医疗机构获得免费或近乎免费的医疗服务，公共医疗卫生体系为民众提供全科医生诊疗服务和专科医院诊疗服务。英国、加拿大、瑞典、澳大利亚等都属于这种模式。

英国是一个高度发达的资本主义国家，其国民拥有较高的生活水平和良好的社会保障制度。2019年，英国人口约6679.68万，2017—2019年，英国男性和女性分组出生时预期寿命分别为79.4岁和83.1岁。2018年，英国医疗保健总支出为2144亿英镑，相当

于每人 3227 英镑,其医疗保健支出占国内生产总值(GDP)的 10.0%,其中政府支出的医疗保健支出为 1667 亿英镑,占医疗保健总支出的 78%。

在疾病发生率方面,研究表明,在英国由于疾病引起的过早死亡较其他国家更为常见。不健康的生活方式使得英国的心脏病发病率及癌症发生率比 14 个欧盟成员国及美国、加拿大等国家都要高。1900 年到 2010 年,在英国,饮酒和药品滥用引起的疾病的发生率显著上升。肝硬化发生率提高了 65%,并从原来第 14 位致死原因提升到了第 9 位。药品滥用则提升了 57%,从第 64 位跃居第 21 位。吸烟、肥胖、营养不良,以及缺乏运动等都是英国居民发病率较高的原因。

英国的医疗保险体系属于典型的贝弗里奇模式,即覆盖全体公民的国家医疗保险模式。1946 年,英国国会通过了国家医疗服务法案,重塑了英国的医疗服务运行体系,该法案同时建立了国家卫生服务系统(National Health Service,NHS),且该系统于 1948 年 7 月 5 日开始运行。英国医疗保险体系的运行特点是,所有英国公民不论其社会经济地位自动获得医疗保险,医疗保险基金由政府税收构成,NHS 覆盖的医疗机构均由政府运营,因而医院数量及规模、医护人员及雇工均取决于政府决策,医院的医生和相关工作人员都直接受雇于政府。

在英国的全民医保体系之下,患者去公立医疗机构可以享受到近乎或完全免费的医疗服务(除处方药、牙科服务和眼科服务外),而无须承担任何保费、起付额度等额外费用。此外,为了满足多元化的医疗需求,部分私营医疗机构也为高收入群体提供质量较高的医疗服务。在 NHS 所构建的两级医疗服务体系下,患者通常先去全科医生所在的社区卫生服务中心接受治疗,依病情需要决定是否转诊到更高级别的医疗机构。一般情况下,90% 以上的居民都会在全科医生处进行治疗而无须转诊,二级医疗服务体系主要由不同类别的专科医院构成,当全科医生对患者疾病无能为力时,可与各类专科医院取得联系并提前预约,病人可按照预约时间前往就诊,约10%的医疗需求在二级医疗服务体系得到满足。

在提供重大疾病医疗保障方面,NHS并未设有专门针对重特大疾病患者的特殊保障机制,如前所述,在NHS体制下,所有公民可享受近乎免费的医疗服务,对于部分需患者自行承担的医疗服务支出,政府为特殊群体如老年人、领取政府津贴的低收入居民等等提供医疗救助,因此居民不会因为疾病而产生较高经济风险。尽管如此,为了实现医疗卫生资源的优化配置,使患者的疾病严重程度与医疗机构的功能和技术水平相匹配,患者必须经过全科医生首诊才可到综合医院或专科医院就诊,这也使得患者医疗服务等候时间长的弊端始终存在。在此背景下,部分高收入群体选择购买商业健康保险,以缩短获取专科医疗服务的等待时间并得到尽快诊疗。重大疾病保险在商业健康保险中扮演着重要角色,一般按照疾病涵盖的种类数区分不同重疾险产品,个体可自行选择参保何种重疾险。

二、社会医疗保险模式下的重大疾病保障制度

(一) 德国

德国是最早建立社会医疗保障制度的国家,1883年,《疾病保险法》的发布标志着德国法定医疗保险制度的建立。经过了一个多世纪的发展,德国形成了法定医疗保险和商业医疗保险并行的医疗保险体系。法定医疗保险作为强制性的医疗保险,规定税前年收入低于一定限额的必须参保,而年收入超过该标准的则可以自由选择参保法定医疗保险或商业医疗保险,2009年收入上限标准为48,600欧元,其后经过了几次上调,2016年,年收入限额标准设置为56,250欧元,2017年,该标准上调为57,600欧元。同时为了约束商业医疗

保险的逆向选择行为,已选择参保商业健康险的居民,在参保期间不能够随意退保并转而去参加法定医疗保险。截至2017年,德国法定医疗保险覆盖约88%的公民,约10%的居民选择参保商业医疗保险,此外还有针对如军人、警察等部分特定人群的医疗保险制度。(闫蕊、黄桂霞,2017)

安娜·扎瓦达(Anna Zawada)等人(2017)利用2009年德国社会经济调查数据(German Socio-Economic Panel,SOEP)和CHE的不同定义测算其CHE发生率,发现如果CHE定义为自付医疗费用(out-of-pocket,OOP)占可支配收入比重超过10%,则德国有1%的家庭发生了灾难性卫生支出。如果按照WHO对CHE的定义,即自付医疗支出占家庭可支付能力(Capacity to Pay,CTP)的比重超过40%,则德国的CHE发生率为0.4%。同时该研究还利用集中曲线来研究德国自付费用的公平程度,结果显示其在自付医疗费用方面的公平性较好。

在筹资方面,自2015年起,德国的法定医疗保险规定参保者每月缴纳工资总额的14.6%作为法定医疗保险基金,其中雇主和雇员各承担缴费基数的50%,而参保者亲属(主要指非就业配偶和子女)则不再缴纳保费,即可享受与参保者相同的医保补偿待遇。(林新真,2013)针对没有能力支付参保费用的无收入来源的人和依靠失业救济金生活的特困群体,德国的联邦劳动机构或特定福利机构会为其缴纳保险费用,如失业者的参保费用由劳动局支付。(赵福昌、李成威,2011)对于各种原因导致过去购有医疗保险而当前难以支付保费的人员,只要能够证明自身陷入难以克服的财务危机,就可以只支付一半保费,甚至有政府福利机构为其支付保费。(蔡江南,2016)

在补偿方面,法定医疗保险规定参保人在就医时自付一定额度的费用,但是为了防止个体面临较高的医疗经济负担,德国主要通过设定个人自付费用的最高限额,保障大额医疗费用患者的利益。成人的个人自付费用最高限额一般为参保个体或其家庭收入的2%,

而慢性病患者这一比例为1‰,按照医疗保险规定,超出既定额度的部分由医保基金支付。(宋占军,2018)如果个体的年度自付医疗支出达到6000欧元,除了免交年度其余自付费用外,参保者还可以申请对其收入所得税进行一定程度的豁免。(闫蕊、黄桂霞,2017)

在医保经办方面,德国主要由按地区或行业所设立的"疾病基金"(sickness funds)负责医疗保险的具体经办和日常运行,这些疾病基金大部分为民办的非营利组织。(顾昕,2013)这些疾病基金的数量随着时间的推移逐步缩减,从1990年的1147家逐年减少,到2017年,德国共有113家疾病基金。(王群等,2019)这些疾病基金作为法定医疗保险的承保人,是具有独立法人地位的自治管理主体,其管理委员会具体成员主要包括雇员和雇主代表,参保者可以在不同疾病基金之间进行自由选择,各个疾病基金在保险缴费比率和保障待遇方面均保持一致,确保每个德国公民都能公平地享有医疗保障。尽管如此,德国医疗保险发展仍然面临着一些挑战:

1. 人口结构变化给医保机构带来较大负担

德国全民医疗保障体系保证每个居民都能在患病时及时就医,享受医疗服务,但是维持医保体系的正常运转较为困难。物质生活的改善和人均预期寿命的上升给保险公司的筹资和运营带来了较大压力,使法定保险公司处于亏损状态。同时由于失业者的增加,在其领取失业救济金期间,部分参保费用由劳动局代为缴纳,而其家庭成员可同时享受医保待遇,这也加重了保险公司的财务负担。

2. 医疗技术的发展提高了医疗成本

医疗技术的进步带来了医疗成本的不断上升。一方面,医院购置的医疗设备和仪器增加了医疗成本;另一方面,药品研发使大批价格高昂的新药上市,而这也使得医保机构面临较大运营压力。

(二) 日本

日本的人均预期寿命位居世界前列,2008年,日本的国民卫生支出占 GDP 比重为 8.5%,在 OECD 国家中排在第 20 位,其卫生支出占比是美国的一半。2013 年,日本的总医疗卫生支出占 GDP 比重约为 10%,其中 83% 的金额是由国民健康保险的公共筹资获得的。(OECD,2015)在国民健康保险参保群体中,保险费用、税收补贴和个体医疗费用占卫生总支出的比重分别约为 49%、38% 和 12%。

日本的医疗保险主要包括两大类:第一类保险主要覆盖雇员和雇员家属,第二类保险覆盖自由职业者、退休人员、领取养老金或抚恤金人员和其家人。第一类保险涉及五个类别,包括针对小型企业雇员的保险、大型企业雇员的保险、临时工作人员的医疗保险、针对海员的医疗保险和国营部门雇员的互助医疗保险。对于退休后无收入来源或收入较低的老年人,日本政府强制要求其参保第二类保险。第二类保险涉及两个类别:基于社区且政府承保的国民健康保险,以及由协会承保、相同职业人员参保的医疗保险。两类医疗保险覆盖了近乎全体日本居民,其中 65% 的人口参保了第一类医疗保险,剩余人口参保了第二类医疗保险。

在筹资方面,上述第一类保险的缴费比例为雇员月工资的 8.2%,由雇员和雇主按照比例分别承担一部分。第二类医疗保险的缴费金额在对参保个体的收入、家庭人口数及家庭资产进行核算后确定。相对而言,第二类保险的参保人群多为低收入及高风险人群,因此中央政府会对其参保费用进行一定程度的补贴。具体而言,对于领取养老金和抚恤金的特定人群和自由职业者,其承保人为当地政府,在参保时中央政府会对其补贴 50% 的费用;对于小企业雇员或临时工,其承保人为中央政府,中央政府对其补贴额度为 14%。

在补偿比例方面,针对第一类保险的参保雇员,医疗保险规定参保雇员需自付医疗费用的 10%,而雇员家属在住院和门诊医疗服务费用方面分别需要自付 20% 和 30%。65 岁以上的失能老人和 70 岁以上的老年人可以不用承担自付医疗费用,他们只要象征性地支付一些费用就能享受到医疗服务。(蔡江南,2016)2003年,日本政府宣布3—69岁年龄段居民的自付医疗费用比例将提高至30%。对于老年人而言,自付比例相对较低。针对部分重特大疾病并未设置自付金额。自付金额超过一定水平后,个人的税收就可以得到豁免。为了确保医疗保障方面的公平性,当参保人的医疗支出超过6万日元时,患者只需在规定时间内支付超出部分的自付额即可。

一般而言,参保个体享受到的医疗服务需要自付30%,但是对于特定人群,自付比例存在一定差异。6岁以下儿童、70—74岁的老年人,一般医疗支出自付比例设定为20%;对于70—74岁的高收入老年群体,其自付比例依然是30%。对于75岁以上的老年人和65—74岁的残障人士,不再划分疾病种类,个体的医疗费用自付比例均为10%。(孙冬悦等,2013)此外,日本政府给予45种特定治疗项目的患者、原子弹爆炸事件受害者以及特定病种患者一定的财政补贴,对于年家庭医疗支出累计10万日元以上或年家庭收入小于200万日元但医疗总费用超过5%的患者,在进行个体所得税的申报时可以申请扣除医疗花费额度。(王琬,2014)

为了防止个体面临高额的医疗支出,避免因病致贫现象的发生,日本政府也设计了一系列政策措施,例如对于不同年龄段的患者设定月度的自付医疗支出限额。2012年,70岁以下参保者的个人月度自付医疗支出限额为80,100日元,对于高收入群体,该限额设定为150,000日元,对于低收入患者,该自付限额为35,400日元。自付医疗支出达到该限额之后,患者只需支付超出上述设定阈值的1%即可。从第四个月开始,上述自付限额的阈值将进一步降低,一般自付限额设定为44,400日元,高收入群体的对应标准为83,400日元,而低收入群体的标准则相应下调至24,600日元。对于70—74岁的老年群体,无论门诊还是住院均设有相对更低的自付医疗支出限额。(孙嘉尉、顾海,2014)

在经办方面,日本有3258个保险基金及医疗保险经办机构。这些经办机构必须严格按照国民健康保险规定的偿付标准进行补偿，因此各医保经办机构并不存在竞争。由于国民经济财富的增加、现代社会医疗技术的迅速发展和人口老龄化的加剧，日本也面临着控制医疗费用的严峻挑战。

三、混合型医疗保险模式下的重大疾病保障制度

医疗卫生支出是衡量国家公共福利水平的一个重要因素。2000年，美国医疗卫生支出占 GDP 的 12.54%，这一数值此后持续上涨，在 2016 年达到 17.05% 的峰值，医疗卫生支出为 3.35 万亿美元。2018 年美国的医疗卫生支出占 GDP 比重为 16.89%，支出 3.65 万亿美元[1]，是同期可比较的发达国家卫生支出的两倍，位居世界各国医疗卫生支出第一。尽管美国的医疗支出费用令其他国家望尘莫及，数额庞大且有持续增长之势，但美国居民健康状况与相应的期望不符。美国人均预期寿命在 OECD 国家中排倒数第二，2017 年美国人的预期寿命为 78.6 岁，而可比国家的平均预期寿命为 82.3 岁。

美国医疗保险起源于私营医疗保险的创立。20 世纪 30 年代大危机以后，美国出现了"双蓝"项目，即"蓝十字"和"蓝盾"，二者皆属于私营的非营利机构，因二者的非营利性而在当时获得了较大成功。20 世纪 50 年代是医疗保险在美国发展最快速的阶段，商保公司的发展给私营的非营利机构带来较大压力，由于团体的参保价格相对低廉，许多雇员转投商业保险，对双蓝计划造成一定冲击，但商业保险带来的弊端也越发显现，如老人和低收入者难以参保，因而有损社会公平性。这一现状引起人们对商业保险的重新审视，1965 年美国国会通过了《社会保障法》，提出为年龄超过 65 岁的老年人或特定残

---

[1] OECD（2020），Health spending（indicator）. doi：10.1787/8643de7e-en（Accessed on 17 December 2020）

疾人士提供联邦医疗保险计划（Medicare），同时为贫困儿童及家庭提供医疗保险救助计划（Medicaid）。

此后，医保制度经历了漫长的改革历程，目前美国医保体系主要包括两个部分。一个部分是由政府主导的医疗保险，包括Medicare、Medicaid、儿童健康保险计划和退伍军人医疗保障，其中政府主导的Medicare因历史及其他因素，主要分为四个板块，分别对应参保者的医疗支出或其参保缴费支出，板块A和板块D分别用于支付参保者的住院和处方药费用，板块B用于支付参保者的门诊和内科医生服务费用，板块C可用于为参保者提供加入私人医疗保险的机会。（杰伊等，2019）另外一个部分则为可在自由市场上购买的私人医疗保险，这是美国人参保的主要形式。在2014年，奥巴马医改实施后，两种保险分别覆盖了38%和53%的美国人口。最新数据显示，在特朗普政府上台后，美国没有医疗保险的人口比例从2017年的7.9%上升至2018年的8.5%。

从筹资来源来看，多数美国人选择参保私人医疗保险，其中高收入群体自行选择并购买商业医疗保险，这部分群体所占比例较小，而大多数工薪阶层居民参与的商业医疗保险主要由其雇主提供，且雇主承担的保费比例相对更高（80%—90%）。由于Medicare主要覆盖老年群体，其偿付金额相对更高，但是基于参保者缴纳保费应远低于精算公平保险费的原则，Medicare的保费占其成本的比例很低。多数参保者免于缴纳板块A的保费，其资金主要来源于年轻劳动者及其雇主的税收，而其余几个板块基金来自一般联邦税收。板块B的参保者需要每月缴纳100美元的保费，高收入群体需缴纳更多。Medicaid基金主要由税收构成，平均占州政府预算约15%，联邦政府也会根据各州资金筹集情况匹配一定金额。儿童健康保险计划资金由联邦政府和州政府共同承担，退伍军人医疗保障基金主要来源于财政拨款。

从待遇补偿来看，1996年美国开始出售第一个重疾险产品，该保险主要为确诊患有特定病种的重大疾病患者进行一次性的赔付。总体上个体购买重疾险的比例相对较低,大多数重疾险仍然以基于雇佣关系的团体险形式提供,其中最为常见的是雇主为雇员提供的重疾险。团体重疾险主要覆盖参保者的合理医疗费用,如疾病、意外伤害等产生的医疗支出,或经医生诊疗所需医疗服务产生的费用,多数团体重疾险不会对参保者住院期间的日度费用进行限制。但参与者可以对自付额度标准和赔付方式自由选择。美国团体重疾险中常见的赔付比例为80%,即患者需自付医疗支出的20%,赔付封顶额度也因福利包的设计而定,部分保险设计对受益额度无明确限制。

Medicare各部分的承保内容和补偿范围也存在差异,板块A参保者的住院费用和在护理机构产生的短期费用中的绝大部分由政府支付。此外,对于需要定期采用透析治疗的终末期肾病患者,其医疗费用也很大程度上由政府支付。而板块B主要负责支付其参保者的门诊和内科医生服务费用,以及在住院期间注射的药物。板块C是指个人可自主选择参与,Medicare和私人保险公司签订合同,由保险公司向该板块的参保者提供偿付服务。与板块C类似,板块D由个人自主选择,主要覆盖参保者的处方药物费用。板块D也由保险公司负责运营,福利包及自付比例的设计也因保险公司的不同存在差异,政府会对最低的补偿标准提出一定要求。Medicaid主要向其参加者提供免费或近乎免费的保险计划,多数参保者的不同医疗支出均设有极低的自付门槛,如处方药和内科医生服务费用自付额度小于10美元,去医院就诊的自付医疗支出上限为50或100美元。(杰伊等,2019)

医保经办方面,由于美国医保以商业保险为主,因此主要由各保险公司自定比例、自负盈亏。Medicare由政府筹资主办,美国医疗保险和医疗救助服务中心(CMS)负责统筹管理,具体事项委托第三方承办,其雇用的承包商主要包括医保管理承包商(MAC)、区域方案廉政承包商(ZPIC)、综合错误率测试计划审查承包商(CERT

RC)与统计承包商(CERT SC)、补充医学审查承包商(SMRC),它们分别负责医保不同板块。有别于 Medicare 主要由联邦政府统一负责运营和管理,Medicaid 是由联邦政府和各州政府共同运营的,各州在参保资格、补偿范围和补偿比例方面具有较大自主权。

总体而言,美国的大病保障机制主要采取商业保险模式,以商业保险为主,国家保障为辅,居民根据需求购买不同险种。虽然不同保险公司提供的服务、种类和分担比例不同,但保险公司一般都实行保障额、免赔额和最低赔付率等基本措施,医保设置患者个人负担的医疗费用封顶额,超过封顶额后患者无须付费。这一系列措施能有效缓解患者因病致贫的难题。(孙潇璨,2019)尽管美国医保发展得较为成熟,多方经办管理,但仍然存在一些问题:

(一)美国作为一个依靠私人医疗保险的发达国家,其医疗保险仍未形成全民医保,在公平性上存在较严重的争议。且其政府主导的医疗保险对于慢性病和重大疾病的覆盖面过小,导致患者不得不购买商业保险,在自身已承受沉重医疗负担的情况下增加额外开销,应该更加关注因医疗费用而破产的公民,减少他们的经济风险,分担其高额医疗费用。

(二)医疗费用由第三方支付,患者与医疗服务提供者之间可能存在明显的信息不对称,因此医疗服务提供者也有动机提供更多的医疗服务,在这种情况下容易产生"道德风险",即造成医疗卫生资源的错配和资源浪费等现象。

(三)由于美国基本医保不涵盖年轻人,加之老龄化日趋严重,资金筹集困难,花费给老年人的经济费用就分担到年轻人身上,给财政带来巨大压力。

四、国外重大疾病保障制度对我国的启示

综合上述不同保险模式下国家的重大疾病保障制度设计,可以

看出,尽管在采取的政策措施方面存在显著差异,但是各国都力争使居民免于面临高额医疗经济风险。我国的大病保险建立在基本医保基础之上,其与基本医保存在一定连续性,但其自身在筹资和补偿方面也具有相对独立性。对比不同医疗保险模式下的医保制度及重疾险设计,可以为完善我国大病保险制度设计提供有益借鉴:

(一)合理设定大病保险偿付范围及标准

从医保制度发展现状来看,各国普遍面临着老龄化日趋严重所带来的挑战,我国作为一个人口大国,也存在着严重的人口老龄化问题,与此同时医疗支出也逐渐上升,给医保基金运行带来压力。我国的大病保险制度覆盖了居民医保的参保群体,从这一层面上来说制度设计遵循普惠原则,具体偿付范围和标准的核算设计是保证制度能够可持续发展的关键。因此在大病保险制度设计上要突出受益的公平性,同时结合地区人口结构和发病率等特征调整地区偿付范围及标准,在保证大病保险基金可持续的前提下提高大病患者的保障水平。

(二)明确医疗救助制度的保障范围

除了大病保险自身的制度优化与设计外,进一步发挥医疗救助制度的作用也是降低居民医疗经济风险的关键。大病保险的定位为在基本医保基础上对大病患者保障进行延伸和补充,主要保障大病患者的医疗费用。对于特定贫困群体,除了关注其医疗卫生支出方面的负担外,也应关注与之相关的家庭医疗支出并给予一定补偿,发挥其兜底性作用。

(三)发挥商业健康保险在重特大疾病保障方面的补充作用

虽然我国商业健康保险发展速度逐步加快,但总体发展水平仍然较为滞后。从各国医保制度建立情况来看,为了满足部分群体的多元化医疗服务需求,各国均鼓励商业健康保险的发展。除了从大病保险角度不断完善制度设计,满足大病患者的基本医疗需求外,也应发挥商业健康保险在重大疾病方面的保障作用,为部分群体寻求高质量医疗服务提供良好保障,满足多层次多元化医疗服务需求。

第四章　城乡居民大病保险制度相关概念界定

一、重大疾病

国际上多以临床诊断与是否发生灾难性卫生支出判定患者是否患有重大疾病,对于灾难性支出,主要以世界卫生组织2002年提出的家庭自付卫生支出是否超过家庭可支配能力的40%作为标准进行衡量,不同国家和地区会根据具体情况进行调整,设置不同比例,例如朱铭来等(2017)利用国务院城镇居民基本医疗保险评估入户调查数据,测算出我国灾难性卫生支出标准应为家庭年度医疗服务自付金额占收入的44.13%。

2012年8月30日,国家发改委等六部委联合发布《关于开展城乡居民大病保险工作的指导意见》,文件指出大病保险制度"以力争避免城乡居民发生家庭灾难性医疗支出为目标"。2012年11月13日,原卫生部发布文件《关于加快推进农村居民重大疾病医疗保障工作的意见》,明确提出将急性白血病、儿童先天性心脏病、终末期肾病、妇女乳腺癌等20种疾病优先纳入医保范围。因为大病保险仍然是属地化管理,各地区按照自身情况设定大病保险补偿机制,大病保险补偿模式存在差异。

单方面从病种和医疗支出来界定重大疾病并予以大病补偿,会造成偏倚与局限。首先,按照疾病种类进行界定,会将医疗支出花费较高的疾病排除在外,造成公平缺失,并且由于医疗技术及疾病谱的改变,重大疾病种类目录也应做出调整。其次,按照医疗支出进行界定,会有部分贫困患者被排除在补偿范围外,且会使大病保险基金面临较高风险。综合考虑疾病影响及医疗费用,本书认为,重大疾病应当是给国民经济和社会发展造成严重影响,严重危害患者身心健康,并且会给患者及其家庭带来严重经济负担的疾病。

二、统筹城乡医保制度

如前所述,为了缓解城乡居民在医保待遇方面不公平的现象,部分地区先行探索将城居保和新农合两项制度予以整合,实施统筹城乡医疗保障制度,其后国家层面也发文建立统一的城乡居民医疗保险制度。已有研究对统筹城乡医保制度的内涵进行了深入分析,认为医保制度城乡统筹是"将城乡居民都纳入统一的基本医保制度框架和体系内,打破城乡壁垒二元结构的户籍限制和身份地位等人为因素造成的种种待遇差别,使人人享有基本医疗保障的合法权益"(王保真等,2009)。此外,在已有研究中也可见"城乡居民医保制度整合""城乡医疗保障制度一体化"等用语。相比较而言,医保制度城乡统筹体现的是对城乡医保制度进行"通盘筹划、统一筹划、统筹协调、统筹兼顾",是一个更为广阔的概念,通过医保制度城乡统筹,实现更高层次的公平。

目前顾海(2014)、顾海等(2019)对统筹城乡医保制度的内涵进行了明确界定,认为统筹城乡医疗保障制度"从国民经济和社会发展全局角度出发,把职工医保、居民医保和新农合作为一个医疗保障体系,从整体上进行统一筹划和制度安排,消除户籍界限、身份界限和职业界限,保障每一个公民都能平等、自由地享有基本医疗保障权利"。本书亦沿用上述统筹城乡医保制度的定义。大病保险制度作为在基本医保基础上对高额费用患者的二次补偿,亦面临着是否进行城乡统筹的问题,下文将对城乡居民大病保险制度及制度实践中形成的不同城乡统筹模式予以说明。

三、城乡居民大病保险制度

在部分地区探索大病保险制度实践的基础上,为进一步补偿城乡居民高额医疗支出,2012年8月,国家发改委等六部委联合下发《关于开展城乡居民大病保险工作的指导意见》(以下简称"《意见》"),提出对面临高额医疗支出的大病患者给予进一步保障,对基本医保报销后仍需个人负担的合规费用进行二次补偿,《意见》提出原则上大病保险实际支付比例不低于50%。此后,多数省市陆续出台大病保险制度实施意见,逐步推进大病保险试点工作。为了进一步明确大病保险制度实施原则,对大病保险制度设计提出统一规范和指导,2015年国务院办公厅下发了《国务院办公厅关于全面实施城乡居民大病保险的意见》(国办发〔2015〕57号),该文件明确提出,大病保险支付比例应达到50%以上,并随着筹资与管理能力的强化而逐步提高。此后,2019年,国家医保局和财政部发布《关于做好2019年城乡居民基本医疗保障工作的通知》(医保发〔2019〕30号),提出进一步提高大病保险的保障功能,政策报销比提高至60%。

在国家顶层设计下,各省市逐步推进并不断完善大病保险制度的实施。但不同地区实施进程不一,为本研究提供了一个"准自然实验"的框架,分析大病保险制度有无实施对城乡居民医疗服务利用及健康水平的影响。除此之外,由于大病保险属于属地化管理,各地在实施过程中在筹资与补偿机制、保障范围等方面存在显著差异,本研究按照基金管理与补偿待遇是否统一,将大病保险制度分为"一元制""二元补偿统一制""未统筹"三种模式。"一元制"模式下城镇职工与城乡居民大病保险在同一制度框架下,制度内只设立一个基金池,筹资标准方面城镇职工和城乡居民可能相同也可能不同,所有参合人员的保障范围相同,且享有相同的补偿水平,如江苏太仓。"二元补偿统一制"模式下城乡居民与城镇职工分立两个基金池,城乡居民在筹资标准、保障范围和补偿待遇方面相同。目前,全国范围内已基本实现城镇居民医保和新农合两项制度的统筹,包括基本医保制度和大病保险制度的整合,多数地区的大病保险制度运行模式属于"二元补偿统一制",如江苏扬中、贵州黔西南州、安徽霍山等。"未统筹"模式下制度内设立三个基金池,城镇职工、城镇居民和农村居民之间筹资标准、保障范围和补偿待遇均存在差异,如贵州贵阳、安徽灵璧等地区,相关内容总结见表1-4-1。

表1-4-1　城乡居民大病保险制度模式及其分类

	一元制	二元补偿统一制	未统筹
城乡统筹层次	职工与城乡居民大病保险全统筹	职工大病保险分立运行,城乡居民大病保险统筹实施	职工、城镇居民、新农合大病保险三者均分立运行
基金池(个)	1	2	3
筹资标准(个)	1或2	2	3
补偿比例	职工与城乡居民补偿待遇均一致	城乡居民待遇保障水平一致,但与职工不存在差异	职工、城镇居民和农村居民均不一致
典型地区	江苏太仓市	贵州黔西南州、江苏扬中市、安徽霍山县	贵州贵阳市、安徽灵璧县

从各地政策文件来看,目前部分省份已经开始逐步建立统一覆盖城镇职工和城乡居民的大病保险制度。如浙江省2014年发布《浙江省人民政府办公厅关于加快建立和完善大病保险制度有关问题的通知》(浙政办发〔2014〕122号),提出将职工医保、城镇居民医保和新农合的参保(合)人员统一纳入大病保险制度框架,按照政府或单位70%、个人30%的比例从基本医保基金中整体划拨。

国家层面2016年发文要求各地建立统一的城乡居民基本医疗保险制度,将城镇居民医保和新农合予以整合。各地区逐步统筹实施两项基本医保制度及大病保险制度。在此过程中,不同地区由于城乡医保制度发展不协调不充分等因素,统筹进程不一,截至2019年,仍然有7个省份未实现城镇居民医保和新农合的整合,两项制度仍然并轨运行。①

综上所述,本书主要研究的城乡居民大病保险,是国家层面2012年及2015年相关文件中发布实施并全面推开的城乡居民大病保险。在研究不同城乡统筹模式实施效应及公平性差异时,本研究所定义的大病保险城乡统筹模式是指在总结各地运行模式的基础上,按照制度设计划分的"一元制""二元补偿统一制"和"未统筹"三种模式。

四、大病保险制度实施效应

大病保险制度作为一项医疗保障制度,主要目的是减轻患者所面临的高额医疗经济负担,有效减少因病致贫、因病返贫现象,通过价格补贴机制,释放患者的医疗服务需求,从而起到增进个体医疗服务利用,改善健康人力资本的作用。因此在考察大病保险制度有无实施的制度效应时,本研究重点关注实施大病保险制度对城乡居民医疗服务利用、健康水平和医疗经济风险及公平性等方面的影响。此外,本研究也探讨了实施大病保险制度对医疗服务体系宏观运行效率的影响。

大病保险制度全面实施后,在全国范围内形成不同城乡统筹模式。大病保险城乡统筹遵循医保目录"就宽不就窄",补偿待遇"就高不就低"的原则,在定点医疗机构方面也实现城乡统一,能够提高城乡居民的大病补偿待遇,使患者能够突破收入约束利用更多医疗服

---

① 国家医疗保障局:《关于做好2019年城乡居民基本医疗保障工作的通知》政策解读,2019年5月13日。

务，并对其健康起到明显改善作用。因此在比较不同城乡统筹模式的大病保险制度实施效应差异时，本研究考察大病保险制度城乡统筹及不同统筹层次对大病患者医疗服务利用、健康和医疗经济风险及公平性的影响差异。

此外，大病保险制度城乡统筹，意在打破医保制度城乡二元分割局面，将城镇和农村居民大病保险制度整合在同一框架下，使城镇和农村居民公平享有大病保障，实现城乡居民在医疗服务利用和健康方面的实质公平。因此除关注上述不同城乡统筹模式实施效应差异外，本研究也对不同城乡统筹模式的公平性进行了考察，基于机会平等理论，对大病保险制度城乡有无统筹，以及不同统筹层次在减少城乡居民医疗服务利用和健康机会不平等中起到的作用，进行了研究。

第二部分
理论基础与研究回顾

第一章 理论基础

一、医疗服务利用模型

医疗服务利用模型自1968年由美国学者罗纳德·安德森(Ronald Andersen)创建以来,在医疗卫生研究领域得到了广泛应用。(Andersen,1968)其最初模型提出,影响个体医疗卫生服务利用的因素主要包含三大类别,分别是倾向性特征(predisposing characteristics)、使能资源(enabling resources)和需要(need)(见图2-1-1)。倾向性特征主要指存在利用医疗卫生服务倾向的具体群体特征,主要包括人口学特征、社会结构和健康信念。使能资源主要指个体得以利用医疗服务的资源禀赋,既包括个人及家庭层面,也包含社区层面的可利用资源。需要主要指个体利用医疗服务的直接影响因素,包含个体自身感知到的和经临床医生专业评估过的医疗服务利用需要。初始模型中各类变量之间为单项递归关系,即倾向性特征通过使能资源和需要最终影响医疗服务利用。

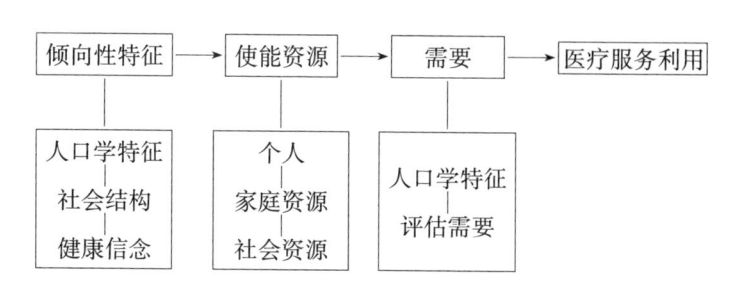

图 2-1-1　初始安德森医疗服务利用模型

在此之后,安德森模型不断完善和发展,主要表现在研究对象单位由家庭变为个体,模型结构逐步丰富,变量不断扩充且变量间关系也越来越多元化。2013年,安德森模型进行了进一步修正,在模型中添加了遗传基因及生活质量两个变量,形成了一个四维度多层次模型(见图2-1-2)。(陈鸣声,2018)王懿俏等(2017)、卢珊、李月娥(2018),李月娥、卢珊(2017)均对安德森模型的不同发展历程进行了详细的分析与说明。目前国内应用安德森模型分析医疗卫生领域问题的相关研究较少,除上述对该模型发展历程进行总结的文献外,少数文献应用该模型进行实证研究,如彭希哲等(2017)利用该模型分析失能老人长期照护服务利用的影响因素,徐鹏、周长城(2014)利用该模型分析了影响我国老年人主观幸福感的因素,孙兰英等(2019)在2000年的安德森模型基础上构建了养老决策行为的分析框架,并对影响农村老年人养老决策行为的因素进行了实证研究。

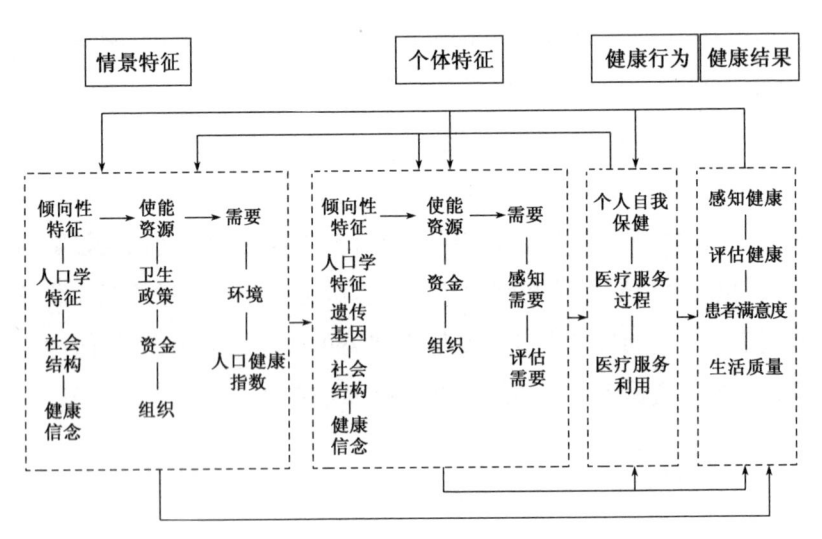

图 2-1-2 安德森医疗服务利用模型(2013年版)

据图2-1-2所示,最新版本的安德森模型主要包括情景特征、个体特征、健康行为和健康结果四个维度。其中情景特征主要是指会对个人的健康行为产生影响的外在环境变量,包括社会经济环境、卫生政策、社会资源等环境因素。该维度结构与个体特征相同,即包含倾向性特征、使能资源和需要。个体特征结构仍与初始模型相同,其中倾向性特征在初始模型基础上添加了遗传基因变量,使能资源包含资金与组织两个变量,需要仍由感知需求和评估需求组成。健康行为方面内涵也更为丰富,除原有的医疗服务利用外,该版本添加了个体自我保健和医疗服务过程作为医疗服务利用的不同形式。更为重要的是,修正模型在初始模型基础上添加了健康结果维度,包含个体自我感知健康状况、评估健康状况、个体满意度及生活质量四个变量。

根据安德森的医疗服务利用模型,社会经济环境与卫生政策等"情景特征"会影响"个体特征"维度中的社会经济地位、健康信念等变量,从而会对个体的"健康行为"产生影响,进而影响个体"健康结果"。此外,修正后的医疗服务利用模型各维度之间并非单向递归的关系,不同维度的变量间存在相互影响。情景特征和个体特征会影响个体的健康行为和健康结果,同时个人的健康结果也会对其健康行为、个体特征和情景特征产生影响。例如,当个体健康状况相对更差时,可能会因逆向选择而倾向于购买医疗保险,并且会因疾病而改善自己的健康行为。

大病保险制度作为一项医疗保障制度,其属于外部环境的情景特征,会对个体所能利用的医疗资源产生影响,进而影响其医疗服务利用和健康水平。在考察大病保险制度实施效应时,本研究并未对上述全部路径进行验证,原因在于,在研究大病保险制度实施效应时,本书的研究对象为参保(合)城镇居民医保和新农合的城乡居民,在研究不同城乡统筹模式大病保险制度实施效应及公平性差异时,本书研究对象为参保且享受大病保险的城乡大病患者。在此背景下,个体医疗行为及健康结果对大病保险制度参保并无影响力。因此本书着重考察大病保险制度结合个体特征对城乡居民医疗服务利用和健康的影响,并分析制度作用于个体健康的路径。

综合上述分析，在对大病保险制度实施效应进行分析时，本研究主要从健康行为和健康结果两个角度入手，在健康行为方面，主要考察大病保险制度及个体特征对城乡居民医疗服务利用的影响，在健康结果方面，考察大病保险制度及个体特征对居民自评健康水平的影响。在情景特征方面，考虑影响个体健康行为及健康的外部因素。本研究将控制地区变量，同时在研究大病保险实施效应时，采用大病保险有无实施作为卫生政策代理变量，在研究不同统筹模式下大病保险制度实施效应时，将不同模式的虚拟变量作为卫生政策的代理变量，考察不同模式下制度实施效应的差异。在个体特征方面，按照安德森模型中的结构，倾向性特征包含性别、年龄、受教育程度、婚姻状况等个体社会人口学特征，使能资源主要由收入和医疗保险等指标表征，需要变量主要以个体的患病情况作为代理变量。

二、健康需求理论

格罗斯曼早于1972年提出健康需求理论，该理论认为健康具有消费和投资两种商品属性。一方面，健康作为消费品可进入个体效用函数，健康会带来个体效用的直接变化。另一方面，健康也可被视为一种投资品，对健康的投资会决定个体从事生产的时间总量，个体会在健康方面进行投资直到健康的边际收益等于边际成本。(Grossman，1972)按照健康需求理论，消费者在其生命周期中的效用函数可表示为：

$$U=U(\phi_0 H_0,\cdots,\phi_n H_n,Z_0,\cdots,Z_n) \qquad (2-1)$$

其中，H_0为个体在出生时的健康存量，H_i为i时期个体的健康存量水平，ϕ_i为i时期个体的单位健康存量能够生产的健康天数，$h_i=\phi_i H_i$表示i时期个体消费的健康服务总量，即个体可以消费的总健康天数。Z_i表示i时期个体可以消费的其他商品的总量。n表示生命周期长度。健康资本存量的净增加量可以表示为：

$$H_{i+1} - H_i = I_i - \delta_i H_i \qquad (2-2)$$

即 $i+1$ 时期相对于 i 时期的健康增量可以表示为，i 时期的健康投资量 I_i 减去因折旧而损耗的当期健康存量 $\delta_i H_i$，其中 δ_i 表示 i 时期对应的折旧率。

个体的健康投资生产函数和其他商品的生产函数分别由 2-3 式和 2-4 式决定：

$$I_i = I_i(M_i, TH_i; E_i) \qquad (2-3)$$

$$Z_i = Z_i(X_i, T_i; E_i) \qquad (2-4)$$

其中 M_i 表示 i 时期个体消费的医疗服务数量，X_i 表示生产商品 Z_i 所需的投入要素，TH_i 和 T_i 分别表示健康和其他商品生产所需的时间投入，E_i 为个体的人力资本存量。考虑到资源和时间的有限性和稀缺性，消费者的投资和生产受到如下收入和时间方面的预算约束：

$$\sum_{i=1}^{n} \frac{P_i M_i + V_i X_i}{(1+r)^i} = \sum_{i=1}^{n} \frac{W_i TW_i}{(1+r)^i} + A_0 \qquad (2-5)$$

$$TW_i + TL_i + TH_i + T_i = \Omega \qquad (2-6)$$

其中，在收入预算约束中，P_i 和 V_i 为 M_i 和 X_i 对应的价格，TW_i 和 W_i 分别表示个体的工作时长和工资率水平，r 表示利率水平，A_0 表示折现后的财产性收入。在时间预算约束中，TL_i 表示个体因伤病而损失的无法参与市场或非市场活动的时间，Ω 为 i 时期的时间总量。通过变量代换，可以将 2-5 式和 2-6 式合并为：

$$\sum_{i=1}^{n} \frac{P_i M_i + V_i X_i + W_i(TL_i + TH_i + T_i)}{(1+r)^i}$$

$$= \sum_{i=1}^{n} \frac{W_i \Omega}{(1+r)^i} + A_0 = R \qquad (2-7)$$

个体在 2-2 式、2-3 式、2-4 式和 2-7 式的条件约束下,实现 2-1 式的效用最大化目标,通过构造拉格朗日函数并对 I_{i-1} 求偏导,获得使个体的效用达到最大化的一阶均衡条件:

$$G_i\left[W_i+\left(\frac{Uh_i}{\lambda}\right)(1+r)^i\right]=\pi_{i-1}(r-\tilde{\pi}_{i-1}+\delta_i) \qquad (2-8)$$

其中 G_i 表示一单位健康存量增加所带来的健康天数的增量,即 $G_i=\partial h_i/\partial H_i$,$\pi_{i-1}$ 表示 $i-1$ 期健康投资的边际成本,$\tilde{\pi}_{i-1}$ 为 $i-1$ 期和 i 期之间的边际成本的变化率。$Uh_i=\partial U/\partial h_i$ 表示健康天数所对应的边际效用。λ 代表的是财富的边际效用。上式又可表示为:

$$\gamma_i+a_i=r-\tilde{\pi}_{i-1}+\delta_i \qquad (2-9)$$

其中 $\gamma_i=W_iG_i/\pi_{i=1}$,表示投资于健康的边际货币回报率,

$$a_i=\left[\frac{\frac{Uh_i}{\lambda}(1+r)^iG_i}{\pi_{i-1}}\right]$$

a_i 表示投资于健康的边际精神回报率,即健康投资所带来的个体效用水平的增量。2-9 式充分反映了健康投资的回报与资本使用成本,γ_i 和 a_i 体现了投资于健康的货币和效用回报,契合健康的投资品和消费品的双重属性。成本方面包含三方面的内容:利率、健康投资的边际成本变化率和折旧。由 2-3 式健康投资生产函数可知,个体的健康投资取决于医疗服务需求、健康投入时间及其他人力资本,而个体医疗服务需求又受到医疗服务价格的影响。

为了模型的简化和易于处理,该理论并未考虑医疗保险对个体健康需求的影响。初始模型假定没有医疗保险,假定个体对健康的投资是在完全信息的条件下进行的,所有医疗成本由个体收入或财富支付。但是,由于疾病的不可预测性以及医疗成本,对于风险厌恶型的个体来说,医疗保健需求与其医疗保险需求相关。(Hren,2012)尽管格罗斯曼在其模型中未考虑医疗保险的影响,但他的模型

可以用于分析当医疗服务价格变化时个体的医疗需求变动情况,当价格提高时,个体会减少其医疗服务需求。因此,医疗保险的介入能够改变医疗服务的相对价格,在没有医疗保险的情况下,个体的医疗服务需求曲线斜率为负,参加医疗保险后,个体的医疗服务需求曲线会整体向外移动,即同样价格水平下消费者的医疗服务需求会有所增加。

从上述分析可以看出,医疗保险的介入能够改变个体在就医时所面对的货币价格,能够使个体利用更多的医疗服务。我国作为社会医疗保险模式的国家,针对不同人群的医保制度的建立,在解决个体看病就医问题方面发挥了较强的作用(高梦滔,2010;潘杰等,2013;臧文斌等,2013),并且在参保者健康方面也显示出一定积极效应(程令国、张晔,2012;潘杰等,2013)。为了进一步降低城乡居民的高额经济风险,我国从2012年开始推进大病保险制度实践,在基本医保基础上为患者所发生的大额医疗支出提供进一步的报销,大病保险制度的建立为改善患者医疗服务可及性及健康投资提供了新的契机,使得个体能够释放其被医疗服务价格和预算约束抑制的医疗服务需求,提高医疗服务利用数量和质量,以提升健康人力资本。

三、机会平等理论

约翰·罗尔斯(John Rawls)最早提出机会平等这个概念。他强调正义的两大原则:一个是平等自由原则,一个是差别原则和机会的公平平等原则。(罗尔斯,2016)前者强调对个体平等自由权利的保障,后者则是为了确保分配的公平性,提出对于社会和经济方面存在的不平等,应当予以调整。一方面,社会基本善应向社会中的所有人开放,即机会的公平平等原则;另一方面,可以允许社会中存在差别,但必须优先考虑处于最不利地位的弱势群体的利益,也就是差别原则。罗尔斯的上述原则建立在"原初状态"和"无知之幕"的假想状态上,在无知之幕背后,处于各个社会阶层的成员共同参与制定社会基本善①的分配,由于并不知道自身在社会中的状态,因此人们会尽可能公平地分配社会基本善。(罗尔斯,2016)在此之后,阿马蒂亚·森(Amartya Sen)和罗纳德·德沃金(Ronald Dworkin)对罗尔斯的社会基本善进行了批判,他们认为社会基本善并未考虑个体需要和能力方面的信息,忽视了个体在资源转化"能力"方面的差异。(Sen, 1980;Dworkin,1981a,1981b)

在德沃金等人的研究基础上,约翰·罗默(John Roemer)提出了清晰且实用的机会平等概念,并且将其以数理形式进行呈现。罗默认为,一个人的优势由环境因素和努力因素决定。环境因素所导致的个体优势上的不平等是不合理的,需要予以补偿或尽可能消除,努力因素所导致的个体优势上的不平等是合理的和可以接受的,应当鼓励,即机会平等理论的补偿原则与鼓励原则(Roemer,1998;2002;2012),补偿原则和鼓励原则之间存在冲突。此后,马可·弗勒拜伊(Marc Fleurbaey)等人在罗默机会平等理论基础上,提出了事前和事后机会平等的概念(Fleurbaey,2008;Ramos and Dirk, 2012;Fleurbaey and Peragine,2013),事前机会平等是指如果不同环境下的个体拥有相同的优势,则认为机会平等存在,如果不同环境下的个体优势的不平等程度有所下降,则认为机会不平等程度也在下降。而事后机会平等是指,具有相同努力程度的个体优势相同,则认为机会平等存在。

弗勒拜伊和维托·派拉金(Vito Peragine)(2013)研究认为,补偿原则和鼓励原则之间的悖论其实是事前与事后机会平等的冲突。补偿原则与鼓励原则均存在事前与事后两种情形。在测度机会不平等时,事前补偿原则通常不使用个体努力因素的相关信息,仅利用环境信息测算机会不平等程度并予以补偿,忽略了个体的努力程度。

---

① 罗尔斯将社会分配的社会价值(权利、自由、机会等)称之为"基本善"。

事后补偿原则强调在个体的努力程度已知的情况下,利用环境和努力信息测度机会不平等程度,并对处于劣势环境的个体进行补偿。顾海等(2019)分别从补偿原则和鼓励原则视角分析了我国城乡居民医疗服务利用的机会不平等,并阐明补偿原则更适用于研究城乡医保统筹问题,主要是因为城乡医保统筹试图整合城乡居民医疗保障制度,打破医疗保障城乡二元分割的局面。从这一层次来说,医保制度的城乡统筹主要是为了补偿城乡分割外界环境所造成的不平等,因此更契合补偿原则的设计理念。因此本书将从补偿原则的视角,对不同城乡统筹模式下实施大病保险制度的公平性差异进行分析。

按照泽维尔·拉莫斯(Xavier Ramos)和德克·范·德·盖尔(Dirk Van de Gaer)(2012)的定义,假定个体集合为 $N=\{1,2,\cdots,n\}$,其中 $n \geqslant 2$。对于每个个体 $k \in N$,其可观测到的优势为 $y_k \in R_{++}$,在本研究中 y_k 表示个体的医疗服务利用或健康水平,其仅由可观测的个体努力程度 a_k^E 和环境 a_k^C 决定。假设共有 m^C 种环境,$i=\{1,\cdots,m^C\}$,共有 m^E 中努力水平,$j=\{1,\cdots,m^E\}$。按照定义,则个体优势可表示为阶数为 $m^C \times m^E$ 的一个矩阵,即 $Y=[y_{ij}] \in R_{++}^{m^C \times m^E}$。

在上述基础上,事前补偿原则可以定义为:对于所有的 $Y^1, Y^2 \in R_{++}^{m^C \times m^E}$,如果满足:1)对于所有的 $j=\{1,\cdots,m^E\}$,存在 i 和 l,使得 $Y_{ij} \geqslant Y_{lj}$;2)存在 $j,q \in \{1,\cdots,m^E\}$,满足 $Y_{ij}^2 > Y_{ij}^1$,$Y_{lq}^1 > Y_{lq}^2$,且对于所有的 $ab \notin \{ij,lq\}$,满足 $Y_{ab}^2 = Y_{ab}^1$。则 $Y^1 > Y^2$,即 Y^1 要更优于 Y^2。事前补偿原则中的条件1)表明在矩阵中,环境 i 要明确优于环境 l,条件2)表明 Y^2 在环境 i 和 l 之间的不平等程度要高于 Y^1。

事后补偿原则定义为:对于所有的 $Y^1,Y^2 \in R_{++}^{m^C \times m^E}$,如果存在 $Y_{ij}^2 \geqslant Y_{ij}^1 \geqslant Y_{lj}^1 \geqslant Y_{lj}^2$,其中第一个或最后一个不等式严格成立,且对于所有的 $ab \notin \{ij,lj\}$,满足 $Y_{ab}^2 = Y_{ab}^1$,则 $Y^1 > Y^2$,即 Y^1 要优于 Y^2。事后补偿原则要求在同样的努力程度 j 下,Y^1 的变量分布更为公平。

从上述定义可以看出,事后补偿原则认为,在考虑个体的努力因素后,对于处于较差环境的个体应予以补偿,而事前补偿原则无须考虑个体努力信息,对处于劣势环境的个体给予补偿。相比较而言,事后补偿原则利用了个体的努力信息,所衡量和想要达到的是相对更优的机会平等。但在大多数政策设计和实施过程中,主要参考的是事前补偿原则,即仅考虑环境因素的不同,如医保制度的城乡统筹,将城镇居民和农村居民纳入同一制度框架,使城乡居民享有同样的医保补偿待遇,补偿农村居民在制度设计方面的"环境"劣势。

如前文所言,大病保险制度在全国范围内实施后形成不同城乡统筹模式。一元制模式通过消除在原有政策下户籍、就业、身份所造成的不同人群之间的不平等,将职工医保、城镇居民医保和新农合大病保险整合在统一的制度框架下。类似地,二元补偿统一制模式也是将城镇居民医保和新农合大病保险进行整合,形成统筹的制度安排。因此,大病保险制度的城乡统筹试图通过整合不同类型的大病保险,消除环境因素所带来的机会不平等,因此契合机会平等理论的补偿原则。本书将在机会平等理论基础上,分析事前和事后补偿原则不同模式下城乡大病患者医疗服务利用和健康不平等的现状,并考察不同城乡统筹模式对减少城乡大病患者机会不平等的作用。

第二章 研究回顾

一、灾难性卫生支出与城乡居民大病保险制度

国家在关于大病保险制度的顶层设计中明确提出,大病保险制度应"以力争避免城乡居民发生家庭灾难性医疗支出为目标"。灾难性卫生支出(CHE)作为衡量家庭医疗经济风险的最为常用的指标,国内外学者对其进行了大量研究。关于灾难性卫生支出,国际上通行的定义是家庭医疗支出超过满足基本生活需求后的收入或支出的一定比例,在研究中广泛使用的阈值为40%。(Murray and Evans,2003; Xu et al.,2003; Xu et al.,2007)

徐可(Ke Xu)等人(2007)利用89个国家的调查数据显示,每年全球有1.5亿人因支付医疗服务费用而陷入经济灾难困境。部分研究利用不同的计算公式及微观数据库测算了我国灾难性卫生支出发生率,如吴群红等(2012)利用第四次国家卫生服务调查数据和WHO推荐的方法,测算出我国总体CHE发生率和致贫率分别为13.0%和7.5%。孟群(Qun Meng)等人(2012)亦利用二次国家卫生服务调查数据测算出我国大约有12.9%的家庭发生了灾难性卫生支出。Zhao et al.(2020)利用CFPS 4期调查数据发现2010—2016年我国CHE发生率从19.37%下降至15.11%。

医疗保险能够减轻个体因疾病冲击而面临的医疗经济负担,已有文献对于医疗保险在减少灾难性卫生支出方面的作用进行了研究,如周钦等(2013)利用URBMI调查数据研究医疗保险对家庭经

济风险的作用,发现参与医疗保险能够有效降低低收入家庭发生CHE的风险,但对慢性病及老年家庭的作用有限。亚当·瓦格斯塔夫(Adam Wagstaff)和马纳斯·林德罗(Magnus Lindelow)(2008)利用中国的三项微观调查数据分析了医疗保险对居民医疗经济风险的作用,研究发现医疗保险增加了居民灾难性卫生支出发生风险,其主要原因是医疗保险鼓励人们在生病时释放医疗需求,并且追求高质量的医疗服务,陈在余等(2017)对新农合的研究也得到类似结论。还有部分研究认为,尽管我国医疗保障制度逐步完善,但是由于医保目录限制和医保待遇水平相对较低,人民群众的就医负担仍然较大,基本医疗保险减缓灾难性卫生支出发生的作用有限。(Zhang et al., 2010;Li et al., 2012;杨红燕、黄梦,2018;王翌秋、徐登涛,2019)

通过比较不同基本医疗保险在减少家庭灾难性卫生支出方面的作用,研究发现基本医保能够显著改善灾难性卫生支出发生率和强度,但不同险种的作用存在显著差异。(闫菊娥等,2012;许建强等,2019;Xu et al., 2020)统筹城乡医保制度实施后,已有研究分析了城乡医保统筹对居民医疗经济负担的影响,发现医保统筹地区的灾难性卫生支出发生率和因病致贫发生率相对更低,但对于弱势群体的保护力度仍然有限。(谭笑等,2019)

从上述相关研究可以看出,尽管我国基本医保制度覆盖率较高,但是在抵御疾病经济风险方面作用有限,为了进一步帮助城乡大病患者抵御医疗经济风险,大病保险对于基本医疗保险报销后仍需患者自付的高额费用予以二次补偿,以期降低我国城乡居民,尤其是弱势群体的灾难性卫生支出发生率和因病致贫比例。

二、医疗保险与医疗服务利用

医疗保险能够降低个体就医的医疗成本,同时也可以提高居民对高质量医疗服务的可及性,二者均会增加个体的医疗保健需求,增加个体的医疗服务利用概率和强度。在健康保险与医疗服务利用的研究中,兰德实验影响深远。该实验是由美国联邦政府投资,耗资八千万美金,从 1974 年 11 月持续到 1982 年 1 月的一项健康保险随机实验。威拉德·G. 曼宁(Willard G. Manning)等人(1987)利用该实验数据研究了健康保险对医疗服务利用的影响,结果发现,参保者的共付率越低,医疗服务利用率越高。免费参保者的就诊次数和医疗支出要显著高于个人自付比例为 95% 的参保者。

此后,大量文献利用不同数据及分析方法研究医疗保险对医疗服务利用的影响,多数研究认为医疗保险通过价格补贴机制,能够使个体免于支付全部的医疗服务成本,拥有保险和高收入的消费者更有能力支付医疗服务费用(O'Connor,2015),因而比没有保险的个体更容易获得医疗服务,即肯定了医疗保险在促进个体医疗服务利用方面的积极效应(Baker et al.,2001;Hahn,1994;Ameyaw et al.,2017)。也有研究发现医疗保险在改善医疗服务利用方面存在异质性,如有研究发现南非私人医疗保险会增加私营卫生服务利用,但对公共卫生服务利用没有显著影响(Ataguba and Jane,2012)。G. 伊曼努尔·圭登(G. Emmanuel Guindon)(2014)研究发现医疗保险增加了穷人和学生的住院服务利用,但没有增加门诊服务利用。

国内针对是否参保医疗保险对个体医疗服务利用的影响进行了大量研究,发现医疗保险能够显著促进老年人的医疗服务利用,提高其及时就医的概率。(刘国恩等,2011;张鹏飞,2020)针对流动人口,也有研究发现参保社会医疗保险能够显著促进流动人口在居住地的医疗服务利用,且不同险种的作用无显著差异。(孟颖颖、韩俊强,2019)

针对不同基本医疗保险类型,国内外学者围绕新农合对农村居民医疗服务利用的影响展开大量研究,部分研究认为新农合显著提高了医疗服务利用率。(Wang et al.,2009;高梦滔,2010)对于城镇居民医保,已有研究发现城镇居民医保能够提高参保者医疗服务利用(胡宏伟,2012;潘杰等,2013),参保者的门诊和住院服务利用概率更高,且对住院服务利用影响更大(臧文斌等,2013),但也有研究发现城镇居民医保能够促进居民医疗服务利用,但影响水平不高(于大川,2015)。亦有文献针对城乡医保整合进行研究,发现城乡居民医疗保险对医疗服务利用并无显著影响(刘小鲁,2017),统筹城乡医保不会影响居民门诊和住院就诊概率,但对门诊和住院次数均有显著正向影响,且对农村居民的影响更为显著(Li et al., 2019)。王中华(Zhonghua Wang)等人(2018)比较了有无医疗保险和不同医疗保险类型下我国居民医疗服务利用情况,发现社会医疗保险覆盖范围的扩大提高了中老年群体的医疗服务利用,但不同险种间差距较大,其中职工医保在改善居民医疗服务利用方面的作用最强。

综观上述关于医疗保险对医疗服务利用的影响的研究成果,多数研究肯定医疗保险在医疗服务利用方面的积极作用,少数文献对比不同险种的效应差异,或从样本异质性角度分析医疗保险制度对不同群体的实施效应。大病保险制度作为一项医保制度,能够降低个体医疗成本,能够在一定程度上释放居民的医疗服务需求,以提高其医疗服务利用水平。但与此同时,大病患者的医疗费用相对较高,且所享受的医疗服务、药品及耗材可能不属于补偿范围,因此大病保险对城乡居民的医疗服务利用仍有待深入研究。

三、医疗保险与健康

参保大病保险能够通过降低医疗保健价格,使个体健康需求增加。在医疗经济风险方面,其主要通过强化风险共担、降低患者自付费用和减少不确定性来减轻大病患者的医疗费用负担,进而增加患者的医疗服务利用,最终起到改善患者健康结果的作用。

关于医疗保险对健康的影响,国内外学者进行了大量研究。针对不同国家和地区的医疗保险制度背景,采用差异化的指标及方法评估医疗保险对健康的干预效应。针对医疗保险覆盖对健康水平的影响,现有研究仍未达成一致结论,部分研究肯定了参保医疗保险及医疗保险扩张对参保者健康水平的积极效应(Card et al.,2008;Finkelstein et al.,2012;Peng and Dalton,2016;黄枫、甘犁,2010;胡宏伟,2011),也有研究认为医疗保险的扩张对参保者健康水平并未有显著改善作用(Brown et al.,1998;Levy and David,2004)。

我国作为社会医疗保险模式的国家,在该方面的研究主要集中于考察某一种社会医疗保险对居民健康效应的影响。针对不同基本医疗保险,多数研究主要集中于考察新农合对个体的健康效应,部分研究认为新农合的健康效应较为明显,能够在一定程度上改善参合农民的健康水平(程令国、张晔,2012;张锦华等,2016)。亦有研究认为新农合的健康效应并不显著,如吴联灿、申曙光(2010)结合PSM和DID评估新农合对农民健康的影响,发现新农合能够改善参合农民的健康,但改善幅度较小。雷晓燕(Xiaoyan Lei)和林莞娟(Wanchuan Lin)(2009)利用CHNS数据和多种计量经济学方法(固定效应模型、工具变量估计和PSM-DID)考察了新农合的制度绩效,研究发现没有证据表明新农合能够改善参合居民自评健康或过去四周患病情况,部分研究也得出类似结论(孟德锋等,2011;张哲元等,2015)。陈玉宇(Yuyu Chen)和金杰·哲·金(Ginger Zhe Jin)(2012)利用2006年农业普查数据分析新农合对儿童死亡率和孕产妇死亡率的影响,通过PSM-DID克服潜在的内生性问题后,发现新农合的实施并未对儿童死亡率和孕产妇死亡率产生显著影响。周钦等(2018)利用CHARLS 2011与2013两期调查数据发现新农合对参合农民的心理健康没有显著影响。也有研究发现新农合的健康效应存在异质性,如李湘君等(2012)研究认为新农合能够改善参合居民的健康水平,但主要显著提高了高收入农民的健康水平,对中低收入参合居民的影响并不显著。

此外,部分研究考察了城镇居民医保对参保者的健康改善效应,潘杰等(2013)利用2007—2010年国务院城镇居民基本医疗保险试点评估入户调查(URBMI)数据分析城镇居民医保的健康效应,研究发现城镇居民医保能够改善参保个体的健康,并且对于弱势群体的影响更大。胡宏伟、刘国恩(2012)利用PSM-DID研究城镇居民医保对个体健康效应的影响,发现城镇居民医保并未显著改善居民健康,但能显著改善老年人和低收入人群等低健康群体的健康水平。也有研究探讨职工医保的健康绩效,并得出职工医保能显著改善参保者短期和长期健康状况的结论(陈华、邓佩云,2016)。对于未能参保的医保夹心层职工而言,没有保险对其健康状况产生显著负向影响(赵绍阳等,2013)。

除了单独考察某一险种对参保者健康水平的影响外,部分研究对不同医疗保险制度的健康效应进行了比较。刘晓婷(2014)研究发现职工医保对使用较多医疗服务的参保老人的健康有显著改善作用,但新农合则起到相反的作用。张琪、吴传琦(2018)利用CLDS数据考察了不同医疗保险对劳动力健康水平的影响,发现职工医保、城镇居民医保和商业健康保险对参保者的健康自评、生理健康及心理健康均有显著改善作用,但新农合对参合劳动力的健康水平则无显著影响。马超等(2015)研究发现在城乡医保整合进程中,参加更高档次的医疗保险能改善参保者的健康水平。在对不同统筹城乡医保制度模式的健康效应比较后发现,相比未统筹地区,城乡统筹能够显著减少居民在健康方面的机会不平等。也有研究从医疗保险和健康公平的角度出发,分析了不同医保制度对老年人健康公平的影响,发现职工医保和城镇居民医保均提高了参保老人的医疗服务利用水平,进而改善了健康公平,但新农合参合与未参合老人的医疗服务利用与健康结果均无显著差异(刘晓婷、黄洪,2015)。

综合上述研究可以看出,有关医疗保险与健康之间的关系的研究极为丰富,但由于医疗保险制度设计、数据来源、变量选择、分析方法等方面的不同,所得研究结论存在一定差异。对于大病保险实施的健康绩效及不同模式间健康效应的差异,仍需进一步详细探讨和分析。

四、城乡居民大病保险制度相关研究

自2009年湛江地区开始实施大病保险制度以来,关于大病保险制度的研究层出不穷,王琬、吴晨晨(2019)梳理了近年来灾难性卫生支出及大病保险相关研究,分析了大病保险的起源,以及大病保险从试点到全国实施过程中有关其制度定位、政策设计和管理运行方面的现状和研究观点。

目前多数有关大病保险的研究从制度设计出发,对比不同地区实施方案并提出优化策略(唐兴霖等,2017;王琬,2014;王先进,2014;张籍元等,2019),或从大病保险的实施现状、运行机制、现存问题等角度对制度实践进行定性分析(仇雨临等,2017;顾海等,2019;宋占军,2014;王琬、吴晨晨,2019;魏哲铭、贺伟,2017;吴海波等,2019;詹长春等,2016)。对于大病保险的政策实施效果,部分研究设计多种大病保险补偿方案,并对补偿效果进行模拟比较研究(曹阳等,2015;吴君槐、姜学夫,2019;朱铭来等,2013;朱铭来等,2017),针对全体城乡居民参保大病患者的研究发现实施大病保险制度能够显著减轻患者尤其是重特大疾病患者的医疗经济负担(宋占军,2016),减少因病致贫、因病返贫现象(李华、高健,2018)。亦有研究分别针对新农合大病保险和城镇居民大病保险展开,发现实施大病保险制度后农村大病患者自付费用下降明显,实际补偿比有所上升(段婷等,2014;马千慧等,2015;项莉等,2015),大病保险的实施能够有效降低农村大病患者的CHE发生率(毛瑛等,2015),城镇居民大病保险的实施对于患者的高额医疗费用也有显著降低作用(韩文等,2016)。

但也有研究表明尽管大病保险能够显著减轻农村居民经济负担,但保障水平偏低,农村患者自付比例仍然较高,面临较大经济负担(贾继荣等,2016;杨丹琳等,2015;詹长春、左晓燕,2016),针对城镇居民的研究也得到类似结论(徐伟、杜珍珍,2016)。大病保险实施后 CHE 发生情况无明显改善(段婷等,2015;高广颖等,2017),部分患者家庭 CHE 发生率仍然较高(许建强等,2016)。亦有研究利用微观个体数据对大病保险的实施效果进行模拟分析,发现大病保险对降低患者自付费用的效果有限(冯海欢等,2014),对城乡居民的 CHE 发生率影响较弱(王超群等,2014)。

已有关于大病保险制度效应实证分析的研究,主要利用各省出台大病保险的政策文件时间与公共数据库进行匹配,然后对其实施效应进行因果推断,例如,赵为民(Weimin Zhao)(2019)利用中国家庭追踪调查数据分析了大病保险对农村家庭消费支出的影响,结果发现大病保险使农村家庭人均日消费支出提高了 15%,但是对医疗支出的影响不具有统计显著性。李勇等(2019)利用 CHARLS 2011 和 2013 年两期数据和两部模型研究实施大病保险制度对中老年人灾难性卫生支出的影响,发现大病保险总体降低了中老年人家庭的 CHE 发生率,但并未显著降低其发生强度。李华、高健(2018)利用中国健康与养老追踪调查 2011 年和 2013 年两期数据,分析实施大病保险制度对因病致贫的缓解效应,发现制度实施显著缓解"因病致贫",且对于住院或农村居民、患有慢性病或重大疾病的靶向群体、中低收入与中轻度贫困群体的效果更显著。赵为民(2020)采用 CFPS 三期数据,运用多重差分方法对实施大病保险制度的健康效应进行了分析,发现大病保险能够显著改善农村居民的健康水平,且该效应具有长期性;同时,制度实施也显著增加了农村居民家庭人均医疗支出与个人住院支出,且上述效应在不同群体中差异显著。也有研究采用地区代表性微观调研数据,对大病保险制度不同城乡统筹模式的实施效应进行综合评估,如王黔京(2019)利用贵州省两个地区的微观个体调研数据,分析了不同城乡统筹模式下实施大病保险制度的经济绩效和健康绩效。结果发现,在大病保险制度的经济效应方面,城乡统筹的"一元制模式"存在"富帮穷""城帮农"的正向分配效应,而城乡居民基金分立的"一制两档模式"则存在"穷帮富"的逆向分配效应。健康效应分析表明两种模式均存在与收入相关的健康不平等。

从大病保险制度相关研究可以看出,目前国内关于大病保险制度实施效应的分析以定性分析为主。在定量分析方面,多数研究通过医保经办部门调取大病患者的医疗费用数据信息,计算大病保险制度实施前后实际报销比例、灾难性卫生支出发生率与发生强度等相关指标,通过数据描述及检验考察大病保险的实施效应。总体而言,针对大病保险制度实施效应的因果推断研究相对较少,且缺乏对不同城乡统筹模式实施效应的比较。

第三部分
城乡居民大病保险制度模式分类及效应分析框架构建

第一章　城乡居民大病保险制度模式划分及典型地区实践

一、"一元制"模式

"一元制"模式是指城镇职工、城镇居民和农村居民在同一大病保险制度框架下，该模式下三种参保人群的筹资标准可能一致，也可能存在差异，但其基金分属同一基金池，且不同人群的补偿范围及分段报销比例设置是一致的。本书选取苏州太仓市作为"一元制"模式的典型试点地区并对其大病保险制度进行详细介绍。

太仓市是江苏省苏州市下辖的县级市，在2019年全国县域经济百强中排名前十位。2019年年末全市户籍人口50.17万，人均GDP为18.4万元。到2019年年底，基本医保参保人数达64.76万，参保率稳定在99%以上。[①] 作为医改试点的先行城市，太仓市在医保制度城乡统筹和大病保险制度实施方面均起到示范和带头作用。

2008年，太仓市进行了城镇居民医保与新农合两项基本医保制度的整合。2011年4月，基于对基本医保的基金结余较多、大病患者医疗自付费用占比较高等情况的考虑，太仓市人社局发布《关于社会医疗保险大病住院医疗实行再保险的规定（试行）》，探索建立并实

---

① 太仓市人民政府：《2019年太仓市国民经济和社会发展统计公报》，2020年4月21日。

施住院大病保险制度。①太仓市从基本医疗保险基金结余中划拨一定比例的资金作为大病保险基金,并采用公开招标方式引入商保公司对其进行运营和管理。2015年,太仓市政府发布《太仓市大病门诊医疗保险办法(试行)》,对于基本医保报销后的大额门诊自付费用也予以报销,进一步减轻了大病患者的医疗经济负担②,参保及享受大病保险补偿的人数均不断增加。截至2016年年底,太仓市享受住院大病保险补偿的人数为5076人,享受门诊大病保险补偿的人数为9620人。

在基金来源及筹资方面,太仓市大病保险基金主要来源于职工医保与居民医保的基金结余。在筹资标准上,2011年,职工人均筹资为50元/人·年,城乡居民为20元/人·年,2016年4月,职工及城乡居民人均筹资额分别上调至60元/人·年和30元/人·年。2019年起,筹资标准由50元/人·年上调至80元/人·年,其中增加的30元由基本医保统筹基金列支。③

在补偿范围及报销比例方面,尽管基本医保政策范围内报销比相对较高,但对于大病患者而言,其自付比例仍然较高,且大病患者所用医疗服务、药品及耗材多数处于目录外,为进一步减轻大病患者医疗负担,太仓市将其住院大病保险的报销目录从江苏省医保药品目录扩大至《国家药典》,门诊大病保险的保障范围为社会医疗保险药品及诊疗服务目录范围。在报销比例方面,门诊及住院大病保险均按照合规费用设置分段补偿比例,采取分段报销比例方式,即剔除耗材限额及目录外医疗费用后,根据报销金额基数选择所属区间,然后按照对应报销比例获得赔付额。住院及门诊大病保险分段报销比

---

① 太仓市人力资源和社会保障局:《关于社会医疗保险大病住院医疗实行再保险的规定(试行)》(太人社规字〔2011〕5号),2011年4月15日。

② 太仓市人民政府:《市政府印发太仓市大病门诊医疗保险办法(试行)的通知》(太政规〔2015〕5号)2015年6月18日。

③ 太仓市医疗保障局、太仓市财政局:《关于调整2020年太仓市居民医疗保险筹资标准的通知》(太医保通〔2019〕25号),2019年12月28日。

例分别见表 3-1-1 和表 3-1-2。可以看出，住院和门诊大病保险的起付线分别为 1.2 万元和 3000 元，起付线实行年度累计结算，一个报销年度内仅承担一次。大病患者合规医疗费用越高，其报销比例也相应越高，最高偿付比例可达 82%，且报销基数及金额未设置封顶线。为进一步提高城乡居民大病患者的医保补偿待遇，2017 年，太仓市在推进大病保险工作的基础上，取消了救助人员的大病保险起付线，并提高了一类门诊特定病种患者的补偿标准，加大了特殊疾病人员必须使用高值耗材的赔付额度。[1]

表 3-1-1 太仓市住院大病保险分段报销比例

医保目录范围内自付费用	报销比例
1.2 万	免赔
1.2 万—2 万	53%
2 万—3 万	55.50%
3 万—4 万	58%
4 万—5 万	60.50%
5 万—6 万	63%
6 万—7 万	65.50%
7 万—8 万	68%
8 万—9 万	70.50%
9 万—10 万	73%
10 万—15 万	75%
15 万—20 万	78%
20 万—50 万	81%
50 万以上	82%

---

[1] 太仓市人力资源和社会保障局：《关于大病医疗保险待遇向特殊人员倾斜的通知》（太人社医〔2017〕1 号），2017 年 9 月 26 日。

表 3-1-2　太仓市门诊大病保险分段报销比例

医保目录范围内自付费用	补偿比例 2015 年	补偿比例 2016 年和 2017 年
3000—6000(含 6000)	50%	53%
6000—8000(含 8000)	52%	55%
8000—1万(含1万)	54%	57%
1万—1.2万(含1.2万)	56%	59%
1.2万—1.4万(含1.4万)	58%	61%
1.4万—1.6万(含1.6万)	60%	63%
1.6万—1.8万(含1.8万)	62%	65%
1.8万—2万(含2万)	64%	67%
2万以上	66%	70%

表 3-1-3　2011—2016 年太仓市大病保险基金运行情况(单位:万元)

年度	住院 筹资额度	住院 补偿额度	住院 当年结余	门诊 筹资额度	门诊 补偿额度	门诊 当年结余
2011	2167.17	1565.2	601.97	—	—	—
2012	2277.27	1759.71	517.56	—	—	—
2013	2410.79	1971.67	439.12	—	—	—
2014	2413.73	2167.87	245.86	—	—	—
2015	2452.41	2441.62	10.79	1144.46	376.7	767.76
2016	3154.3	2067.8	1086.5	1148.74	834.5	314.24

太仓市大病保险在制度设计之初，便提出通过向商保机构招标以发挥其专业的管理优势。2011 年 7 月,通过公开招标,太仓市最终选定中国人民健康保险股份有限公司江苏省分公司经办大病保险。太仓市人社局与其签订了合同,并约定大病保险在"保本微利"的基础上实行双方结余共享、风险共担。目前大病保险基金运行平稳,实现一定程度的基金结余,体现出大病保险运行的可持续性。2011—2016 年太仓市大病保险筹资总额、补偿总额及当年基金结余

见表3-1-3。总体而言,太仓市通过采取职工医保和居民医保参保者的差异化缴费和公平化保障机制,体现了向弱势群体倾斜、城市"反哺"农村的制度设计目的,保障了城乡大病患者在医疗服务利用及健康需求方面的公平性。

二、"二元补偿统一制"模式

"二元补偿统一制"模式是指城镇职工大病保险制度单独设置并实施,而城镇居民医保和新农合的参保(合)者则在同一制度框架下。该模式下城镇职工在筹资标准、补偿待遇等方面与城乡居民并不一致,基金独立运行。而城乡居民在筹资及补偿等制度设计方面则保持统一,且大病保险基金属于同一基金池。多数地区大病保险制度为该种模式,本书主要选取江苏扬中市、安徽霍山县和贵州黔西南州为该模式的典型试点地区,并对其大病保险制度实施情况进行介绍。

扬中市是全国首批医改试点地区之一,为江苏省镇江市下辖的县级市,位居2019年全国中小城市综合实力百强县第23位。早于2009年,扬中市就将城镇居民医保与新农合进行整合,实现了两项制度统筹。2010年,扬中市开始实施职工自费医疗补充保险。2014年,扬中市人民政府办公室发布《关于印发〈扬中市居民大病保险实施方案(试行)〉的通知》,于2014年1月1日开始实施城乡居民大病保险。[①] 截至2016年,大病保险覆盖城镇职工8.76万人,城乡居民17.3万人。职工大病保险缴费金额由企业和个人共同承担,筹资标准均为8元/人·月,城乡居民筹资标准为30元/人·年。城镇职工和城乡居民大病保险的分段补偿比例见表3-1-4。城镇职工及城乡居民大病保险分别由中国人民保险集团和中国人寿保险股份有限公

---

① 扬中市人民政府:《关于印发〈扬中市居民大病保险实施方案(试行)〉的通知》(扬政办发〔2014〕17号),2014年4月29日。

司承办。据统计,城乡居民大病保险基金运行略有亏损,而职工大病保险基金收支基本持平,大病保险基金略有结余。

表 3-1-4 扬中市大病保险补偿待遇总结

参合个体	起付标准	分段比例	报销比例	封顶线
城乡居民	2万元/年·人	0—5万①	50%	20万
		5万—10万	60%	
		10万—20万	70%	
城镇职工	5万元/年·人	5万—12万	100%	无封顶线
		12万—30万	95%	
		30万以上	40%	

资料来源:笔者根据调研资料整理所得。

霍山县属于安徽省六安市,位于安徽省西部,2019年总户籍人口36.2万[②]。霍山县分别于2007年和2010年启动新农合与城镇居民医保制度实施工作。新农合由县卫生健康委(原卫生局)主管,城镇居民医保制度由县人社局主管。国家、安徽省及六安市下发城乡居民大病保险制度的实施指导意见后,霍山县积极推进大病保险制度实践,于2013年启动新农合大病保险,自2015年开始由中国人民财产保险股份有限公司承办;2015年启动城镇居民大病保险,由中国人寿保险股份有限公司承办。2017年1月,按照六安市政府统一部署,霍山县实施统筹城乡医保,将新农合和城镇居民医保进行整合,同时将大病保险进行整合,由县人社局统一管理。经六安市医保中心招标,霍山县城乡居民大病保险由国元农业保险有限公司承办,并实行"一站式"结算管理。截至2019年10月底,职工医保参保人数为37,100人(其中在职者27,687人,退休人员9413人),居民医

---

① 此处对应金额是指超过2万元起付线后的合规费用金额。
② 数据来源于《霍山县2019年国民经济和社会发展统计公报》。

保参保人数为 301,700 人(其中政府代缴人群计 44,700 人)。①

在补偿待遇方面,2016 年,霍山县城镇居民医保和新农合尚未进行整合,城镇居民和新农合大病保险的起付线额度均为 2 万元,但分段报销比例存在一定差异。2017 年,霍山县在实现城镇居民医保和新农合两项制度整合时,大病保险制度也实现了城乡统筹,城乡居民大病保险一般居民的起付线为 2 万元,对于贫困人口,其起付线设置为 5000 元。此外,贫困人口的分段报销比例比一般居民的各费用段报销比例高 10%。2018 年大病保险起付线与各费用段报销比例设置均与 2017 年相同。2016—2018 年霍山县起付线及各分段报销比例总结见表 3-1-5。

从基金运行情况来看,不同年份霍山县大病保险报销人数,以及基金支出及结余均存在较大差异,表 3-1-6 总结了 2016—2018 年大病保险的补偿人数及医保费用支付情况。可以看出,2016—2018 年,大病保险享受人数大幅提高,相应的大病保险支付费用也大幅上涨,2018 年大病保险报销费用为 2121.0 万元,是 2016 年的三倍左右。2016 年,大病保险基金结余 50.5 万元,2017 和 2018 年大病保险基金分别超支 516.55 万元和 575.0 万元,表明大病保险基金面临较高风险。截至 2019 年 10 月底,享受大病保险报销人次数达 9595,大病保险基金支出 1994 万元。

表 3-1-5 2016—2018 年霍山县大病保险起付线及分段报销比例

年份	大病保险	起付线	费用段	报销比例
2016	新农合①	2 万元	0—5 万元	50%
			5 万—10 万元	60%
			10 万—20 万元	70%
			20 万元以上	80%

---

① 数据来源于《霍山县医疗保障局 2019 年工作总结及 2020 年工作计划》。

(续表)

年份	大病保险	起付线	费用段	报销比例
2017、2018	城镇居民②	2万元	2万—10万元	50%
			10万—20万元	60%
			20万元以上	70%
	城乡居民非贫困人口	2万元	0—2万元	0%
			2万—5万元	50%
			5万—10万元	60%
			10万—20万元	70%
			20万元以上	80%
	城乡居民贫困人口	0.5万元	0—0.5万元	0%
			0.5万—5万元	60%
			5万—10万元	70%
			10万—20万元	80%
			20万元以上	90%

注：① 此处新农合大病保险分段报销比例不含起付线金额。② 此处城镇居民大病保险分段报销比例含起付线金额。

表3-1-6　2016—2018年霍山县大病保险补偿人数及医保费用支付情况

年份	大病保险享受人数（人）	大病医疗费用（万元）	合规费用（万元）	报销费用（万元）	基金结余
2016	763	5007.7	1017.3	517.8	结余50.5万元
2017	174①	9205.8	2356.9	1320.8③	超支516.55万元
2018	2126②	12197.2	3605.2	2121.0④	超支575.0万元

注：① 大病保险对应享受人数为7893人。② 大病保险对应享受人数为11,091人。③ 其中贫困人口大病保险支付496.8万元。④ 其中贫困人口大病保险支付918.6万元。

黔西南州位于贵州省西南部，早于2011年，黔西南州政府就对城镇居民医保和新农合进行了统筹①,在全省范围内率先实现了两项制度的整合。2011年7月,黔西南州就在州人社部门的牵头下率先探索城乡居民基本医疗保险的二次报销,对基本医保报销后合规费用高于5000元的患者给予50%的二次补偿。2013年9月,在贵州省大病保险实施方案指导下,黔西南州进一步完善城乡居民大病保险制度的实施。截至2016年,黔西南州大病保险制度累计赔付25,833人,赔付金额8852.25万元,参保患者的医疗总费用补偿比例提高了11.07%。

在基金来源方面,大病保险基金来源于基本医保基金结余,参保人员无须另外缴费。2013年,居民大病保险人均筹资额为16.5元/人·年。2019年,黔西南州人民政府办公室发布《州人民政府办公室关于统一城乡居民基本医疗保险制度的实施意见》,提出"城乡居民大病保险筹资标准原则上不低于当年城乡居民医保筹资总额的5%"。

在补偿对象方面,黔西南州城乡居民大病保险的保障对象为居民医保的参保人员。在保障范围方面,大病保险与居民医保报销目录一致,并未突破基本医保目录的偿付范围。在补偿比例方面,黔西南州设置居民大病保险起付线额度为5000元,对基本医保报销后仍需个人自付的5000元以上的合规费用进行报销,各费用段报销比例设置为:5001—15,000元部分,报销比例为50%;15,001—25,000元部分,报销比例为55%;25,001—35,000元部分,报销比例为60%;35,001元及以上部分,报销比例为75%。报销设有封顶线额度15万元。2019年,黔西南州进一步调整大病保险待遇,起付线设置为3000元,大病保险分段报销比例设置为:3001—50,000元部分,报销比例设置为60%;50,001—100,000元部分,报销比例设置为

---

① 黔西南州政府:《关于印发黔西南州城乡居民基本医疗保险实施办法的通知》(州府办发〔2010〕158号),2010年10月。

70%；100,000元以上部分，报销比例设置为80%，大病保险报销年支付限额设定为30万元，对于建档立卡贫困人口实行一定程度的倾斜性补偿政策。

在承办方式上，黔西南州通过公开招标，最终选择中国人寿黔西南州分公司承办城乡居民大病保险。2020年，黔西南州医疗保障局经过新一轮的公开招标，选择中国大地保险贵州分公司和太平洋寿险黔西南中心支公司承办2020—2022年黔西南州城乡居民大病保险和城镇职工大病保险。在基金运行方面，通过面上调研了解到，目前大病保险基金处于收支均衡的状态。

三、"未统筹"模式

"未统筹"模式是指城镇职工、城镇居民和农村居民大病保险三者均单独运行，基金分立，且三者在筹资和补偿等方面均存在差异。尽管国家2016年发文推进城镇居民医保与新农合的制度整合，打破城乡医保二元分割的局面，但由于经济社会发展不一，各地城乡医保统筹时间也不一致，部分地区如安徽省灵璧县和贵州省贵阳市在大病保险方面仍处于"未统筹"模式①。

灵璧县隶属于安徽省宿州市，位于安徽省东北部，截至2018年年末，灵璧县总户籍人口128.84万。② 2013年1月1日起，灵璧县作为安徽省首批11个试点县之一，正式启动新农合大病保险制度的实施，并于2014年9月启动实施城镇居民大病保险，2015年开始实施城镇职工大病保险。截至2019年7月，灵璧县仍未实施城镇居民医保和新农合两项基本医保制度的整合，2019年7月1日起，宿州

---

① 截至笔者跟随课题组进行面上访谈及微观调研时，上述地区仍然处于未统筹模式。
② 灵璧县人民政府：《2018年灵璧县国民经济和社会发展统计公报》，2019年6月12日。

市全市实施统一的城乡居民基本医疗保险和大病保险保障待遇政策。2019年1—10月,灵璧县居民基本医疗保险基金累计支出达到64,635.15万元,大病保险方面基金支出5615.06万元。

灵璧县城镇居民大病保险基金来源于城镇居民基本医疗保险基金,参保者不需要再另外单独进行缴费。在补偿待遇方面,一个参保年度内城镇居民大病保险起付线额度设置为2万元,即只要基本医保报销后的居民自付合规费用超过2万元就对其予以报销。补偿范围不受"三个目录"局限,对于基本医保政策范围内的自付费用按其50%予以赔付,对于基本医保政策范围之外的合规费用,按照分段报销比例进行累加支付,自付合规费用处于0—2万元按30%进行赔付,2万—5万元部分按45%进行赔付,5万—10万元部分按55%进行赔付,10万—15万元部分按60%进行赔付,15万—20万元部分按75%进行赔付,20万元以上部分按80%进行赔付,且不设置封顶线额度。

灵璧县新农合大病保险筹资及补偿待遇在不同时间范围内存在差异,具体信息总结见表3-1-7。2019年6月,宿州市政府发布《宿州市统一城乡居民基本医疗保险和大病保险保障待遇实施方案(试行)》,提出从当年7月1日起开始实施城乡居民基本医疗保险和大病保险,标志着两项制度的统筹和整合。[①] 实施方案提出,大病保险起付线额度设置为1万元,超过起付线0—5万元部分,按照60%进行赔付;5万—10万元部分,按照65%进行赔付;10万—20万元部分,按照75%进行赔付;20万元以上部分,按照85%进行赔付。封顶线按照就医机构属于省内还是省外有所区别,分别为30万元和20万元。从现有数据来看,目前大病保险基金总体运行相对平稳,略有结余(表3-1-8)。

---

① 宿州市人民政府:《宿州市统一城乡居民基本医疗保险和大病保险保障待遇实施方案(试行)》(宿政办发〔2019〕5号),2019年6月16日。

表 3-1-7　2016—2018 年灵璧县新农合大病保险筹资及补偿待遇

年份	人均筹资额	大病保险起付线	分段报销比例	封顶线
2016	1—6 月 20 元 7—12 月 30 元	1—6 月 10,000 元 7—12 月 8000 元	0—1 万　40% 1 万—5 万　50% 5 万—10 万　60% 10 万—15 万　70% 15 万以上　80%	25 万
2017	30 元	一般农户 8000 元 贫困人口 5000 元	0—5 万　60% 5 万—10 万　70% 10 万—15 万　80% 15 万以上　90%	30 万
2018	1—8 月 35 元 9—12 月 50 元	一般农户 1—8 月 10,000 元 9—12 月 9000 元 贫困人口 5000 元	0—5 万　60% 5 万—10 万　70% 10 万—15 万　80% 15 万以上　90%	30 万

资料来源：笔者根据调研资料整理所得。

表 3-1-8　2016—2018 年灵璧县新农合大病保险筹资及补偿待遇

年份	参保人数	享受待遇人数	资金运行情况（万元）			
			筹资总额	基金赔付	保险公司服务费	基金结余
2016	1,106,034	4215	3318.1	3180.43	55.30	82.37
2017	1,062,485	4346	3187.46	3107.75	79.69	0.02
2018	1,079,647	8206	4321.24	4210.62	107.96	2.66

资料来源：笔者根据调研资料整理所得。

贵阳市地处贵州省中部，2013 年，在国家及贵州省大病保险实施方案发布的背景下，贵阳市开始试点实施城乡居民大病保险。由于当时贵阳市城镇居民医保和新农合两项基本医保制度尚未实施整合，因此基于两项基本医保制度分别建立了大病保险，并且分别由人社和卫生两个部门负责管理运行。2015 年 12 月 30 日，贵阳市人民政府发布《市人民政府办公厅关于转发市卫生计生委人力资源社会保障局关于〈贵阳市城乡居民基本医疗保险实施方案（试行）〉的通知》（筑府办函〔2015〕200号），文件提出建立一档（城镇居民医保）和二档（新农合）城乡居民基本医疗保险，城乡居民可以选择自由参保，城乡居民大病保险也按照此种方式予以设立。[①] 截至2016年，贵阳市的新农合和城镇居民两项大病保险制度分别累计报销21,954和4091人次，两者累计赔付金额分别为9682万元和3877.89万元。

基金来源方面，与其他地区类似，按照贵州省城乡居民大病保险实施方案的要求，大病保险基金来源于基本医疗保险基金结余，参保人员无需再单独缴费。此外，实施方案也规定大病保险的人均筹资标准不低于基本医保年度人均筹资总额的5%。在偿付水平方面，由于档次设置不同，在封顶线和报销比例方面也存在差异。具体而言，一档（城镇居民）大病保险起付线为15,000元，分段报销比例设置为：15,001—60,000元部分，报销比例设定为50%；60,001—90,000元部分，报销比例设定为55%；90,001及以上部分，报销比例设定为60%。一个自然年度内大病保险报销支付限额为12万元。二档（新农合）大病保险起付线为7000元，分段报销比例设置为：7001—20,000元部分，报销比例设定为50%；20,001—40,000元部分，报销比例设定为60%；40,001元及以上部分，报销比例设定为70%，且不设置封顶线。2019年7月，贵阳市医疗保障局发布《贵阳市医疗保障局关于调整统一城乡居民基本医疗保险及大病保险支付待遇标准的通知》，提出从2019年8月1日开始，统一设置一档和二档大病保险起付线为7000元，分段补偿比例设置为：7001—60,000元赔付比例设置为60%，60,001—90,000元赔付比例设置为65%，90,001元以上赔付比例设置为70%。

[①] 需要说明的是，贵阳市大病保险在制度设计上设置两档，不同档次下缴费水平和补偿比例存在差异，城镇居民医保和新农合参保（合）人员可根据自身实际选择合适档次的大病保险。但在具体调研中我们发现，实际自由选档人数较少，因此将其作为未统筹模式进行研究。

在承办方式上,经公开招标,贵阳市选择中国人寿保险股份有限公司贵阳分公司承办大病保险制度。从基金的具体运行情况来看,2017年,一档和二档基本医疗保险的参保人数分别为74.17万人和185.51万人,大病医保基金运行存在一定结余。对于符合补偿条件的大病患者,需准备好大病保险的理赔申请资料,并需要提交至中国人寿贵阳分公司各区(市、县)支公司柜面或大病保险服务专员处,患者提交的材料通过审核后,赔付资金将直接汇入其银行账户。

第二章 分析框架与调查设计

一、分析框架

健康需求理论认为,个体对医疗服务的需求是健康的派生需求,而医疗服务作为能够给个体带来效用的商品,需求量取决于医疗服务的价格及个体的预算约束。医疗保险通过价格补贴能够在一定程度上降低医疗服务的相对价格,扩大个体的预算约束集,使其在患病时得以利用更多医疗服务。

大病保险制度作为基本医疗保障制度的延伸和补充,能够改善个体特征维度的使能资源,增加居民在医疗卫生服务方面的可及性,提高其可获得的医疗服务数量和质量,促进城乡居民医疗服务利用,进而对其健康状况产生积极效应。而大病保险制度的不同城乡统筹模式因补偿设计差异,对于大病保险制度靶向群体的实施效应也会存在一定差异,而这种差异又表现在总体效应和公平性两个方面。基于前述理论基础和研究内容,本书构建了图3-2-1所示的分析框架,对以下三个问题进行详细讨论:大病保险制度实施总体效应;不同城乡统筹模式下大病保险制度实施效应差异;不同城乡统筹模式下大病保险制度实施公平性差异。

图 3-2-1　本书分析框架

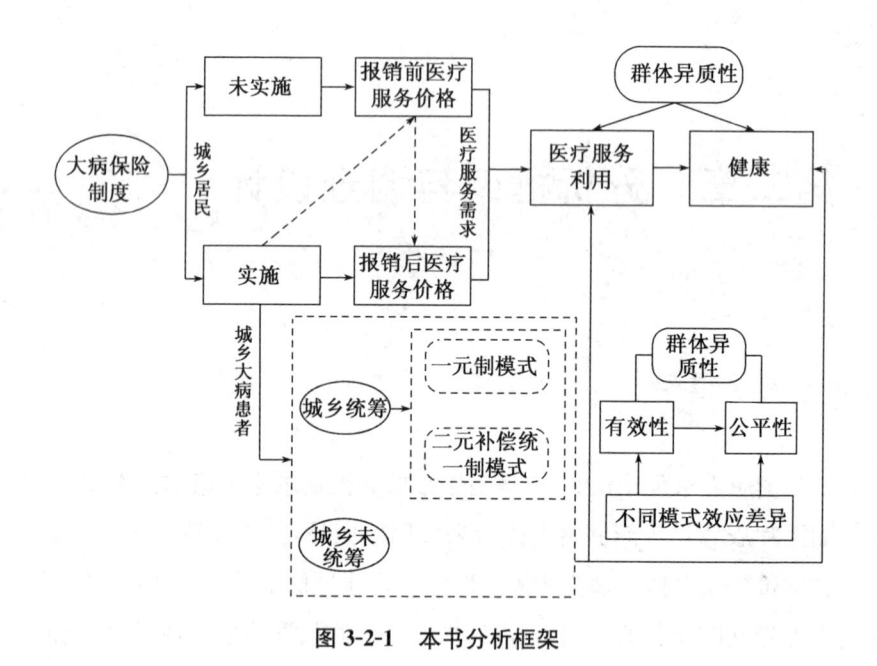

（一）大病保险制度实施效应分析

大病保险制度,旨在对基本医保报销后仍然面临高额医疗费用的患者予以补偿,降低其所面临的医疗经济风险,减少居民因病致贫、因病返贫现象的发生。从制度的设计初衷可以看出,大病保险制度主要是为了降低遭受大病冲击个体的医疗负担,降低灾难性卫生支出发生率及强度。从健康需求角度来看,个体医疗服务利用水平对健康会产生积极效应,而医疗服务利用又受到医疗服务价格的影响。作为一项医保制度,大病保险制度通过对居民的医疗费用进行二次的价格补贴,能够降低居民面临的医疗服务的货币价格,使居民能够释放医疗需求并增进医疗服务利用,进而改善其健康水平。此外,从制度设计和实践来看,大病保险制度在建立之初就是为了减轻居民所面临的高额医疗经济负担,在实践中大病保险制度主要针对住院患者予以报销,在制度试点之初起付线在 10,000 元左右,因此制度实施对于居民的住院服务利用更为显著，而对于门诊服务利用，其作用可能并不明显。基于上述信息，本研究认为大病保险制度的实施能够促进城乡居民的总体医疗服务利用，进而改善总体健康水平，大病保险主要对居民的住院服务利用产生显著影响，在门诊方面其作用可能并不明显。

由于群体异质性，对于农村居民而言，新农合总体的筹资和保障力度相对偏低，在医保补偿设计方面，农村居民相较于城镇居民处于劣势。同时农村居民在收入禀赋方面也处于相对较低的水平，因此更有可能在患病时抑制其医疗服务需求。大病保险实施后，能够在一定程度上降低农村居民所面临的医疗服务货币价格，由此在相同预算约束下农村居民得以释放其原本受到抑制的医疗服务需求，其医疗利用概率和数量都能获得一定程度的提高，进而对其健康起到明显的正向促进作用。而对城镇居民来说，由于本身在制度设计和收入禀赋上都处于相对优势的状态，其医疗服务利用水平受大病保险的影响可能相对较小。类似地，对于中低收入群体，其本身的人力资本和收入禀赋均处于较差状态，在受到疾病冲击时往往因医疗负担而选择不去就医或减少就诊次数，其医疗服务利用更容易受到医疗服务价格水平的影响。相反，对于高收入群体而言，因为其预算约束集相对较大，收入禀赋较高，医疗服务价格对其医疗服务利用的影响较小。综合上述分析可以看出，对于处于相对劣势"环境"的农村居民和中低收入群体，其医疗服务利用水平更易受到医疗服务价格的影响，实施大病保险制度对于城乡居民和不同收入群体存在异质性。基于此，本研究认为大病保险制度对于相对弱势群体（农村居民和中低收入群体）的实施效应更显著，即更容易促进这部分居民的医疗服务利用，并改善其健康。

（二）不同城乡统筹模式下大病保险制度实施效应差异分析

理论上，实施大病保险制度会因群体异质性对不同人群的医疗服务利用和健康水平产生不同影响,且对于弱势群体的改善作用更为明显。大病保险制度实施总体效应主要考察制度实践对总体居民的影响效应。在大病保险全面实施的背景下,基于前述分析基础,本书将研究不同城乡统筹模式对于大病患者的实施效应存在何种差异。

如前所述,健康需求理论未将医疗保险纳入分析,但考察了医疗服务价格变化时个体的医疗服务利用和健康投资变化情况,对于已经享受大病保险二次补偿的患者来说,不同城乡统筹模式下大病保险的补偿设计方案存在差异。从大病保险城乡统筹视角看,城乡统筹更加充分的地区,大病保险基金池越大,基金风险分散功能越强,越有利于保险大数法则的发挥。此外,医保制度城乡统筹主要按照医疗保障的补偿待遇"就高不就低",医保报销目录"就宽不就窄"的原则。可以看出,在上述原则之下,大病保险实施城乡统筹的地区其补偿待遇也相应更高。从医疗服务利用和健康改善效应来看,大病保险制度城乡统筹能够进一步扩大大病患者所面临的收入约束,补偿待遇的提升会促进医疗服务利用的增加,进而对其健康起到显著改善作用。对于已实施大病保险城乡统筹的地区,进一步将职工医保的参保人群统筹至同一框架下的地区,大病保险基金互助共济的作用相对更强,有利于进一步提升大病保险基金的风险调剂能力。在制度设计上,一元制模式将城镇职工、城镇居民和农村居民大病保险安排在同一个制度框架下,在筹资方面城镇职工水平相对较高,而城镇居民和农村居民相对较低,但在补偿待遇方面三者是一致的,相比二元补偿统一制,一元制模式下大病保险制度的保障力度更强。基于此,本研究认为大病保险制度城乡统筹相比未统筹模式能够显著促进大病患者的医疗服务利用,提高居民的实际报销比,并改善大病患者的健康水平。对于已统筹模式,一元制相比二元补偿统一制能够进一步促进大病患者的医疗服务利用,并对健康产生积极效应。

与大病保险制度实施效应一致,大病保险制度城乡统筹是为了在制度设计上凸显公平性,城镇和农村居民面临相同的制度环境,在筹资水平、补偿范围、报销比例、定点机构方面均做到城乡统一。对于农村和低收入大病患者,相较于未统筹模式,补偿范围的扩大和报销比例的增加能够进一步降低这部分群体所面临的医疗服务价格,定点医疗机构的扩大也能够使其医疗服务利用数量和质量都得到提升,因此对于弱势群体,大病保险城乡统筹的实施效应更强,即城乡统筹相对于未统筹能够提高农村居民和低收入人口的实际报销比和医疗服务利用,并对其健康起到改善作用。对于已统筹模式,一元制相对二元补偿统一制,统筹层次更高,补偿设计方案更优,因此能进一步促进农村和低收入患者的医疗利用、实际报销比,并改善其健康状况。基于此,本研究认为大病保险城乡统筹相对于未统筹,能够显著提高农村和低收入大病患者的医疗服务利用和实际报销比,并对这部分群体的健康改善效应更明显。一元制相对二元补偿统一制能够进一步提高农村和低收入患者的福利效应。

(三) 不同城乡统筹模式下大病保险制度实施公平性差异分析

从机会平等的角度来看,对于环境所造成的群体之间不平等,应当对处于劣势环境的个体予以补偿。我国当前处于社会转型发展的关键时期,城乡二元结构所导致的农村居民相对弱势问题应当引起重视。由于制度设计和资源禀赋的差异,农村居民在医疗服务利用和健康方面面临劣势环境,因此需要对其所处的环境予以补偿。

大病保险制度城乡统筹通过打破户籍、身份界限,使城镇和农村大病患者能够享受到相同的大病保障,通过整合不同类型的大病保险,改善医保制度环境因素所造成的在医疗利用和健康方面存在的机会不平等。需要注意的是,医保制度的城乡统筹从理论上契合事前补偿原则,即在不考虑个体努力信息的情况下仅通过统一制度框架对农村居民予以补偿,使其能够和城镇居民享有相同的大病保障。但对于大病患者而言,其本身的努力信息(健康需要)已经在补偿的考虑范围内,并且针对农村的建档立卡贫困户、五保户、低保户等极度贫困的居民,大病保险方面出台了相关的倾斜性政策。因此从这个层面来看,大病保险城乡统筹也满足事后补偿原则。基于此,本研究认为无论在事前补偿原则还是在事后补偿原则下,大病保险制度城乡统筹能够显著减少农村居民所面临的医疗服务利用和健康方面的机会不平等。

对于已统筹模式,统筹层次越高,城镇和农村大病患者所面临的补偿待遇越好,制度实施效应在理论上也越强。但是从公平性角度考量,一元制模式下城镇和农村居民所面临的筹资和补偿方案是一致的,而二元补偿统一制下城镇和农村大病患者所面临的筹资和补偿方案也是一致的。为了确保研究对象的一致性,本研究仅选取参保城镇居民医保和新农合的大病患者。从制度设计可以看出,对于这两类人群而言,农村居民的环境改善效应是一致的。因此本研究认为无论在事前补偿原则还是在事后补偿原则下,一元制和二元补偿统一制在缓解农村居民所面临的机会不平等方面无显著差异。

二、调查设计

根据前述研究目标与内容,在研究不同模式下大病保险制度实施效应差异时,由于不同地区模式各异,因此无法利用已知的在国家层面具有代表性的微观数据集,如CHARLS、CFPS、CHNS等,对该问题进行专门研究。为此,本研究采用面上访谈与微观调查相结合的方式获取一手调研资料进行分析,首先收集不同地区的大病保险政策文件进行深入研读,然后组织开展专题讨论会,确定调研选点及具体调研方案,并设计面上访谈提纲与大病患者微观调研问卷。为了提高样本代表性,得到更为精确的分析结果,本研究分别于东部、中部、西部选取大病保险制度不同城乡统筹模式的典型地区,进行针对医保经办部门工作人员的面上访谈和针对大病患者的微观调研。调研分阶段有序实施,各阶段主要调研情况如下。

第一阶段,收集全国各地城乡居民大病保险制度政策文件及相关资料,开展专题研讨会,选择东部江苏省、中部安徽省和西部贵州省作为调研地点,完善并细化面上访谈提纲与入户调查问卷。国家自然科学基金面上项目"城乡居民重大疾病保障制度模式、效应评估与对策研究"课题组于 2016—2017 年对江苏省南京市、苏州市、扬州市、镇江市、盐城市及各市(县)级地区的医保经办部门进行了面上调研,调研内容主要包括当地大病保险制度实施的具体筹资方式、偿付机制、基金经办及管理等情况,最终选定苏州太仓市、镇江扬中市作为微观调研地区。课题组同步于 2016—2017 年走访了贵州省先期试点城乡居民大病保险制度的三个市(州),即贵阳市、毕节市和黔西南州。[①] 在对上述地区的医保经办部门工作人员进行了面上访谈后,最终选定经济发展水平接近但模式存在差异的贵阳市和黔西南州作为大病患者的微观调研地区。在前述调研基础上,课题组于 2018 年对安徽省合肥市、六安市、宿州市的医保经办机构进行面上调研,最终选定六安市霍山县和宿州市灵璧县作为本研究在安徽省的调研地区。

第二阶段,确定各代表性省份的微观调研地点后,对各调研地区的大病患者进行微观入户调查。由于不同地区大病保险报销方式存在差异,因此所采用的微观调查方式亦有所区别。在对苏州太仓市和镇江扬中市进行调研时,由于大病患者需到医保中心进行医疗费用的报销,因此微观调研方式采取派驻课题组成员在医保中心的方式,当有大病患者前来报销时,课题组成员会对其进行个体调查,以获取被调查大病患者的个体特征、家庭收支状况、医疗服务利用和健康状况等相关信息。2016 年 10 月 26 日至 2016 年 11 月 23 日,本课题组与太仓市医保中心合作,在医保中心工作人员的协助下,共获取

---

① 贵州省发改委:《贵州省关于印发〈贵州省开展城乡居民大病保险工作实施方案(试行)〉的通知》(黔发改社会〔2013〕201 号),2013 年 1 月 21 日。

该模式下大病患者微观调查问卷200份。2016年12月19日至30日、2017年1月5日至13日，课题组与扬中市医保中心合作，对该模式下的大病患者进行微观调查，共获得该模式下微观调查问卷260份。

最终选定的贵州省调研地点为贵阳市和黔西南州，其中黔西南州契合前文所述的二元补偿统一制模式，贵阳市符合前文定义的未统筹模式①。在对两地大病患者进行微观调研时，课题组首先于2017年8月分别从两地经办大病保险的商保公司处获取2016年全部大病患者的基础数据。然后，以患者为单位，利用相互控制配额方式进行抽样，获取个体患病情况和医疗费用信息。此后，于2017年8—12月通过入户回访调查，获取被抽样患者的其他特征，包括个体的社会经济特征、健康状况、健康相关行为等信息。最终获取贵州省有效大病患者样本1163，其中贵阳市和黔西南州的样本分别为600和563。

如前所述，课题组在安徽省最终选择两种典型模式的试点地区进行大病患者的微观调研，分别为二元补偿统一制模式的六安市霍山县和未统筹模式的宿州市灵璧县。在具体调研过程中，由于霍山县已于2017年1月起实施大病患者的一站式结算②，通过建立大病保险结算系统，并将其与基本医保、医疗救助等保障制度和医疗机构的信息系统实现互联互通，方便患者直接划卡结算费用，因此并未采用安排调查员驻守医保中心的方式进行调查。在霍山县医保局领导及相关工作人员配合下，首先将上一年度符合大病保险补偿条件并获得补偿的全部大病患者信息从系统中导出，在此基础上，按照街

---

① 需要说明的是，贵阳市大病保险在制度设计上设置两档，不同档次下缴费水平和补偿比例存在差异，城镇居民医保和新农合参保（合）人员可根据自身实际选择合适档次的大病保险。但在具体调研中我们发现，实际自由选档人数较少，因此将其作为未统筹模式进行研究。

② 六安市人力资源和社会保障局、六安市财政局：关于印发《六安市城乡居民大病保险实施办法（试行）》的通知（六人社秘〔2016〕337号），2016年11月17日。

道—社区/村委会采取入户方式对大病患者进行调研。具体实施时，调查员在社区/村委会相关工作人员陪同下先到基层医疗机构（社区医生或村医处），利用居民健康档案查询抽取大病患者基本信息，如年龄、性别、是否患有慢性病等情况，然后在社区医生或村医的陪同下前往大病患者家中进行入户调查。宿州市灵璧县属于本书所定义的未统筹模式，在对该地区大病患者进行调研时，采取和霍山县相同的调研方式，在灵璧县医保局领导及工作人员支持下，首先从医保信息系统中导出过去一年享受过大病保险补偿的患者，选择其中人数相对较多且居住较为集中的社区或行政村，在社区医生或村医及相关工作人员的陪同下对选中的大病患者进行问卷调查。最终课题组在安徽省获得大病患者样本410，二元补偿统一制和未统筹模式下大病患者数量分别为190和220。

在研究不同城乡统筹模式下大病保险制度实施效应时，本书第五部分研究所用数据主要来源于国家自然科学基金项目"城乡居民重大疾病保障制度、模式选择与效应评估"课题组在不同典型试点地区的微观调研，环节包括确定调查方案、设计及修改问卷、招募和培训调查员、开展实地调研、清洗及分析数据等。2016—2018年，课题组完成了东部江苏省、中部安徽省和西部贵州省三地的面上访谈及微观入户调查，共发放问卷2068份，剔除无效问卷后，最终得到有效问卷1989份（问卷有效率为96.18%）。

如前所述，各地区调查均由两个部分组成，面上访谈部分主要针对医保部门中大病保险工作的主要负责人，主要内容包括大病保险制度实施时间、城乡统筹模式、参保人数、筹资水平、分段报销比例、经办方式、基金运行情况、享受待遇人次等。被面上访谈的机构包括江苏太仓市医疗保险结算中心和大病联合办公室、江苏扬中市医疗保险管理中心、安徽霍山县医疗保障局、安徽灵璧县医疗保险基金管理中心、贵州贵阳市医疗保险管理中心和贵州黔西南州医疗保险管理中心。

在对各地区的大病保险制度实施及运行现状进行深入调研后，课题组对上述各地区的大病患者进行微观调研。微观调查问卷主要包括社会人口学特征、医疗保险参保及医疗救助情况、过去一年家庭收支情况、个体健康状况及行为、过去一年的医疗服务利用和医疗成本、对大病保险制度满意度等信息。需要说明的是，为了防止个体回忆导致的数据偏差，在收集个体医疗服务利用及医疗成本方面的信息时，除了询问被访问的大病患者外，课题组通过在医保信息管理系统中按照个体身份证号或医保卡号进行匹配，得到被调查者过去一年医疗费用及补偿情况的相关数据资料，并利用该数据进行后文实证分析。

三、调查数据描述

为了解被调查大病患者的总体样本特征，本研究对全样本及不同模式大病患者基本特征变量进行描述性统计分析，具体数据描述性分析结果见表3-2-1和表3-2-2。从表3-2-1可以看出，调查数据包含三种模式、六个调研地区。

全样本大病患者的总体特征描述性结果显示，一元制、二元补偿统一制和未统筹模式下样本量分别为193、978和818。被调查大病患者的平均年龄为51.479岁，全样本中男性占比为79.59%，远高于女性占比20.41%，体现出重大疾病冲击的显著性别差异，样本中81.4%的大病患者为已婚者。从受教育程度来看，被调查大病患者之中小学及以下类型所占份额最高，为48.62%。户籍变量显示，农村大病患者占比为64.05%，高于城镇患者数量。在被调查样本中，15.69%的患者患有恶性肿瘤，样本中慢性病患病概率较高，占比86.86%，表明多数大病患者都患有慢性疾病。全样本中吸烟和饮酒的患者占比分别为18.95%和13.12%，50%以上的患者每周锻炼频率在1—2次及以上。

表 3-2-1 全样本大病患者总体特征描述

变量类别	变量	频数/均值	百分比/标准差
情景特征	模式		
	一元制	193	9.7
	二元补偿统一制	978	49.17
	未统筹	818	41.13
	地区		
	太仓	193	9.7
	扬中	258	12.97
	霍山	155	7.79
	灵璧	218	10.96
	贵阳	600	30.17
	黔西南州	565	28.41
倾向性特征	年龄	51.479	20.355
	性别		
	男	1583	79.59
	女	406	20.41
	受教育程度		
	小学及以下	967	48.62
	初中	603	30.32
	高中及以上	419	21.07
	婚姻状况		
	其他	370	18.6
	已婚	1619	81.4
	户籍		
	农业	1274	64.05
	非农业	715	35.95
	家庭规模	4.255	1.597

(续表)

变量类别	变量	频数/均值	百分比/标准差
使能资源	对数家庭人均收入	9.408	1.290
	非农就业		
	否	1047	52.64
	是	942	47.36
健康需要	是否患有恶性肿瘤		
	否	1677	84.31
	是	312	15.69
	是否患有慢性病		
	否	261	13.14
	是	1726	86.86
	吸烟		
	否	1612	81.05
	是	377	18.95
	饮酒		
	否	1728	86.88
	是	261	13.12
	体育锻炼频率		
	几乎不锻炼	838	42.17
	每月1—2次	16	0.81
	每周1—2次	556	27.98
	每周3—4次	217	10.92
	每天	360	18.12

注：表格中婚姻状况中其他属性包括未婚、离异和丧偶三种具体类型。

从不同模式的个体特征描述性统计结果来看，一元制模式下大病患者年龄相对较大，均值为57岁，未统筹模式下患者年龄均值最小，为48.088岁。从受教育程度来看，一元制模式中大病患者高中及以上人数占比要显著高于二元补偿统一制和未统筹模式。对数家庭人均收入显示城乡统筹层次越高,家庭人均收入水平越高,这与地区经济发展水平相关。从各地区户籍变量频数来看,各地大病患者中户籍为农村的受访者占比明显更高,说明相较于城镇居民,农村居民更易受到重大疾病冲击的影响。从患病情况来看,三种模式中未统筹模式下大病患者患有恶性肿瘤和慢性病的概率最高,占比分别为21.88%和93.28%,二元补偿统一制下约有11.76%的样本患有恶性肿瘤,87.30%的样本患有慢性病,一元制模式下患者罹患恶性肿瘤和慢性病的概率最低。

表3-2-2 不同模式下大病患者特征描述

变量	一元制 N/mean	一元制 %/SD	二元补偿统一制 N/mean	二元补偿统一制 %/SD	未统筹 N/mean	未统筹 %/SD
年龄	57.000	18.298	53.228	19.195	48.088	21.598
性别						
男	93	48.19	783	80.06	707	86.43
女	100	51.81	195	19.94	111	13.57
受教育程度						
小学及以下	80	41.45	549	56.13	338	41.32
初中	56	29.02	260	26.58	287	35.09
高中及以上	57	29.53	169	17.28	193	23.59
婚姻状况						
其他	18	9.33	144	14.72	208	25.43
已婚	175	90.67	834	85.28	610	74.57
户籍						
农业	113	58.55	667	68.20	494	60.39
非农业	80	41.45	311	31.80	324	39.61
家庭规模	4.554	1.216	4.261	1.591	4.177	1.675
对数家庭人均收入	10.154	0.645	9.376	1.104	9.270	1.531

(续表)

变量	一元制 N/mean	一元制 %/SD	二元补偿统一制 N/mean	二元补偿统一制 %/SD	未统筹 N/mean	未统筹 %/SD
非农就业						
否	88	45.60	495	50.61	464	56.72
是	105	54.40	483	49.39	354	43.28
是否患有恶性肿瘤						
否	175	90.67	863	88.24	639	78.12
是	18	9.33	115	11.76	179	21.88
是否患有慢性病						
否	82	42.49	124	12.70	55	6.72
是	111	57.51	852	87.30	763	93.28
吸烟						
否	174	90.16	791	80.88	647	79.10
是	19	9.84	187	19.12	171	20.90
饮酒						
否	169	87.56	863	88.24	696	85.09
是	24	12.44	115	11.76	122	14.91
体育锻炼频率						
几乎不锻炼	81	41.97	395	40.43	362	44.31
每月 1—2 次			6	0.61	10	1.22
每周 1—2 次	71	36.79	284	29.07	201	24.60
每周 3—4 次			92	9.42	125	15.30
每天	41	21.24	200	20.47	119	14.57

四、其他数据来源及样本描述

(一) 其他数据来源

在研究大病保险是否实施对城乡居民医疗服务利用及健康的影响时,本书主要采用国家层面的有代表性的大型微观调查数据集——中国健康与养老追踪调查(China Health and Retirement Longitudinal Study, CHARLS),CHARLS数据库旨在收集我国45岁及以上中老年人的具有代表性的高质量微观数据。CHARLS数据库内容丰富,涵盖受访者基本信息、健康状况与功能、医疗保险、医疗服务利用等方面的信息。

本研究选择CHARLS进行大病保险实施效应评估研究的原因有以下几个。第一,2012年国家文件明确表明,实施大病保险制度"可以市(地)级统筹,也可以探索全省(区、市)统一政策"。在具体实践中,多数地区的大病保险制度实行市级及以上层次的统筹,而CHARLS是为数不多的公布调研市级层面信息的微观数据库,其他数据库如CFPS仅公布调研省级层面的信息,在进行具体数据匹配时,可能会造成信息缺失,使大病保险的估计产生偏误。第二,大多数省市是在国家2012年发文后才开始发文并推进大病保险制度实施的,大病保险制度实施时间集中于2013年与2014年,CHARLS于2011年开展全国范围内的基线调查,并于2013年和2015年对受访个体进行追踪调查,在数据节点上符合本研究的要求[①],有利于本

---

① CHARLS基线调查时间为2011年5月至2012年3月;2013年7月至8月,CHARLS进行了全国基线样本第一次常规追踪调查;2015年7月至8月,CHARLS进行了全国基线样本第二次常规追踪调查,并于2015年12月至2016年1月对部分地区进行了第二次常规追踪调查的补充调查。本书按照各个城市大病保险试点时间与CHARLS数据库进行匹配,各省市实施大病保险时间以其出台的实施方案中的规定时间为准,各省大病保险时间总结见附录。

研究构成研究样本并应用双重差分识别策略估计大病保险制度的实施效应。第三,CHARLS数据充分包含受访者的个体相关信息,包含个体及家庭的基本特征、参保医疗保险情况、个体的医疗服务利用及健康等相关指标,契合本书研究主题。综上,通过将各地区大病保险实施时间与数据库中省市信息进行匹配,生成大病保险是否实施的哑变量,并对大病保险的实施效应进行实证评估。

除了利用CHARLS微观调研数据对大病保险实施效应进行微观定量研究外,本研究亦利用国家及地区层面的卫生与健康统计年鉴、国家卫生服务调查报告等相关材料进行背景分析。

(二) 数据描述

在分析大病保险制度有无实施对城乡居民总体医疗服务利用和健康水平的影响时,本书采用的数据为CHARLS 2011年、2013年和2015年三期数据,剔除关键变量缺失值后,本研究所用数据样本量为23443,处理组与控制组中的样本分别为10627和12816。由于不同地区大病保险开展时间各异,因此本研究按照处理组和控制组进行描述性统计和组间差异性检验,同时进行样本分年度的描述性统计分析,具体结果见表3-2-3和表3-2-4。

据表3-2-3所示,大病保险实施处理组和控制组年龄均值都在60岁左右,男性占比分别为47.12%和47.23%,农业户口占比分别为91.78%和91.61%,处理组和控制组分别有86.63%和87.25%的样本是已婚者,T检验结果显示处理组和控制组上述四个变量在均值上没有显著差异($P>0.1$)。从受教育程度来看,处理组和控制组中多数个体的受教育程度为小学及以下水平。控制组的家庭人均收入要高于处理组,且差异显著($P<0.01$)。从患病情况来看,处理组样本所患慢性病种类数显著高于控制组样本,处理组和控制组个体罹患慢性病种类均值分别为1.6109和1.4338,处理组和控制组中分别有33.48%和35.52%的个体感到身体有疼痛。此外,处理组

与控制组在吸烟、饮酒方面无明显差异。

表 3-2-3　大病保险实施处理组与控制组样本特征描述

变量	控制组 (N=12,816) 均值	控制组 (N=12,816) 标准差	处理组 (N=10,627) 均值	处理组 (N=10,627) 标准差	差异性检验
年龄（周岁）	59.3295	9.8110	59.3638	9.3605	−0.0343
性别（1=男性,0=女性）	0.4712	0.4992	0.4723	0.4993	0.0011
户口（1=农业户口,0=非农户口）	0.9178	0.2747	0.9161	0.2773	0.0017
婚姻状况（1=已婚,0=其他）	0.8663	0.3404	0.8725	0.3336	−0.0062
受教育程度（1=文盲,0=其他）	0.2885	0.4531	0.229	0.4202	0.0594***
受教育程度（1=小学以下,0=其他）	0.1931	0.3948	0.1072	0.3094	0.0859***
受教育程度（1=小学,0=其他）	0.2398	0.4270	0.3466	0.4759	−0.1068***
受教育程度（1=初中,0=其他）	0.2038	0.4028	0.2333	0.4229	−0.0295***
受教育程度（1=高中及以上,0=其他）	0.0748	0.2631	0.0839	0.2773	−0.0091**
家庭人均收入（对数）	8.093	2.3620	7.7973	2.7839	0.2957***
患有慢性病种数（种类数）	1.4338	1.3983	1.6109	1.5322	−0.1771***
身体是否有疼痛（1=是,0=否）	0.3552	0.4786	0.3348	0.4719	0.0204***
城乡居民基本医疗保险（1=是,0=其他）	0.0198	0.1392	0.0278	0.1643	−0.0080***

(续表)

变量	控制组 (N=12,816) 均值	标准差	处理组 (N=10,627) 均值	标准差	差异性检验
城镇居民基本医疗保险 (1=是,0=其他)	0.0549	0.2277	0.0676	0.2511	−0.0128***
新农合 (1=是,0=其他)	0.9255	0.2626	0.9058	0.2921	0.0197***
吸烟 (1=是,0=否)	0.2385	0.4262	0.2482	0.4320	−0.0098*
饮酒 (1=是,0=否)	0.3291	0.4699	0.3342	0.4717	−0.0051
东部地区 (1=是,0=其他)	0.3966	0.4892	0.3212	0.4669	0.0755***
中部地区 (1=是,0=其他)	0.1666	0.3726	0.1986	0.3989	−0.0320***
西部地区 (1=是,0=其他)	0.3896	0.4877	0.3586	0.4796	0.0310***
东北部地区 (1=是,0=其他)	0.0472	0.2121	0.1217	0.3269	−0.0745***

注:*** $p<0.01$,** $p<0.05$,* $p<0.1$;对大病保险制度处理组和控制组各变量的均值差异采用 T 检验进行分析。

表 3-2-4 分年份样本特征描述

变量	2011(N=7607) 均值	标准差	2013(N=8057) 均值	标准差	2015(N=7779) 均值	标准差
年龄 (周岁)	58.8445	9.6113	59.5353	9.7593	59.6375***	9.431
性别 (1=男性,0=女性)	0.4743	0.4994	0.4673	0.4990	0.4737	0.4993
户口 (1=农业户口,0=非农户口)	0.9149	0.2790	0.9089	0.2878	0.9274***	0.2595
婚姻状况 (1=已婚,0=其他)	0.8692	0.3372	0.8660	0.3407	0.8722	0.3339

(续表)

变量	2011(N=7607) 均值	标准差	2013(N=8057) 均值	标准差	2015(N=7779) 均值	标准差
受教育程度(1=文盲,0=其他)	0.2930	0.4552	0.2826	0.4503	0.2089***	0.4065
受教育程度(1=小学以下,0=其他)	0.1955	0.3966	0.2037	0.4028	0.0625***	0.242
受教育程度(1=小学,0=其他)	0.2400	0.4271	0.2323	0.4224	0.3931***	0.4885
受教育程度(1=初中,0=其他)	0.1981	0.3986	0.2044	0.4033	0.2490***	0.4325
受教育程度(1=高中及以上,0=其他)	0.0734	0.2607	0.0770	0.2665	0.0865***	0.2811
家庭人均收入(对数)	8.1934	2.2922	7.9354	2.4472	7.7541***	2.8998
患有慢性病种数(种类数)	1.3865	1.3743	1.5557	1.4588	1.5957***	1.5417
身体是否有疼痛(1=是,0=否)	0.3552	0.4786	0.3703	0.4829	0.3135***	0.464
城乡居民基本医疗保险(1=是,0=其他)	0.0181	0.1335	0.0240	0.1529	0.0280***	0.1649
城镇居民基本医疗保险(1=是,0=其他)	0.0535	0.2250	0.0617	0.2406	0.0666***	0.2493
新农合(1=是,0=其他)	0.9284	0.2579	0.9144	0.2798	0.9073***	0.29
吸烟(1=是,0=否)	0.2999	0.4582	0.1412	0.3483	0.2925***	0.4549
饮酒(1=是,0=否)	0.3269	0.4691	0.3265	0.4690	0.3409*	0.474

(续表)

变量	2011(N=7607) 均值	标准差	2013(N=8057) 均值	标准差	2015(N=7779) 均值	标准差
东部地区(1=是,0=其他)	0.3637	0.4811	0.3629	0.4809	0.3606	0.4802
中部地区(1=是,0=其他)	0.1827	0.3865	0.1797	0.3840	0.1809	0.3849
西部地区(1=是,0=其他)	0.3740	0.4839	0.3753	0.4842	0.3773	0.4847
东北部地区(1=是,0=其他)	0.0795	0.2706	0.0820	0.2744	0.0812	0.2732

注：*** $p<0.01$，* $p<0.1$；对不同年份各变量的均值差异采用单因素方差分析进行检验。

第四部分
城乡居民大病保险制度效应实证研究

第一章 大病保险制度对居民医疗服务利用及健康的影响研究

个体医疗服务需求除了受其自身健康状况等因素影响外,主要受到医疗服务价格和收入等约束条件的影响。大病保险制度作为一项医疗保障制度,能够通过价格补贴机制影响个体医疗服务可及性和潜在购买力来影响其医疗服务利用,进而对个体的健康水平产生影响。基于前述理论分析框架,本章将利用 CHARLS 三期微观数据和准自然实验框架,探究大病保险制度实施与否对城乡居民医疗服务利用和健康水平的影响。在基准模型设定和稳健性检验确定大病保险制度效应的基础上,利用异质性分析研究实施大病保险制度对城镇与农村、不同收入群体间居民的效应差异。此外,本章将利用中介效应分析方法,对大病保险制度实施效应路径进行进一步分析。

一、研究方法与变量选择

(一) 研究方法

1. 双重差分模型设定

自 2012 年以来,各地开始推进城乡居民大病保险制度的实施,由于不同地区实施时间不一,因此可以采用准实验的框架来分析大病保险实施效应,本研究主要采用双重差分设定分析实施城乡居民大病保险对居民医疗服务利用和健康方面的影响,基准模型设定如下：

$$y_{ijt} = \alpha + \beta treated_{ijt} + X'_{ijt}\delta + \lambda_t + \gamma_i + \varepsilon_{ijt} \quad (4-1)$$

其中，y_{ijt}代表个体i在t期的医疗服务利用或健康水平，医疗服务利用由门诊和住院表征，健康水平为个人每年度的健康自评。处理变量$treated_{ijt}$是指个体i所在的城市j在t期是否实施城乡居民大病保险的虚拟变量，其前面的系数为本章所关心的效应，表示有无实施城乡居民大病保险地区的居民在医疗服务利用和健康方面的差异，以此来考察城乡居民大病保险的政策实施效应，即实施城乡居民大病保险制度是否促进了个体的医疗利用并提高健康产出。由于不同地区在制度实施时间上存在差异，本研究通过将各地发文时间与CHARLS中的城市数据进行匹配，生成大病保险处理变量。① 举个例子，某城市j从2012年开始实施城乡居民大病保险，则将该城市2011年的所有受访者设定为控制组（$treated_{ijt}=0$），2013年与2015年为处理后（$treated_{ijt}=1$）。X_{ijt}为一系列个体层面的协变量，包括样本中个体的年龄、性别、受教育程度、婚姻状况、家庭人均收入、医疗保险、健康状况等变量。λ_t为时间固定效应，γ_i为个体固定效应，以在模型中控制不会随时间变化的不可观测变量对个体被解释变量的影响，ε_{ijt}表示随机干扰项。

2. 稳健性检验

由于标准的双重差分识别策略在很大程度上依赖于政策外生性

---

① 尽管CHARLS调查了全国28个省（自治区、直辖市），但是由于部分省市在进行大病保险制度实施时仅选择其中的部分市县进行试点，或城镇居民与农村居民大病保险实施时间不同步[如江苏省2013年在苏州、南通、连云港、淮安和宿迁开展市级统筹的大病保险试点，并在其他省辖市中至少选择1个县（市、区）开展试点；江西省城镇居民大病保险从2009年就发文实施，农村居民大病保险从2013年开始试点，每个设区市至少选择一个县（市、区）启动农村居民大病保险工作试点]，因此在地区选择上，本研究剔除同一市内大病保险实施时间不一致或城乡居民大病保险实施时间不同步的城市，最终选择20个省（自治区、直辖市）的74个城市进行分析，包含北京市、天津市、辽宁省、吉林省、福建省、山东省、湖北省、重庆市、青海省、河北省、山西省、上海市、浙江省、湖南省、四川省、贵州省、陕西省、甘肃省、新疆维吾尔自治区和广西壮族自治区。

和共同趋势假定,且对于政策是否外生,各地开展城乡居民大病保险制度实践与否可能并非随机,而是内生于地区经济社会政策。因此,为了进一步规避制度实践内生可能带来的估计不一致等问题,本研究进一步采用倾向得分匹配基础上的双重差分法(PSM-DID)进行稳健性分析。在采用 PSM 时,本研究采用 2011 年和 2015 年两期面板数据进行分析,按照基期特征对处理组和控制组样本进行匹配,然后在此基础上采用双重差分模型分析大病保险制度实施效应。

此外,双重差分法的共同趋势前提假定,处理组与控制组在医疗服务利用和健康方面有相同的趋势,虽然在基准模型中我们已经控制了个体固定效应,但仍然会存在部分随时间变化的不可观测变量,可能会导致共同趋势假定不满足。由于本研究所用数据年份较短,因此无法直接进行共同趋势假定的检验。在此情况下借鉴已有研究(马超等,2019),采用阿尔伯托·阿巴迪(Alberto Abadie)(2005)提出的一种再加权半参数双重差分法进行稳健性检验,由于该方法应用于两期平衡面板数据,因此在数据方面采用 2011 年与 2015 年两期平衡面板数据。

假定本研究想要估计的大病保险制度实施效应为:

$$ATT \equiv E(Y_{1t} - Y_{0t} | D=1)$$

其中 Y_{1t} 为 t 期处理组中个体的结果变量,Y_{0t} 为 t 期控制组中个体的结果变量,D 为大病保险有无实施的虚拟变量。阿巴迪(2005)研究发现只要满足以下两个条件(4-2 式和 4-3 式),就可以得到 ATT 的无偏估计量 $\widehat{ATT}$,即 SDID(Semiparametric Difference-in-Differences)估计量。

$$\widehat{ATT} = E\left\{\frac{\Delta Y_t}{P(D=1)} \times \frac{D - \pi(X_b)}{1 - \pi(X_b)}\right\}$$

$$E(Y_{0t} - Y_{0b} | D=1, X_b) = E(Y_{0t} - Y_{0b} | D=0, X_b) \quad (4-2)$$

$$P(D=1) > 0 \text{ and } \pi(X_b) < 1 \quad (4-3)$$

其中 $\Delta Y_t = Y_t - Y_b$，为 t 期和基期 Y 的差分，X_b 为一组基期特征变量，$\pi(X_b) = P(D=1|X_b)$ 为处理组在基期的条件概率，即倾向得分。

(二) 变量选择

如前所述，本章主要利用 CHARLS 2011 年、2013 年和 2015 年三期微观数据分析实施大病保险制度对城乡居民医疗服务利用及健康的影响。在变量选择上，核心被解释变量包括城乡居民医疗服务利用和健康，核心解释变量为大病保险制度是否实施。除此之外，在进行估计时将包含城乡居民的其他特征作为协变量。

1. 被解释变量

在研究医疗服务利用时，本研究采用门诊和住院情况来衡量患者的医疗服务利用。门诊方面主要包括个体在最近一个月内是否到门诊就诊、最近一个月内去门诊的总次数和最近一个月内向门诊支付的总费用(包括自付和医保支付部分)三个变量。住院方面主要包括最近一年是否住院、最近一年的住院次数和最近一年的住院总费用(包括自付和医保支付部分)三个变量。由于费用方面存在较大极差，同时为了克服回归中可能存在的异方差问题，对门诊费用和住院费用取自然对数进行分析。在健康方面，本书参考已有研究(周钦等，2016；程名望，2014；赵绍阳等，2013；张锦华等，2016；傅虹桥等，2017)，使用应用最为广泛的自评健康测度城乡居民的健康水平，并将其归为三类：1 代表好、2 代表一般、3 代表差。

2. 解释变量

本章主要研究的是实施大病保险制度对城乡居民医疗服务利用和健康水平的影响，因此解释变量为大病保险是否实施的虚拟变量。由于不同地区大病保险实施进程不一，因此根据各地大病保险具体实施情况进行变量设置。具体而言，第一，在样本选择上，考虑到城乡居民大病保险主要针对城镇居民医保、城乡居民医保和新农合的参保(合)居民,本研究按照参保类型对样本进行筛选,剔除参保其他医保类型(如城镇职工医保、公费医疗和商业医疗保险等)的个体,仅对上述三种医疗保险的参保(合)群体进行分析。第二,总结不同省市大病保险制度实施情况,根据各省市发布的大病保险实施方案或指导意见确定其制度具体实施时间,如《海南省人民政府关于开展城乡居民大病保险工作的实施意见》(琼府〔2014〕44号)。第三,按照对应实施时间与CHARLS数据库不同年份的省市进行匹配,确定各年份中各省市是处于处理组还是控制组。需要注意的是,不同省(直辖市、自治区)在大病保险覆盖范围上存在差异,主要存在三个类别。第一类省(直辖市、自治区)采用的是全省推开,即全省各个下辖市县同步启动大病保险实施,如北京、天津、辽宁、吉林等地区。第二类省(直辖市、自治区)在省级层面首先选择几个城市进行大病保险试点,如河北省2013年选择石家庄市和唐山市开展大病保险试点工作,在前期试点基础上于2014年在全省范围内全面推开城乡居民大病保险工作。第三类省(直辖市、自治区)在选择试点地区时,遴选部分县级地区作为实施大病保险制度的试点地区,并逐步推开,例如江苏2013年在苏州、南通、连云港、淮安和宿迁开展市级统筹的大病保险试点,并在其他省辖市至少选择1个县(市、区)开展试点。[①] 江西省2013年在每个设区市至少选择1个县(市、区)启动农村居民大病保险试点工作。[②] 由于CHARLS提供省市层面的信息,在选择处理组和控制组时未将第三类省市纳入分析,最终选择20个省份74个城市的个体数据进行分析。在变量设置时,如果某一城市在2013年实施了城乡居民大病保险,则该城市对应的居民2011年为控制组,2013年和2015年数据均为处理组。

[①] 江苏省人社厅:《省人力资源社会保障厅关于做好城乡居民大病保险有关工作指导意见的通知》(苏人社发〔2013〕108号),2013年3月29日。

[②] 江西省发展改革委等六部门:《关于建立和完善城乡居民大病保险制度的意见》(赣发改社会〔2013〕537号),2013年9月18日。

3. 控制变量

根据前文所述安德森医疗服务利用模型,影响个体医疗服务利用和健康的变量包括情景特征与个体特征两个维度,因此本研究在变量选取方面也从上述两方面入手。在情景特征方面,除了考虑大病保险制度是否实施的关键解释变量外,本研究选择加入地区变量以控制省市社会经济发展不一致所带来的居民医疗服务利用和健康差异。在个体特征方面,将受访者的年龄、性别、婚姻状况、受教育程度和户籍等变量作为模型中的倾向性特征,将家庭人均收入和医疗保险参保类型等作为使能资源,将患有慢性病种类数、身体是否有疼痛、目前是否吸烟、目前是否饮酒作为个体需要变量纳入分析中。

二、实证研究结果

(一) 描述性统计结果

本书第三部分第二章已经按照组别和年份进行了其他变量的描述性统计,本章按照是否实施大病保险和年份进行分组,得到表4-1-1和表4-1-2的结果变量的描述性统计结果。结果显示处理组和控制组的个体在医疗服务利用上存在显著差异,从表4-1-1可以看出,相较于控制组,处理组中个体最近一年的住院就诊概率、住院总次数、住院总费用(对数值)和最近一个月的门诊总费用(对数)均明显更高,而过去一个月门诊利用和门诊次数在两组之间则并无显著差异。从个体健康来看,处理组中自评健康属于"好"类型的人数占比明显更高,属于"差"类型的人数占比明显更低,而两组中自评健康"一般"的人数占比则并无显著差异。总体而言,大病保险制度实施组中居民的医疗服务尤其是住院医疗服务更高,健康状况相对更好。此外,分年份描述性统计结果显示,不同年份个体的医疗服务利用及健康状况亦存在显著差异。描述性统计直观显示了大病保险实施组与未实施组,以及不同年份城乡居民医疗服务利用和健康状况的差异,但是实施大病保险制度对居民医疗服务利用及健康的影响究竟如何还需后文进一步的因果推断。

表 4-1-1 处理组与控制组结果变量描述性统计

变量	控制组 (N=12,816) 均值	标准差	处理组 (N=10,627) 均值	标准差	差异性检验
过去一年是否住院 (1=是,0=否)	0.0802	0.2716	0.0997	0.2997	−0.0195***
过去一年住院次数	0.1181	0.5367	0.1543	0.5933	−0.0362***
过去一年住院费用(对数)	0.6718	2.3084	0.8557	2.6019	−0.1839***
过去一个月是否去过门诊 (1=是,0=否)	0.1863	0.3894	0.1883	0.3910	−0.0020
过去一个月去门诊的次数	0.4166	1.2987	0.4019	1.1949	0.0147
过去一个月门诊费用(对数)	0.9612	2.1641	1.0487	2.3097	−0.0874***
自评健康 (1=好,0=其他)	0.0851	0.2791	0.1083	0.3108	−0.0232***
自评健康 (1=一般,0=其他)	0.6223	0.4848	0.6239	0.4844	−0.0015
自评健康 (1=差,0=其他)	0.2925	0.4549	0.2678	0.4428	0.0247***

注:*** $p<0.01$;在对大病保险制度实施组和未实施组各变量的均值差异进行检验时,采用 T 检验进行分析。

表 4-1-2 分年份结果变量描述性统计

变量	2011(N=7607) 均值	标准差	2013(N=8057) 均值	标准差	2015(N=7779) 均值	标准差
过去一年是否住院 (1=是,0=否)	0.0682	0.2522	0.1007	0.3009	0.0974***	0.2966
过去一年住院次数	0.0952	0.4925	0.1616	0.6548	0.1450***	0.5224

(续表)

变量	2011(N=7607) 均值	标准差	2013(N=8057) 均值	标准差	2015(N=7779) 均值	标准差
过去一年住院费用（对数）	0.5529	2.0746	0.8588	2.5996	0.8455***	2.6051
过去一个月是否去过门诊	0.1819	0.3858	0.2018	0.4014	0.1773***	0.3819
过去一个月去门诊的次数	0.3967	1.2461	0.4586	1.3638	0.3724***	1.1315
过去一个月门诊费用（对数）	0.9017	2.0667	1.1058	2.3437	0.9892***	2.2633
自评健康(1=好,0=其他)	0.0719	0.2584	0.0961	0.2947	0.1184***	0.3231
自评健康(1=一般,0=其他)	0.6130	0.4871	0.6301	0.4828	0.6255*	0.484
自评健康(1=差,0=其他)	0.3151	0.4646	0.2738	0.4459	0.2561***	0.4365

注：*** $p<0.01$，* $p<0.1$；在对不同年份的各变量进行均值差异性检验时，采用 F 检验进行分析。

（二）双重差分估计结果

表 4-1-3　实施大病保险对城乡居民医疗服务利用的影响

变量	(1) 是否住院	(2) 年住院次数	(3) 年住院支出	(4) 是否去过门诊	(5) 月门诊次数	(6) 月门诊费用
$treated$	0.0145** (0.0071)	0.0338*** (0.0128)	0.1402** (0.0599)	−0.0089 (0.0093)	−0.0265 (0.0344)	0.0285 (0.0526)
年龄	−0.0124* (0.0074)	−0.0406*** (0.0136)	−0.1182* (0.0651)	0.0089 (0.0103)	0.0131 (0.0372)	0.0244 (0.0568)
年龄的平方	0.0001** (0.0001)	0.0004*** (0.0001)	0.0014*** (0.0005)	−0.0001 (0.0001)	−0.0002 (0.0003)	−0.0002 (0.0004)

(续表)

变量	(1) 是否 住院	(2) 年住院 次数	(3) 年住院 支出	(4) 是否去过 门诊	(5) 月门诊 次数	(6) 月门诊 费用
男性 (参照组=女性)	0.0834** (0.0351)	0.1338* (0.0694)	0.7177** (0.3055)	0.0463 (0.0554)	0.1817* (0.1095)	0.2059 (0.3083)
农业户口 (参照组= 城镇户口)	-0.0184 (0.0190)	-0.0082 (0.0409)	-0.1604 (0.1553)	-0.0151 (0.0329)	0.0535 (0.0904)	-0.1219 (0.1726)
小学以下 (参照组= 未受过教育)	0.0316** (0.0149)	0.0641** (0.0294)	0.2711** (0.1285)	-0.0124 (0.0205)	-0.0923 (0.0695)	-0.0944 (0.1204)
小学 (参照组= 未受过教育)	-0.0026 (0.0133)	0.0066 (0.0291)	0.0184 (0.1162)	-0.0217 (0.0201)	-0.0991 (0.0629)	-0.1650 (0.1146)
初中 (参照组= 未受过教育)	0.0073 (0.0181)	0.0185 (0.0312)	0.1058 (0.1574)	-0.0311 (0.0262)	-0.0780 (0.0706)	-0.2292 (0.1503)
高中及以上 (参照组= 未受过教育)	-0.0115 (0.0307)	0.0051 (0.0455)	-0.0674 (0.2678)	-0.0487 (0.0370)	-0.1828* (0.1054)	-0.3564* (0.2072)
已婚 (参照组=其他)	-0.0205 (0.0157)	0.0270 (0.0462)	-0.1290 (0.1372)	-0.0586** (0.0247)	-0.0814 (0.0956)	-0.3117** (0.1444)
对数家庭 人均收入	0.0000 (0.0009)	-0.0000 (0.0016)	0.0003 (0.0081)	0.0029** (0.0014)	0.0056 (0.0045)	0.0204** (0.0080)
患慢性病数量	0.0285*** (0.0036)	0.0522*** (0.0074)	0.2481*** (0.0311)	0.0318*** (0.0048)	0.1018*** (0.0180)	0.2017*** (0.0270)
身体有疼痛 (参照组= 没有疼痛)	0.0198*** (0.0070)	0.0437*** (0.0131)	0.1742*** (0.0598)	0.0452*** (0.0092)	0.1430*** (0.0298)	0.2955*** (0.0508)
城乡居民 基本医保 (参照组= 新农合)	0.0110 (0.0155)	0.0145 (0.0354)	0.0870 (0.1380)	-0.0148 (0.0224)	-0.0438 (0.0647)	-0.2284* (0.1299)

(续表)

变量	(1) 是否 住院	(2) 年住院 次数	(3) 年住院 支出	(4) 是否去过 门诊	(5) 月门诊 次数	(6) 月门诊 费用
城镇居民 基本医保 (参照组= 新农合)	−0.0207 (0.0208)	0.0401 (0.0634)	−0.1667 (0.1952)	−0.0473 (0.0308)	0.0131 (0.0857)	−0.2142 (0.1846)
吸烟 (参照组= 不吸烟)	−0.0276*** (0.0083)	−0.0444*** (0.0124)	−0.2791*** (0.0714)	−0.0251** (0.0105)	−0.1058*** (0.0362)	−0.2452*** (0.0573)
饮酒 (参照组= 不饮酒)	−0.0285*** (0.0088)	−0.0511*** (0.0159)	−0.2695*** (0.0748)	−0.0248** (0.0117)	−0.0871** (0.0362)	−0.1504** (0.0678)
常数项	0.2515 (0.2430)	0.9503** (0.4501)	2.2759 (2.1444)	−0.0512 (0.3347)	0.0158 (1.2868)	0.1469 (1.8645)
时间固定效应	控制	控制	控制	控制	控制	控制
个体固定效应	控制	控制	控制	控制	控制	控制
地区变量	控制	控制	控制	控制	控制	控制
样本量	22,683	22,683	22,683	22,683	22,683	22,683
Adjusted R-squared	0.0192	0.0186	0.0218	0.0097	0.0092	0.0139

注：*** $p<0.01$，** $p<0.05$，* $p<0.1$；括号内均为聚类稳健标准误，聚类变量为社区/村居ID；变量 treated 为式(1)中的关键解释变量，即大病保险制度实施效应；模型(1)至模型(6)均已控制个体和时间固定效应以及地区变量。

据表4-1-3所示，实施大病保险制度对城乡居民医疗服务利用存在一定程度的影响，主要表现在大病保险能够显著增加城乡居民利用住院医疗服务的概率，该概率能够增加1.45%，且该效应在5%的显著性水平上显著。在住院医疗服务利用强度方面，实施大病保险制度能够提高居民的住院次数和住院总费用，且效应分别在1%和5%的显著性水平上显著。在门诊方面，实施大病保险制度对于是否去门诊或去门诊次数具有负效应，能够提高城乡居民最近一个月的门诊费用,但是上述效应均不具有统计显著性。综合上述信息可以看出,实施大病保险制度对城乡居民住院医疗服务存在显著正向影响,但对城乡居民的门诊医疗服务利用并无显著影响。城乡居民大病保险政策的初衷是减轻高额医疗费用患者的医疗经济负担,就目前实施情况来看,少数地区如江苏省太仓市在 2011 年实施城乡居民住院大病保险后,2015 年又实施了门诊大病保险,但多数地区大病保险主要针对住院患者,因为住院患者相对而言医疗费用较高,负担相对较重。实施大病保险能够一定程度上增加居民住院医疗服务可及性,因而在住院医疗服务利用方面能够起到正向促进作用,与预期相符。

从其他协变量的估计结果来看,个体的年龄、性别、慢性病患病种类数、身体是否有疼痛、吸烟、饮酒等变量对医疗服务利用具有显著影响。具体而言,年龄及其平方项的系数估计结果显示:年龄越大,住院服务利用越多,但住院服务利用概率和数量的提升随着年龄的增大而逐渐减少,年龄对于门诊服务利用则无显著影响。相对于女性,男性的住院就诊概率、住院次数和住院总费用均更高,而门诊服务利用方面则无显著的性别差异,这与男性所承担的家庭角色和社会分工相关。患慢性病种类数越多、身体有疼痛的居民医疗服务利用可能性和强度都相对更高,对于住院和门诊医疗服务利用效应均在 1% 的显著性水平上显著。健康行为变量也对医疗服务利用产生显著影响,相对于目前不吸烟和不饮酒的个体,当前吸烟、饮酒的个体的医疗服务利用可能性和强度相对更低。可能原因在于当前吸烟和饮酒的个体身体状况相对更好,因此在医疗服务利用方面显示出负向效应。受教育程度估计结果显示,相对于未受过教育的个体,小学及以下的个体会利用更多的住院医疗服务,高中及以上的居民在门诊次数和门诊费用方面则显著更低,一定程度上表明受教育程度越高,医疗服务利用相对更低。受教育程度越高的个体更注重健康行为,因而其医疗服务利用水平相对较低。已婚的个体门诊利用概率及门诊费用均相对更低,因为已婚个体从家庭出发更加关注健康,因此门诊利用水平相对较低。收入对门诊概率和门诊费用具有显著正向影响,收入越高,个体选择去门诊就诊的概率及其门诊总费用就越高。但收入对个体最近一年是否住院和住院服务利用强度则无显著影响,这是因为住院医疗服务大多出自刚性需求,在满足预算约束的条件下,收入对是否住院及住院利用强度的影响相对较弱。此外,门诊和住院服务利用在不同户籍和医保类型的个体间无显著差异。

表 4-1-4　大病保险对城乡居民医疗健康水平的影响

变量	系数	标准误
treated	−0.0389***	0.0111
年龄	0.0196	0.0135
年龄的平方	−0.0002**	0.0001
男性(参照组=女性)	0.0535	0.0967
农业户口(参照组=城镇户口)	0.0310	0.0287
小学以下(参照组=未受过教育)	0.0241	0.0270
小学(参照组=未受过教育)	0.0196	0.0266
初中(参照组=未受过教育)	0.0129	0.0329
高中及以上(参照组=未受过教育)	−0.0224	0.0494
已婚(参照组=其他)	−0.0497	0.0352
对数家庭人均收入	−0.0016	0.0019
患慢性病数量	0.0680***	0.0056
身体有疼痛(参照组=没有疼痛)	0.1313***	0.0108
城乡居民基本医保(参照组=新农合)	−0.0125	0.0347
城镇居民基本医保(参照组=新农合)	−0.0337	0.0352
吸烟(参照组=不吸烟)	0.0113	0.0128
饮酒(参照组=不饮酒)	−0.0431***	0.0140
常数项	1.7182***	0.4184

(续表)

变量	系数	标准误
时间固定效应	控制	
个体固定效应	控制	
地区变量	控制	
样本量	22,683	
Adjusted R-squared	0.0355	

注：*** p<0.01，** p<0.05；括号内均为聚类稳健标准误，聚类变量为社区/村居 ID；变量 *treated* 为式(1)中的关键解释变量，即大病保险制度实施效应；模型已控制个体和时间固定效应，以及地区变量，下同。

从表 4-1-4 的估计结果可以看出，*treated* 前系数为负，即实施大病保险制度能够使城乡居民健康状况变好的概率增加，且该效应在 1% 的显著性水平上显著，说明大病保险能够显著改善城乡居民的健康水平。如前所述，实施大病保险制度一定程度上促进了居民医疗服务尤其是住院医疗服务需求的释放，改善居民的医疗服务可及性，因而对其健康起到明显改善作用，这与赵为民(2020)的研究结论一致。协变量中，年龄、慢性病患病数量、身体有疼痛和饮酒对自评健康具有显著影响。年龄越大、慢性病患病数量越多、身体有疼痛的居民，面临较高的健康风险，因此健康水平更低。与医疗服务利用类似，当前饮酒的个体的自评健康状况更好。除此之外，个体的性别、受教育程度、婚姻状况、家庭收入、医保类型以及吸烟等变量对个体健康水平无显著影响。

(三) 稳健性检验

1. 面板固定效应模型估计

考虑到双重差分模型设定中个体并非全部追踪，为了进一步控制不随时间变化的混杂因素的影响，本研究进一步筛选数据，仅保留 2011 年、2013 年和 2015 年三期均受访的城乡居民，得到样本量为

13,725，利用三期均受访的个体建立面板固定效应回归模型，得到表4-1-5所示的分析结果。可以看出，采用固定效应模型估计后所得结果与基准回归结果相比无显著差异，固定效应估计结果中是否住院、住院次数和住院费用三个回归模型的系数比基准回归略大，但在显著性上与基准回归没有差异，一定程度上表明基准模型估计结果的稳健性。

表 4-1-5　面板固定效应估计结果

变量	(1) 是否住院	(2) 住院次数	(3) 住院费用	(4) 是否去过门诊	(5) 去门诊次数	(6) 门诊费用	(7) 自评健康
$treated$	0.0208** (0.0084)	0.0369** (0.0147)	0.1878*** (0.0705)	−0.0116 (0.0108)	−0.0086 (0.0446)	0.0059 (0.0601)	−0.0346** (0.0138)
样本量	13,725	13,725	13,725	13,725	13,725	13,725	13,725
Adjusted R-squared	0.0196	0.0186	0.0224	0.0084	0.0088	0.0121	0.0342

注：*** $p<0.01$，** $p<0.05$。

2. 职工样本的检验

本研究在选择样本时，考虑到大病保险的覆盖群体是参加城镇居民医保、城乡居民医保和新农合的个体，因此在基准模型设定中未考虑职工医保的参保个体。从理论上说，职工样本并非受大病保险辐射的群体，因此其医疗服务利用及健康水平不应受大病保险制度实施的影响。相反，如果针对职工医保参保人群的估计结果显示，实施大病保险制度对其医疗服务利用或健康状况产生影响，则表明除大病保险制度外，有其他混杂因素同时影响了职工医保参保者和其他上述医保类型参保（合）者的医疗服务利用和健康，说明前述模型在设定及变量构造方面存在偏误。为了对上述假说进行验证，本研究进一步筛选出职工医保的参保个体，并进行4-1式的回归分析，结果见表4-1-6。可以看出，对职工医保参保者而言，实施大病保险制度对其医疗服务利用和健康水平均未产生显著影响,一定程度上反映出前文模型设定和变量构造的可靠性。

表 4-1-6　职工样本大病保险制度实施效应估计结果

变量	(1) 是否住院	(2) 住院次数	(3) 住院费用	(4) 是否去过门诊	(5) 去门诊次数	(6) 门诊费用	(7) 自评健康
treated	0.0158 (0.0273)	0.0593 (0.0440)	0.1328 (0.2591)	−0.0027 (0.0286)	−0.0423 (0.0914)	0.0403 (0.1807)	0.0115 (0.0333)
样本量	3324	3324	3324	3324	3324	3324	3324
Adjusted R-squared	0.0219	0.0271	0.0265	0.0145	0.0062	0.0195	0.0229

3. 对数据异常值的缩尾处理

考虑到极端值的影响,本研究对住院次数、住院费用、去门诊次数和门诊费用进行了缩尾处理,通过对其最大值进行1%缩尾后再进行4-1式的估计,结果见表4-1-7,可以看出,缩尾处理后系数估计结果与基准回归无明显差异,表明模型估计结果未收到极端值影响。

表 4-1-7　缩尾处理后的估计结果

变量	(1) 住院次数	(2) 住院费用	(3) 去门诊次数	(4) 门诊费用
treated	0.0267*** (0.0094)	0.1380** (0.0594)	−0.0210 (0.0243)	0.0242 (0.0518)
样本量	22,683	22,683	22,683	22,683
Adjusted R-squared	0.0231	0.0216	0.0108	0.0137

注:*** $p<0.01$,** $p<0.05$

4. 非线性模型估计结果

由于是否住院和是否去过门诊属于二值虚拟变量,去门诊次数和住院次数为非负计数数据,自评健康属于排序数据。除前述线性模型设定外,本研究采用非线性模型设定对上述变量进行建模。是否住院和是否去过门诊作为二值被解释变量,选择 Logit 模型设定,去门诊次数和住院次数选择泊松回归模型设定,自评健康选择 Ordered Logit 模型设定,得到表 4-1-8 的非线性模型估计结果。据表 4-1-8 所示,采用非线性模型后,实施大病保险制度对住院服务利用概率及次数仍然为显著正向效应,且效应均在 5% 的显著性水平上显著。实施大病保险制度对城乡居民健康水平具有显著改善作用,且该效应在 1% 的显著性水平上显著。此外,实施大病保险制度对去门诊就诊无显著影响,但对去门诊次数产生显著负向影响。

表 4-1-8 非线性模型估计结果

变量	(1) 是否住院	(2) 是否去过门诊	(3) 住院次数	(4) 去门诊次数	(5) 自评健康
$treated$	0.2747*** (0.0634)	−0.0871 (0.0705)	0.1656** (0.0726)	−0.0674* (0.0391)	−0.3824*** (0.0443)
样本量	22,683	6644	3760	7413	22,683

注:*** $p<0.01$,** $p<0.05$,* $p<0.1$

5. PSM-DID 估计

根据前文所述,各地大病保险实施进程不一,因此得以采用准实验框架下的双重差分法进行分析。但在本研究背景下,双重差分法假定大病保险实施组和未实施组有共同趋势,即假设在没有实施大病保险制度的情况下,处理组和控制组在医疗服务利用和健康状况上有共同的趋势。由于大病保险制度属于属地化管理,各地决定试点大病保险一定程度上内生于当地的经济社会发展情况。为了进一步解决大病保险制度实施内生性可能带来的估计偏误,本研究进一步采用建立在倾向得分匹配基础上的双重差分法,分析大病保险制度实施效应。由于 2013 年处理组样本相对较少,因此保留 2011 年和 2015 年两期数据。具体步骤如下:首先按照基期(2011)特征对处理组和控制组的样本进行匹配,并保留处于共同支撑集(Common Support)的那部分样本,然后按照 ID 匹配 2011 年和 2015 年两期数据,最后对匹配后的数据采用双重差分法进行分析,得到大病保险制度的实施效应,估计结果见表4-1-9。

PSM-DID的估计结果显示,实施大病保险制度能够提高个体的住院概率,但该效应不具有统计显著性。从利用强度上看,实施大病保险制度能够增加居民的住院次数和住院费用,且效应分别在5%和15%的显著性水平上显著,表明大病保险对城乡居民的住院医疗服务利用起到一定程度的促进作用,与前述回归结论基本一致。此外,从门诊服务利用来看,实施大病保险制度对门诊服务利用具有负向效应,可能的原因是,实施大病保险制度主要针对住院患者,主要促进个体住院服务利用的增加,个体会因补偿机制等问题增加住院医疗服务利用,而门诊服务利用会有所减少。从自评健康来看,PSM-DID的结果与基准回归结果无显著差异,即实施大病保险制度改善了城乡居民自评健康,且该效应在5%的显著性水平上显著。

表 4-1-9 PSM-DID估计下的大病保险制度实施效应

变量	(1) 是否住院	(2) 住院次数	(3) 住院费用	(4) 是否去过门诊	(5) 去门诊次数	(6) 门诊费用	(7) 自评健康
treated	0.0253 (0.0240)	0.1008** (0.0393)	0.2813# (0.1912)	−0.0597* (0.0308)	−0.2070** (0.0915)	−0.2719* (0.1563)	−0.0580** (0.0279)
样本量	3853	3853	3853	3853	3853	3853	3853
Adjusted R-squared	0.0286	0.0354	0.0358	0.0144	0.0147	0.0200	0.0543

注:** $p<0.05$,* $p<0.1$,# $p<0.15$。

6. 阿巴迪SDID估计

如前所述,双重差分模型设定依赖于两个组别的共同趋势前提假定,受数据与变量所限,无法验证共同趋势假定是否满足,除采用前文所述的PSM-DID进行稳健性检验外,本研究参考马超等(2019),采用阿巴迪(2005)所提出的再加权半参数双重差分法

(SDID)对大病保险实施效应进行估计,其主要思想是通过半参数方法加权的方式,让处理组和控制组的样本特征分布更加均衡,进而比较两组结果变量的变化,以考察政策实施效应。由于该方法需要两期平衡面板数据,因此本研究首先保留 2011 年和 2015 年两期平衡面板数据,然后进行 SDID 估计,结果见表 4-1-10。可以看出,在门诊服务利用变量上,大病保险制度对门诊费用和去门诊次数均存在负向影响,但对门诊费用效应不显著,对去门诊次数呈现显著负向效应。从住院医疗服务利用来看,大病保险对处理组个体住院费用具有正效应,且该效应在 1% 的显著性水平上显著,但对住院次数则无显著影响。结果与 PSM-DID 的估计结果基本一致。

表 4-1-10 阿巴迪 SDID 估计下的大病保险制度实施效应①

变量	(1) 门诊费用	(2) 去门诊次数	(3) 住院费用	(4) 住院次数
$treated$	−0.1026 (0.0972)	−0.0245*** (0.0064)	0.2602*** (0.0998)	−0.0037 (0.0047)
样本量	3716	3716	3716	3716

注:*** $p<0.01$

(四)异质性分析

1. 大病保险制度实施效应城乡异质性分析

为了进一步探究城乡居民大病保险对城乡居民医疗服务利用和健康的影响的异质性,本研究首先按照户籍将样本分为城市和农村样本,并进行基准 DID 回归分析,结果见表 4-1-11。表中 Panel A 和 Panel B 分别显示了实施大病保险制度对城镇居民和农村居民医疗

---

① 由于该方法在具体操作时需要对结果变量进行差分操作,因此此处仅选择去门诊次数、门诊费用、住院次数和住院费用四个变量,对于是否住院、是否去过门诊和自评健康的离散型被解释变量,未进行 SDID 分析。

服务利用和健康的影响,结果表明,实施大病保险制度对城镇居民住院服务利用存在正向影响,但效应均不具有统计显著性。从门诊估计结果来看,大病保险对门诊服务利用存在负向影响,且仅对去门诊就诊概率存在显著负效应,对去门诊次数和门诊费用的影响则并不显著。此外,估计结果显示大病保险对城镇居民的自评健康具有一定积极效应,但该效应在10%的显著性水平上并不显著。

农村居民的估计结果显示,大病保险制度能够显著提高农村居民住院就诊概率,并且对其住院次数和住院费用均具有正向影响,且效应均至少在5%的显著性水平上显著。但制度实施对农村居民过去一个月的去门诊就诊概率和门诊服务利用数量均没有显著的影响。从健康效应来看,实施大病保险制度对农村居民的自评健康变量具有负向影响,且该效应在1%的水平上显著,表明制度实施能够明显改善农村居民的健康水平。综合城乡异质性分析结果可以看出,实施大病保险制度主要提高了农村居民在住院方面的医疗利用,并提高其自评健康水平,对于城镇居民则没有显著正向效应。可能的原因在于城镇居民在医疗保障待遇方面本身就优于农村居民,相对而言,其医疗服务可及性约束方面没有农村居民严格。农村居民的资源禀赋、人力资本及医疗保障待遇均处于相对弱势地位,因此大病保险制度对于农村居民医疗服务可及性方面的改善作用更大,促进农村居民医疗服务需求释放,并改善其自评健康。

表 4-1-11　大病保险制度实施效应城乡异质性分析

变量	(1) 是否住院	(2) 住院次数	(3) 住院费用	(4) 是否去过门诊	(5) 去门诊次数	(6) 门诊费用	(7) 自评健康
Panel A:城市							
treated	0.0254 (0.0313)	0.0505 (0.0614)	0.2425 (0.2785)	−0.0756** (0.0335)	−0.1108 (0.1292)	−0.1831 (0.2073)	−0.0632 (0.0394)
样本量	1878	1878	1878	1878	1878	1878	1878

（续表）

变量	(1) 是否住院	(2) 住院次数	(3) 住院费用	(4) 是否去过门诊	(5) 去门诊次数	(6) 门诊费用	(7) 自评健康
Panel A：城市							
Adjusted R-squared	0.0235	0.0295	0.0246	0.0319	0.0179	0.0416	0.0442
Panel B：农村							
treated	0.0155** (0.0074)	0.0355*** (0.0124)	0.1455** (0.0616)	−0.0028 (0.0098)	−0.0182 (0.0363)	0.0519 (0.0549)	−0.0351*** (0.0116)
样本量	20,805	20,805	20,805	20,805	20,805	20,805	20,805
Adjusted R-squared	0.0196	0.0190	0.0221	0.0093	0.0091	0.0137	0.0360

注：*** $p<0.01$，** $p<0.05$

2. 大病保险制度实施效应收入异质性分析

除户籍外，为考察实施大病保险制度对不同收入组居民的医疗服务利用和健康的影响，本研究按照初始禀赋对样本进行分类，即按照基期（2011年）的家庭人均收入的分位数分为三个不同的子样本——低收入组、中等收入组和高收入组，并对不同收入组的样本进行4-1式的估计，结果见表4-1-12。

据表4-1-12所示，Panel A为低收入组的估计结果，可以看出，实施大病保险制度对于低收入组个体的住院服务利用具有显著正向影响，大病保险对住院就诊概率具有正效应，但该效应不具有统计显著性，对于住院次数和住院费用亦具有正向效应，且效应均在10%的显著性水平上显著。对于门诊服务利用，实施大病保险制度对低收入组个体是否去门诊、去门诊次数和门诊费用均存在负向影响，但仅对是否去门诊的效应在10%的显著性水平上显著。此外，大病保险对低收入组个体的自评健康具有明显改善效应，且该效应在1%的显著性水平上显著。从中等收入组的估计结果来看，大病保险能够显著促进中等收入组个体的住院医疗服务利用,增加其住院就诊概率,提高住院就诊次数和费用,且效应均在5%的显著性水平上显著,但实施大病保险制度对于这部分群体的门诊服务利用则无显著影响。从健康估计结果来看,实施大病保险制度能够改善中等收入组居民的健康水平,且效应在5%的显著性水平上显著。值得注意的是,对于高收入群体,大病保险无论对其医疗服务利用概率和强度,还是对其健康水平,均无显著影响。

综合大病保险制度对不同收入组居民的实施效应来看,大病保险主要促进了中低收入群体的住院医疗服务利用,并改善了这部分群体的健康水平,对于各收入段的门诊服务利用则无明显效应,这与基准回归的结论基本一致。对于高收入组而言,实施大病保险制度对其医疗服务利用和健康均无显著影响。对于中低收入组的城乡居民而言,其医疗服务需求受家庭预算约束的影响较大,大病保险通过价格补贴机制,在其既定的预算约束下降低了医疗服务尤其是住院医疗服务的相对价格,提高了住院医疗服务可及性,一定程度上有利于中低收入群体医疗服务需求的释放,因此对这部分群体的住院医疗服务具有明显的促进作用,对其健康也起到明显改善作用。对于高收入群体来说,家庭预算约束对其自身医疗服务需求和健康的影响较小,即医疗服务利用水平不太容易受到医疗服务价格变动的影响,因此大病保险对该部分群体的医疗服务利用和健康水平的影响并不显著。

表4-1-12 大病保险制度实施效应收入异质性分析

变量	(1) 是否住院	(2) 住院次数	(3) 住院费用	(4) 是否去过门诊	(5) 去门诊次数	(6) 门诊费用	(7) 自评健康
Panel A:低收入组							
$treated$	0.0178 (0.0145)	0.0472* (0.0244)	0.2039* (0.1170)	−0.0268* (0.0156)	−0.0013 (0.0757)	−0.0404 (0.0905)	−0.0601*** (0.0226)

(续表)

变量	(1) 是否住院	(2) 住院次数	(3) 住院费用	(4) 是否去过门诊	(5) 去门诊次数	(6) 门诊费用	(7) 自评健康
Panel A：低收入组							
样本量	6127	6127	6127	6127	6127	6127	6127
Adjusted R-squared	0.0247	0.0233	0.0273	0.0113	0.0055	0.0157	0.0389
Panel B：中等收入组							
treated	0.0245** (0.0113)	0.0544*** (0.0180)	0.2177** (0.0943)	0.0115 (0.0179)	−0.0144 (0.0482)	0.1535 (0.0949)	−0.0416** (0.0202)
样本量	6243	6243	6243	6243	6243	6243	6243
Adjusted R-squared	0.0273	0.0330	0.0320	0.0126	0.0088	0.0197	0.0414
Panel C：高收入组							
treated	−0.0042 (0.0118)	−0.0129 (0.0259)	−0.0602 (0.1019)	−0.0215 (0.0193)	−0.0316 (0.0621)	−0.0550 (0.1089)	0.0016 (0.0218)
样本量	5937	5937	5937	5937	5937	5937	5937
Adjusted R-squared	0.0199	0.0175	0.0220	0.0112	0.0134	0.0134	0.0283

注：*** $p<0.01$，** $p<0.05$，* $p<0.1$

（五）机制分析

从上述基准回归与稳健性检验的结果可以看出，大病保险对城乡居民的住院医疗服务利用影响显著，并且能够对居民自评健康也起到显著的正向促进作用，但其中机制究竟如何，大病保险是否通过影响其医疗服务利用进而对其自评健康产生影响，这需要进一步探究。为此，本节采用中介效应分析对大病保险实施路径进行研究。中介效应分析是检验解释变量对被解释变量的影响路径的一种方法，包括逐步回归检验（Baron et al.，1986；Judd and David，1981；

温忠麟等,2004)、索贝尔(Sobel)检验等(Sobel,1982;1987),目前已获得广泛应用。本研究利用逐步回归和索贝尔检验考察大病保险制度实施路径。假定 Y 为个体的自评健康,M 为医疗服务利用,$Treated$ 为大病保险制度实施与否的哑变量,逐步回归检验包含三个模型,分别如下:

$$Y = cTreated + Z'\delta + \varepsilon_1$$
$$M = aTreated + Z'\eta + \varepsilon_2$$
$$Y = c'Treated + bM + Z'\vartheta + \varepsilon_3$$

其中 Z 为一系列协变量,δ、η、ϑ 为相应系数,ε_1、ε_2、ε_3 为模型的随机误差项。应用逐步回归法验证中介效应是否显著,即检验上述模型中 c、a、c' 和 b 是否统计显著。前文已验证实施大病保险制度对住院医疗服务利用和健康具有显著影响,即已构建前两个模型,并且验证了系数 c 和 a 的显著性。为了进一步验证系数 c' 和 b 的统计显著性,以自评健康 Y 为被解释变量,以实施大病保险制度和住院医疗服务利用为解释变量,其他变量为协变量进行4-1式的双重差分估计,得到结果见表4-1-13。

可以看出,在模型中同时加入大病保险制度是否实施的哑变量与住院服务利用后,两者均在5%的显著性水平上显著,表明中介效应存在,即实施大病保险制度通过影响个体的住院服务利用进而影响个体健康水平。需要注意的是,在中介效应检验方法中,逐步回归的检验效力相对较低(MacKinnon et al.,2007;Hayes,2009;MacKinnon et al.,2002),即当中介效应较弱时,逐步回归很难检验出中介效应存在,为此,本研究进一步采用索贝尔检验,并同时考察住院和门诊医疗服务利用的中介效应,结果发现,住院医疗服务的中介效应在1%的显著性水平上显著,而门诊医疗服务变量均未通过索贝尔检验,佐证了逐步回归检验的稳健性,即实施大病保险制度对城乡居民的住院医疗服务存在促进作用,进而对其健康产生影响。

表 4-1-13　大病保险实施效应作用机制分析

变量	(1) 自评健康	(2) 自评健康	(3) 自评健康	(4) 自评健康
treated	−0.0389*** (0.0111)	−0.0406*** (0.0111)	−0.0409*** (0.0111)	−0.0407*** (0.0111)
是否住院		0.1121*** (0.0164)		
住院费用			0.0141*** (0.0020)	
住院次数				0.0532*** (0.0087)
样本量	22,683	22,683	22,683	22,683
Adjusted R-squared	0.0355	0.0396	0.0403	0.0386

变量	(5) 自评健康	(6) 自评健康	(7) 自评健康	(8) 自评健康
treated	−0.0413*** (0.0111)	−0.0410*** (0.0111)	−0.0408*** (0.0111)	−0.0413*** (0.0111)
是否住院	−0.2163** (0.0880)		0.0893*** (0.0228)	−0.2163** (0.0879)
住院费用	0.0390*** (0.0105)	0.0130*** (0.0029)		0.0379*** (0.0109)
住院次数		0.0066 (0.0121)	0.0163 (0.0113)	0.0066 (0.0121)
样本量	22,683	22,683	22,683	22,683
Adjusted R-squared	0.0407	0.0403	0.0397	0.0407

注：*** $p<0.01$，** $p<0.05$

三、讨论与小结

前文已经从理论角度分析大病保险制度实施效应，大病保险对高额医疗费用患者进行二次补偿，改变了医疗服务的相对价格，通过价格补贴机制改善了城乡居民的医疗服务可及性，城乡居民原本抑制的部分医疗需求在大病保险制度实施后得以释放。因此实施大病保险制度能够促进城乡居民医疗服务利用。此外，根据安德森医疗服务利用模型,情景特征、个体特征、健康行为对个体健康有显著影响,大病保险作为情景特征维度下的卫生政策变量,会影响到个体的医疗服务利用和健康水平。为了用现实数据验证上述理论假说,本章选取 CHARLS 三期微观调研数据,对大病保险制度的实施效应进行分析。

不同地区进程不一,使得本研究可以利用准自然实验框架分析实施大病保险制度对城乡居民医疗服务利用和健康水平的影响。利用双重差分设定,本章发现大病保险对城乡居民住院服务利用具有显著促进作用,提高居民住院就诊概率,增加其住院次数和住院费用,并对城乡居民的自评健康也起到显著改善作用。本章通过固定效应模型、非线性面板数据模型、PSM-DID、阿巴迪 SDID 等方法验证了上述研究结果的稳健性。进一步,通过将样本分城乡和收入进行异质性分析发现,实施城乡居民大病保险制度主要显著改善了农村居民和中低收入人口的医疗服务利用和健康水平,表明大病保险的实施有效改善了处于相对弱势地位的居民的"环境"。最后,通过中介效应分析验证了大病保险制度通过影响居民医疗服务利用进而影响其健康水平的实施效应路径。

本章结论充分验证了实施大病保险制度对于农村居民和中低收入人群的医疗服务利用及健康的促进作用。农村居民和中低收入人群作为易受疾病冲击的相对弱势群体,由于其资源禀赋和人力资本水平较低,因此在面临疾病时往往会陷入疾病和贫困的恶性循环。从基本医保制度设计来看,尽管我国已初步建成覆盖全体城乡居民的基本医疗保障制度,但在保障待遇方面,不同基本医保类型因就业、户籍划分覆盖人群,在制度设计方面也存在差异。相较于职工医保和城镇居民医保,新农合的筹资水平和补偿比例均相对较低,且参保居民在报销目录方面也更为受限。大病保险制度设计初衷是通过二次补偿以减轻居民高额医疗负担,解决因病致贫、因病返贫现象。通过价格补偿机制和互助共济,对劣势环境下的居民进行补偿,使其得以释放原本被收入和补偿待遇限制的医疗服务需求,提高这部分人的就医可及性,进一步促进社会公平正义,这在一定程度上也契合机会平等理论补偿原则的思想。

在制度设计上,未来应进一步提高大病保险制度实施的精准性,针对困难人群实施倾斜性的帮扶政策。针对农村低收入人口,应尽可能地降低其筹资标准,减轻其缴费压力。同时从制度的补偿设计上也予以倾斜,例如下调起付线额度,提高大病偿付比例和封顶线额度等措施,使政策红利能够更加精准地辐射到农村居民和低收入人群。需要注意的是,本章主要是在公共数据库基础上对大病保险制度对居民医疗利用和健康的实施效应进行评估,大病保险政策实施初衷是减轻居民及其家庭的高额医疗支出负担,实施大病保险制度能够提高居民的医疗利用和自评健康水平,但是针对不同群体效应存在明显差异,在此基础上,大病保险对于个体及家庭的医疗支出负担又有何效应,是否不同群体所面临的效应亦存在差异,下一章将对上述问题展开研究。

第二章 大病保险制度对居民医疗经济风险的影响研究

医疗保险作为防范和化解疾病风险的重要手段,能够有效提升个体抵御疾病风险的能力,减轻居民在患病时所面临的疾病经济负担,缓解有病不医的困境。(黄薇,2019)为了保证全部居民能够享有医疗保险,我国医保制度进行了全面改革,于1998年建立职工医保,2003年建立新农合,2007年试点并扩大实施城镇居民医保,逐步覆盖我国全体城乡居民,初步建立了全民基本医保体系。然而,基本医疗保险因其筹资水平和保障待遇较低,无法全然解决因病致贫、因病返贫问题。(Zhang et al.,2010;Li et al.,2012)为了进一步降低居民 CHE 发生率,缓解居民看病贵看病难问题,在借鉴部分地区先行探索大病保险试点的基础上,国家于 2012 年和 2015 年分别发文提出开展和全面实施城乡居民大病保险制度。来自国家医保局的数据显示,截至 2018 年年底,大病保险覆盖居民医保 10.2 亿参保个体,约有 817 万居民从中受益,报销比例在基本医保基础上平均提高 13%以上,大病保险基金赔付支出约 510.9 亿元。多数研究利用医保经办部门数据对大病保险实施前后患者医疗费用的实际补偿比进行比较分析,也发现大病保险制度实施后居民的实际报销比显著提高。为了进一步从实证角度考察大病保险制度与居民医疗经济风险,探究大病保险是否实现其政策初衷,本章利用 CHARLS 2011—2015 年三期数据对其是否减小居民医疗经济风险进行实证研究,以期从经济绩效维度考察大病保险实施效应。

一、数据来源、研究方法与变量选择

（一）数据来源

本章主要采用CHARLS 2011年、2013年和2015年三期数据，实证研究实施大病保险制度对城乡居民疾病经济风险的影响。选取CHARLS数据主要基于以下考虑：第一，CHARLS数据收集了全国30个地区（不包括西藏自治区、台湾地区、香港特别行政区和澳门特别行政区）1.8万人左右的个体信息，所调查的样本具有全国代表性，使分析结果更加可信；第二，CHARLS数据对基线调查的样本进行追踪，且回访个体占比较高，便于形成面板数据结合计量经济学分析方法识别大病保险制度的因果效应；第三，CHARLS数据调查年份和大病保险制度实施时间具有较高的契合度，全国各地区大范围实施大病保险制度是在2014年和2015年，CHARLS数据基线调查时间为2011年，其后于2013年和2015年分别对基线受访者进行了追踪调查，使得实证研究具有可行性；第四，部分代表性数据如CFPS只公布省级层面的信息，多数省市试点大病保险制度是在市级层面实施（及从城市确定是否实施大病保险制度），而CHARLS能够提供受访市级层面的信息，有利于精确识别个体在不同年份属于控制组还是处理组，更好地控制实施效应估计偏差；第五，CHARLS数据库包含了受访者及其家庭的丰富信息，其问卷内容涵盖个体及家庭的基本信息、健康状况、医疗利用情况和医疗保险、家庭收支等各个方面，能够尽可能地考虑到混杂因素，进而识别大病保险制度对疾病经济负担的影响的净效应。

（二）研究方法

1. 双重差分模型设定

为了研究实施大病保险制度是否减轻了城乡居民的疾病经济负

担,需要比较大病保险实施地区的居民在大病保险制度实施前后两个时期的疾病经济负担。然而,现实中影响居民疾病经济负担的因素有很多,个体的健康状况、健康行为和社会经济地位等变量均会对其疾病经济负担产生影响。因此,仅仅将实施大病保险后的疾病经济负担作为其实施效应的判定依据是存在问题的。某个个体疾病经济负担较小,其背后的原因可能是健康状况较好、社会经济地位较高。因此,和其他政策评估研究类似,在考察实施大病保险制度是否减轻城乡居民疾病经济负担时,也需要应用双重差分模型。

作为一项重要的政策评估方法,双重差分法已经在各个研究领域得到了广泛应用。该方法主要建立在自然实验或准自然实验的基础上,通过对比实验组和对照组在实验发生前后结果变量的差异来考察政策实施的效果。该方法应用较为经典的文献包括戴维·嘉得(David Card)等人(1994)利用新泽西州和宾夕法尼亚州的快餐店数据分析法定最低工资提高对低技能工人需求的影响。纳达·艾萨(Nada Eissa)和杰弗里·B. 列曼(Jeffrey B. Liebman)(1996)采用该方法分析了1986年美国税收改革法案对单亲母亲劳动参与率和工作时间的影响。国内周黎安和陈烨(2005)首次基于双重差分法考察了我国农村税费改革对农村居民收入增长的影响。此后,大量文献采用该方法进行干预效应评估,DID在卫生经济学领域也得到大量应用,如常雪等(2018)利用DID考察了城乡医保统筹对居民健康的影响,赵为民(2020)考察了新农合大病保险对农民健康的影响。

双重差分模型设定的具体方式,就是通过构造实施大病保险制度的处理组和未实施大病保险制度的控制组,通过控制其他可能的混淆因素,对比大病保险制度实施前后处理组和控制组之间的差异,从而对其实施效应进行评估。本研究将个体疾病经济负担(y_{ijt})作为被解释变量,用变量大病保险制度实施组 $treated_{ijt}$ 反映个体 i 所在的城市 j 在 t 期是否实施城乡居民大病保险,取值为1代表该个体 i 所在城市 j 在 t 期实施了大病保险制度,取值为0则表示个体 i

所在城市j在t期尚未实施大病保险制度。由于不同年份处理组和控制组存在差异，因此本研究采用此种方式构造关键解释变量，双重差分模型具体设定为：

$$y_{ijt}=\alpha+\beta treated_{ijt}+X'_{ijt}\delta+\lambda_t+\gamma_i+\varepsilon_{ijt} \quad (4-4)$$

其中$treated_{ijt}$前的系数β衡量实施大病保险制度对个体疾病经济负担的影响，X_{ijt}为一系列个体层面的协变量，包括居民的年龄、性别、受教育程度等指标，δ为对应的系数。λ_t为时间固定效应，γ_i为个体固定效应，以控制不随时变的不可观测变量的干扰，ε_{ijt}表示模型的随机扰动项。

(三) 变量选择

考虑到本章研究主题和具体研究内容，选择大病保险制度实施与否作为主要解释变量，选择疾病经济负担作为主要被解释变量，同时为了控制其他混杂因素的影响，在实证分析中加入其他可能影响个体疾病经济负担的协变量，具体变量选择及定义如下：

1. 被解释变量

已有研究表明，疾病经济风险主要体现在患病住院概率、因病发生的医疗费用和医疗费用所带来的支付压力。(张广科，2009)从本书第四部分第一章节的实证分析结果可以看出，实施大病保险制度可以显著提升城乡居民的住院就诊概率，并显著增加个体的住院医疗卫生支出，促进住院服务利用，实证结果已表明大病保险制度确能从就诊和医疗服务利用角度对城乡居民起到正向积极效应。但是对于不同收入人群，即使面临同样的医疗卫生支出，也会因为收入禀赋的差异而面临不同的相对经济损失。因此在度量个体疾病经济风险时，需要考虑其收入水平。

在指标选取方面，部分文献采用疾病相对风险度(Relative Risk, RR)刻画个体所面临的医疗经济风险的具体程度(邓佳欣等，

2020;张广科,2009),其计算公式为:

$$RR_i = \frac{exp\_inpatient_i}{\sum_{i=1}^{n} exp\_inpatient_i / N} \quad (4-5)$$

其中 $exp\_inpatient_i$ 表示个体 i 的住院医疗支出,N 表示样本容量,该公式测算的是个体的住院费用和受访者住院平均费用的比值,若 $RR_i \geqslant 1$,则表明个体的疾病风险要大于样本平均水平,若 $RR_i < 1$,则表明个体的疾病风险小于样本平均水平。通过测定疾病相对风险度,可以较好地比较不同个体之间的疾病经济风险水平,因此本研究将采用 RR_i 表征个体的疾病经济风险。

此外,个体在患病时往往以家庭为单位应对疾病经济风险,对于重特大疾病患者更是如此。因此,本研究也将个体住院自付医疗支出和家庭医疗支出作为衡量个体所在家庭的疾病经济风险指标,进行下文的实证分析。

2. 解释变量

如前所述,在数据预处理方面,本章将首先剔除未参保城镇居民医保、新农合和城乡居民医保的样本,在此基础上利用附录中总结的各地大病保险制度实施文件,确定各地制度实施时间,然后对应 CHARLS 数据中各地区个体的调查时间,将二者进行匹配,得到各年份各地区有无实施大病保险制度的哑变量,并将其作为关键解释变量。[①]

3. 控制变量

为了进一步控制影响个体及家庭疾病经济负担的其他因素,在

[①] 在大病保险具体实践中,部分省份首先选取省内部分城市的若干县市进行大病保险试点,如江苏省 2013 年在苏州、南通、连云港、淮安和宿迁开展市级统筹的大病保险试点,并在其他省辖市至少选择 1 个县(市、区)试点大病保险制度;安徽省 2013 年首先选取 5 市 11 县开展城镇居民大病保险和新农合大病保险试点工作;江西省 2009 年就开始实施城镇居民大病保险,2013 年起每个设区市至少选择 1 个县(市、区)启动农村居民大病保险试点工作。需要指出的是,CHARLS 数据中公开的行政区划信息只到市级层面,因此,为了更加精确地识别大病保险制度的实施效应,在选择样本时本章剔除了"干扰"较大的省份,最终仅将 20 个省(自治区、直辖市)的 74 个城市的受访者作为研究样本进行分析。

计量经济学模型中包含以下几类变量：① 社会人口学特征，包括个体的年龄、性别、受教育程度、户籍、婚姻状况等基本特征变量；② 个体的健康行为及健康水平，健康行为包括个体目前是否吸烟和饮酒，健康状况变量主要包括个体患有慢性病种类数、身体是否有疼痛等；③ 家庭人均收入和医疗保险参保类型，在具体分析时将家庭人均收入进行对数处理，个体参保类型包括个体是否参保城镇居民医保、是否参加新农合、是否参加城乡居民医保三个虚拟变量；[①]④ 地区变量，通过在模型中加入各地区表征的哑变量，控制政策设计和经济社会发展不一致所带来的居民疾病经济负担差异。

二、实证结果分析

（一）描述性统计分析

表 4-2-1 展示了处理组和控制组所选取结果变量的描述性统计。可以看出，与未实施大病保险制度的地区相比，实施大病保险制度地区居民的疾病相对风险度、住院自付医疗费用和家庭医疗支出均相对更高，组间差异性 T 检验表明各变量之间差异显著，均在 1% 的显著性水平上显著。从直观上看，似乎实施大病保险制度地区的城乡居民面临着更重的疾病经济负担，但是 T 检验仅仅从单一变量维度考察两组之间的差异，无法得出处理组是因为实施大病保险制度而存在更重的医疗负担这一结论。为进一步分析城乡居民医疗负担的动态变化，表 4-2-2 列出了 2011 年、2013 年和 2015 年三年城乡居民的疾病经济负担的描述性统计结果。据表 4-2-2 所示，不同年份间城乡居民的医疗负担存在显著差异（$P<0.001$），个体的疾病相

[①] 城乡居民医保为城镇居民医保和新农合统筹合并之后的基本医保类型，在国家层面 2016 年发文建立统一的城乡居民基本医疗保险制度之前，已有部分地区将城镇居民医保和新农合两项制度进行整合，形成此处的城乡居民基本医保。

对风险度、住院自付医疗支出和家庭医疗支出均呈现逐年上升的趋势,一方面可能源于样本中追踪个体年龄增加所带来的医疗服务需求的释放,另一方面可能因为医疗服务价格上涨使得个体面临更高自付费用。综合上述描述性统计结果,处理组个体相比对照组面临更重的医疗经济负担,城乡居民的疾病经济负担逐年增加。但是统计数据表面的差异不能代表因果,为了进一步探究大病保险制度和城乡居民疾病经济负担之间的关系,需要进行更为审慎的实证分析。

表 4-2-1 处理组与控制组疾病经济负担变量描述性统计

变量	控制组 样本量	控制组 均值	控制组 标准差	处理组 样本量	处理组 均值	处理组 标准差	差异性检验
疾病相对风险度	12,816	0.8601	5.814	10,627	1.1687	6.857	0.3086***
相对风险度(虚拟变量)	12,816	0.0705	0.256	10,627	0.0935	0.291	0.0230***
住院自付医疗费用	12,781	499.651	3770	10,572	645.0728	4218	145.4218***
家庭医疗支出	12,236	1635.446	7805	9968	4068.783	12,189	2433.337***

注:*** p<0.01;自付费用和家庭医疗支出存在部分缺失值,因此不同变量的样本量之间存在差异;均值差异性检验采用 T 检验进行分析。

表 4-2-2 分年份疾病经济负担变量描述性统计

变量	2011(N=7607) 样本量	2011(N=7607) 均值	2011(N=7607) 标准差	2013(N=8057) 样本量	2013(N=8057) 均值	2013(N=8057) 标准差	2015(N=7779) 样本量	2015(N=7779) 均值	2015(N=7779) 标准差
疾病相对风险度	7607	0.553	4.272	8057	1.188	6.925	7779	1.242***	7.224
相对风险度(虚拟变量)	7607	0.0574	0.233	8057	0.092	0.289	7779	0.093***	0.29
住院自付医疗费用	7594	365.9	3219	8022	655.1	4302	7737	668.5***	4288
家庭医疗支出	7518	64.05	471.3	7329	4112	11,869	7357	4071***	12,470

注:*** p<0.01;自付费用和家庭医疗支出存在部分缺失值,因此不同变量的样本量之间存在差异;均值差异性检验采用 F 检验进行分析。

(二) 基准回归估计结果

利用4-4式进行基准的双重差分模型估计结果表明,在控制了个体、家庭及地区等相关协变量后,实施大病保险制度对个体疾病相对风险度效应的估计值为-0.0254,但是该影响并不具有统计显著性,从各协变量的估计结果来看,显著影响居民疾病相对风险度的因素主要包括年龄、健康状况和健康行为。年龄越大,患病风险越高,个体需要利用更多医疗服务以维持健康,因此随着年龄的增加,居民的疾病相对风险度也更高,但递增速度随着年龄的增加逐渐减小;患慢性病数量越多和身体有疼痛的个体因健康状况不佳,需要在医疗服务利用方面花费更多,因此其疾病相对风险度也更高;与本书第四部分第一章分析较为吻合的是,当前吸烟和饮酒的个体因对自身健康的正向预判,疾病相对风险度较低,且效应显著。从年份虚拟变量的估计结果可以看出,相对于2011年,2013年和2015年个体的疾病相对风险度更高,这与描述性统计结果一致,这其中包含医疗服务价格变动和就医偏好等多重因素的作用。此外,其余变量对城乡居民的疾病相对风险度无显著影响。

将疾病相对风险度换算成二分类变量时,被解释变量取值为1表示高疾病经济风险组,取值为0表示低疾病经济风险组。表4-2-3中模型(2)的估计结果显示,$treated$ 估计系数为正,表明实施大病保险制度会增加个体变为高疾病经济风险组的可能性,但该效应在10%的显著性水平上并不显著。与模型(1)类似,对相对风险度产生显著影响的变量主要包括居民的年龄、性别、健康状况和健康行为等,男性相对女性有高相对风险度的概率显著更高,由于男性承担的社会分工和家庭角色,他们在患有疾病时家庭往往会倾注更多的资源为其治疗,因此高相对风险度的概率更高;此外,年龄、健康状况和健康行为对相对风险度的影响与模型(1)相似,此处不再赘述。

表4-2-3中模型(3)和模型(4)分别列出了被解释变量为住院自

付医疗费用和家庭医疗支出的估计结果，treated 的估计系数分别为 −42.2693 和 −287.2041，表明与没有实施大病保险的地区相比，实施大病保险地区的居民住院自付医疗费用和家庭医疗支出要分别少 42.2693 元和 287.2041 元，但是上述影响均不具有统计显著性。显著影响个体住院自付医疗费用的有性别、健康状况和健康行为，具体符号与上述分析类似，此处不再赘述；家庭医疗支出主要表征整个家庭的自付医疗负担情况，从模型可以看出，个体患慢性病种类数越多，家庭医疗支出越多，其他变量对家庭医疗支出则无显著影响。

上述模型结果表明，实施大病保险制度并未显著减轻城乡居民及家庭的疾病经济负担，表现在未显著降低个体的疾病相对风险度，且对住院自付医疗费用和家庭医疗支出的负向影响并未通过 10% 显著性水平的统计检验。

表 4-2-3　大病保险实施对城乡居民疾病经济负担的影响

变量	(1) 疾病相对风险度	(2) 相对风险度	(3) 住院自付医疗费用	(4) 家庭医疗支出
treated	−0.0254 (0.1493)	0.0015 (0.0081)	−42.2693 (102.1706)	−287.2041 (353.8423)
年龄	−0.4275** (0.1773)	−0.0255*** (0.0078)	−155.0736 (105.5933)	379.8468 (274.9149)
年龄的平方	0.0035** (0.0014)	0.0002*** (0.0001)	1.2071 (0.8040)	−2.9637 (2.0518)
男性 （参照组＝女性）	1.1460 (0.7145)	0.0828** (0.0361)	294.9900** (145.9767)	−98.9012 (1566.4357)
农业户口 （参照组＝城镇户口）	0.6455 (0.7723)	−0.0230 (0.0163)	358.1012 (350.9857)	2248.4661 (1378.2383)
小学以下 （参照组＝未受过教育）	0.2501 (0.2608)	0.0252* (0.0143)	265.9097 (210.6932)	751.5840 (549.1300)
小学 （参照组＝未受过教育）	0.2907 (0.2887)	−0.0036 (0.0133)	224.7647 (233.0741)	165.4568 (506.9578)

(续表)

变量	(1) 疾病相对风险度	(2) 相对风险度	(3) 住院自付医疗费用	(4) 家庭医疗支出
初中 (参照组＝未受过教育)	0.6960** (0.3525)	0.0058 (0.0180)	512.3137* (279.4581)	524.4119 (664.2326)
高中及以上 (参照组＝未受过教育)	0.5742 (1.1074)	−0.0205 (0.0296)	−34.5453 (559.2354)	−19.1715 (1181.9828)
已婚 (参照组＝其他)	0.4041 (0.3776)	−0.0076 (0.0162)	−60.2158 (262.5672)	−2982.6952 (2147.6300)
对数家庭人均收入	0.0014 (0.0216)	0.0001 (0.0009)	0.2640 (15.3786)	−0.3760 (50.0245)
患慢性病数量	0.3562*** (0.0855)	0.0241*** (0.0035)	198.4494*** (57.8890)	561.8193*** (151.6588)
身体有疼痛 (参照组＝没有疼痛)	0.3385** (0.1320)	0.0176** (0.0068)	252.4478*** (85.3669)	209.2054 (186.6178)
城乡居民基本医保 (参照组＝新农合)	−0.0020 (0.3361)	0.0078 (0.0149)	199.7194 (245.2283)	665.3774 (949.1842)
城镇居民基本医保 (参照组＝新农合)	0.3111 (0.6151)	−0.0224 (0.0221)	222.6858 (387.2340)	−50.8120 (973.8898)
吸烟 (参照组＝不吸烟)	−0.9756*** (0.2226)	−0.0281*** (0.0080)	−417.5060*** (128.3355)	−57.6008 (313.3027)
饮酒 (参照组＝不饮酒)	−0.6822*** (0.1945)	−0.0313*** (0.0085)	−219.0921* (113.5238)	−245.7039 (285.1348)
2013年	0.3505** (0.1388)	0.0275*** (0.0069)	185.4934** (81.9533)	3851.5665*** (252.5370)
2015年	0.8931*** (0.2224)	0.0488*** (0.0119)	451.9022*** (155.5992)	3965.2489*** (419.8703)
常数项	11.3140* (5.8326)	0.7751*** (0.2691)	4337.1191 (3491.0577)	−12,080.2412 (9170.5873)
省份特征	控制	控制	控制	控制
样本量	22,683	22,683	22,602	21,697

(续表)

变量	(1) 疾病相对 风险度	(2) 相对 风险度	(3) 住院自付 医疗费用	(4) 家庭医疗 支出
Number of ID	10,643	10,643	10,634	10,512
Adjusted R-squared	0.0137	0.0223	0.0076	0.0637

注：*** $p<0.01$，** $p<0.05$，* $p<0.1$；表中括号内均为对应估计系数的聚类稳健标准误，聚类变量为社区/村居 ID；变量 *treated* 为式(1)中的关键解释变量，即大病保险制度实施效应；模型(1)—模型(4)均已控制个体和时间固定效应，以及省份特征变量，下同。

(三) 稳健性检验

双重差分模型估计结果表明，大病保险制度对城乡居民疾病经济负担没有显著影响。采用双重差分模型的目的是剔除制度实施之外的影响，从研究本身出发，剔除大病保险制度实施之外的影响，首先就要确定实施大病保险制度这个变量是随机的。如果模型中存在遗漏的，但是影响到某个城市是否实施大病保险的因素，那么未实施大病保险的城市就不能作为有效的对照组甄别制度实施效应。其次，在构建处理组和控制组的样本时，要确保找到的两组样本是最具相似性的，即大病保险有无实施地区的样本应该尽可能相似，具有可比性，从而最大程度上减小估计偏误。为了进一步探究基准回归估计结果的稳健性，本研究采用多种方法对前述回归结果进行了检验。

1. 面板数据固定效应模型

尽管在双重差分模型设定中加入了尽可能多的协变量以控制其他混淆因素的干扰，但是仍然可能存在未包含在模型中的遗漏变量，使回归中存在内生性问题。固定效应模型能够在已有协变量的基础上，控制那些不随时间变化的，但是被遗漏在模型之外的变量，例如个体的就医偏好、家庭观念等其他可能影响个体疾病经济负担的变量，进一步减少模型的估计偏误。因此本研究进一步将数据处理为三期面板数据,保留三期均受访的个体,并利用固定效应模型进行式(1)的估计,表4-2-4列出了利用面板数据进行固定效应模型的分析结果。可以看出,模型(1)—模型(4)中 treated 前的系数均不具有统计显著性,与基准回归的结果较为一致,表示在利用固定效应模型控制不随时变的不可观测变量的影响后,估计结果依然稳健。

表4-2-4 大病保险实施对城乡居民疾病经济负担的影响
——固定效应估计结果

变量	(1) 疾病相对 风险度	(2) 相对 风险度	(3) 住院自付 医疗费用	(4) 家庭 医疗支出
treated	0.0349 (0.1662)	0.0096 (0.0090)	−34.5056 (118.2856)	−258.8915 (397.3212)
2013年	0.1238 (0.1493)	0.0234*** (0.0077)	47.8306 (97.8782)	3814.4805*** (268.2986)
2015年	0.7058** (0.2734)	0.0424*** (0.0142)	322.7455* (190.1611)	4037.0976*** (465.7647)
常数项	7.3153 (6.8625)	0.8807*** (0.3216)	−205.9088 (4162.3613)	−2315.1526 (9870.8969)
样本量	13,441	13,441	13,393	12,901
Number of ID	4575	4575	4575	4572
Adjusted R-squared	0.0151	0.0219	0.0083	0.0671

注:*** $p<0.01$,** $p<0.05$,* $p<0.1$

2. 职工样本检验

城乡居民大病保险的覆盖群体是指城镇居民医保、新农合和城乡居民医保的参保(合)者,因此理论上来说制度实施并不会引起职工医保参保群体结果变量的变化。前述章节已经验证实施大病保险制度对职工医保参保群体的医疗服务利用及健康并无显著影响,如果实施大病保险制度对职工医保参保群体的疾病相对风险度、住院自付医疗费用和家庭医疗支出产生显著影响,则说明存在其他混杂因素影响估计结果,通过 4-4 式无法得到大病保险制度对城乡居民疾病经济负担的净效应。为了验证上述猜想,本研究仅保留参保职工医保的那部分样本,并进行 4-4 式的估计,得到职工样本的估计结果见表 4-2-5。表中模型(1)—模型(4)的估计结果显示,实施大病保险制度对职工医保参保样本的疾病经济负担无显著影响,一定程度上验证了采用上述方法的可靠性和稳健性。

表 4-2-5 实施大病保险制度对居民疾病相对风险度的影响
——职工医保参保样本估计结果

变量	(1) 疾病相对 风险度	(2) 相对 风险度	(3) 住院自付 医疗费用	(4) 家庭 医疗支出
treated	−0.1520 (0.8780)	−0.0030 (0.0319)	135.6965 (609.3100)	2399.2485 (1615.4246)
2013 年	0.9781* (0.5411)	0.0442* (0.0227)	467.2232 (321.9097)	5422.1540*** (2070.1924)
2015 年	3.1699** (1.2727)	0.0577 (0.0435)	1783.1259** (781.8420)	10,062.6622** (5061.1833)
常数项	50.9960** (25.5248)	1.2488 (0.8071)	27,934.3163 (17,465.8888)	63,478.1846 (68,306.2333)
样本量	3324	3324	3313	3172
Number of ID	2021	2021	2018	1962
Adjusted R-squared	0.0315	0.0270	0.0198	0.0710

注:*** p<0.01,** p<0.05,* p<0.1;为了说明大病保险制度对职工医保参保者疾病经济风险的影响,排除其他因素的影响,仅保留参保职工医保的样本进行分析。

3. 异常值处理

由于本研究考察的疾病相对风险度、住院自付医疗费用和家庭医疗支出在不同个体间存在较大异质性,因此异常值可能会造成估计结果偏差,为规避上述变量异常所带来的估计偏倚,本研究对上述三个被解释变量的最大值进行了缩尾处理,将最大值缩尾1%后生成新的平滑数据,然后进行式(1)的估计,异常值处理后的估计结果见表4-2-6。通过比较表4-2-3和表4-2-6可知,缩尾前后各个变量的系数及显著性未有明显差异,表明研究结果并不会受到结果变量较高异常值的影响。

表4-2-6　实施大病保险制度对居民疾病相对风险度的影响——缩尾处理后的估计结果

变量	(1) 疾病相对风险度	(2) 住院自付医疗费用	(3) 家庭医疗支出
treated	−0.0335 (0.0880)	−43.4101 (52.1049)	−298.1306 (234.6508)
2013年	0.2114** (0.0866)	107.9495** (44.6474)	3451.5055*** (175.0920)
2015年	0.5852*** (0.1635)	275.9281*** (86.0481)	3757.0476*** (334.9023)
常数项	8.3114** (3.9543)	3120.1301 (2107.7804)	2389.6786 (7634.1294)
样本量	13,441	13,393	12,901
Number of ID	4575	4575	4572
Adjusted R-squared	0.0240	0.0152	0.1283

注:*** $p<0.01$,** $p<0.05$

4. 面板随机Logit模型

考虑到被解释变量相对风险度为二值离散变量,除直接采用线性概率模型进行拟合外,本研究利用离散选择模型中的面板Logit模型进行4-4式的拟合。在回归方程中,除了大病保险制度有无实施这一主要的解释变量外,控制变量还包括居民及其家庭的基本特征、个体健康行为及健康水平、家庭人均收入、医保参保类型等变量,此外还在模型中控制了省份和时间固定效应等。具体的回归模型设定如下:

$$\Pr(RR_{ijt} \geqslant 1) = \Lambda(\alpha + \beta treated_{ijt} + X'_{ijt}\delta + \lambda_t + \gamma_i + \varepsilon_{ijt}) \quad (4-6)$$

其中，RR_{ijt} 为位于城市 j 的个体 i 在 t 期的疾病相对风险度，$RR_{ijt} \geqslant 1$ 表示被解释变量相对风险度取值为 1，$RR_{ijt} < 1$ 表示被解释变量取值为 0。$treated_{ijt}$ 为大病个体 i 所在城市 j 在 t 期是否实施大病保险的哑变量，X_{ijt} 为模型中加入的其他协变量，λ_t 和 γ_i 分别表示模型中的个体和时间固定效应，ε_{ijt} 为模型的随机扰动项。

表 4-2-7 汇报了对应的回归结果，可以看出，在控制了一系列影响城乡居民疾病经济负担的协变量、省份特征、时间和个体固定效应后，实施大病保险制度对个体相对风险度的正向影响在 10% 的显著性水平上并不显著，与前述基准回归结果一致。

表 4-2-7　实施大病保险制度对居民疾病相对风险度的影响
——面板 Logit 模型估计结果

变量	(1) 相对风险度
treated	0.2015 (0.1446)
2013 年	0.3417*** (0.1140)
2015 年	0.4830*** (0.1748)
常数项	−4.5062* (2.4025)
样本量	13,441
Number of ID	4575

注：*** $p<0.01$，* $p<0.1$

6. PSM-DD 分析

本研究在基准回归模型中已经控制了个体和时间固定效应，以识别大病保险制度实施效应，如前文所述，应用双重差分模型必须满足两个假定条件：随机性假定和共同趋势假定。随机性假定要求政策干预是随机的,即地区选择是否实施大病保险制度是随机的。但在现实中,各地选择是否实施大病保险并不一定随机,是否实施大病保险制度可能取决于地区的社会经济发展状况,即处理组和控制组地区本身存在一定程度的异质性。共同趋势假定要求处理组和控制组在结果变量上原本应当有共同的趋势,也就是说,假定没有大病保险制度,处理组和控制组的城乡居民在疾病经济负担上的差异应当保持平稳趋势,但是由于时间趋势较短,验证共同趋势假定存在一定挑战。为了克服大病保险制度实施可能存在的内生性问题,本研究采用倾向得分匹配基础上的双重差分法对 4-4 式进行估计,得到更为稳健的估计结果。

PSM-DID 主要包括两个步骤:首先进行是否存在制度实施的倾向得分匹配,其次利用双重差分识别制度实施前后及不同组别的效应差异考察政策效果。在进行倾向得分匹配时,利用基期数据中的前述协变量对处理组和控制组的城乡居民进行匹配,获得更具可比性的处理组和控制组。① 利用 Stata 软件中的 pscore 命令,采用分层匹配方法得到新的哑变量 $treated_1$,$treated_{1ijt}=1$ 表示个体 i 所在城市 j 在 t 期实施了城乡居民大病保险制度,$treated_{1ijt}=0$ 表示个体 i 所在城市 j 在 t 期并未实施大病保险制度。利用该变量进行式(1)的 DID 模型估计,得到新的估计结果(见表 4-2-8)。不难看出,采用 PSM-DID 模型后,实施大病保险制度对城乡居民的疾病经济负担的影响仍然不显著,进一步佐证了前述基准回归模型的稳健性。

---

① 由于本书所用 PSM-DID 的主要目的在于验证前述基准回归模型的稳健性,因此此处并未披露倾向得分匹配的详细内容。

表 4-2-8　实施大病保险制度对居民疾病经济负担的影响
——PSM-DID 估计结果

变量	(1) 疾病相对 风险度	(2) 相对 风险度	(3) 住院自付 医疗费用	(4) 家庭 医疗支出
$treated_1$	−0.1626 (0.5617)	0.0118 (0.0274)	−461.2935 (497.4532)	403.2154 (618.4554)
2015 年	1.1354* (0.5921)	0.0390 (0.0284)	1083.7670** (545.2691)	3112.6549*** (805.4687)
常数项	3.7817 (8.7857)	0.1665 (0.5682)	7841.0793 (5821.2426)	−17,308.6616 (23,569.9265)
样本量	3853	3853	3830	3735
Number of ID	1948	1948	1948	1942
Adjusted R-squared	0.0377	0.0360	0.0222	0.1326

注：*** $p<0.01$，** $p<0.05$，* $p<0.1$

通过前文的实证研究可以看出，基准回归和一系列稳健性检验估计结果均表明，实施大病保险制度并未显著降低个体及家庭的疾病经济负担。① 上述结论的原因可能有以下几个方面。第一，正如程令国、张晔(2012)研究指出的，居民的医疗服务价格弹性较大。健康需求理论认为，个体需要利用医疗服务，本质上可归因于健康的引致需求(Grossman,1972)，而医疗服务与其他一般商品具有相似性，即会受到自身价格水平的影响。大病保险制度对高额费用患者的合规医疗支出予以二次补偿，本质上降低了居民所面临的医疗服务价

---

① 除了上述稳健性检验之外，考虑到个体进行是否住院决策和住院自付医疗费用之间可能存在选择效应，即如果是否发生住院医疗费用是个体基于自身因素考量所做的决策，那么上述估计会发生选择性偏误，本研究参考程令国、张晔(2012)，选择詹姆斯·J.海克曼(James J. Heckman)的两步法(Heckman,1976)对住院自付医疗费用进行了估计，估计结果显示逆米尔斯比为−8462.439，在 1% 的显著性水平上显著，即表明选择效应的存在。但无论选择方程还是支出方程，大病保险制度实施的哑变量 treated 均不显著，表明大病保险制度对居民住院自付医疗费用没有显著效应。

格,理论上会促进居民对医疗服务的利用,本书第四部分第一章的研究也证实了大病保险制度对城乡居民住院医疗服务利用的积极影响。因此实施大病保险制度对居民疾病经济负担的影响取决于两方面:一方面,大病保险制度实施后,对于原来医疗服务需求不变的个体,其医疗经济负担会因二次补偿而有所降低;另一方面,大病保险制度降低了住院医疗服务的相对价格,使个体的住院服务可及性较之前有所改善,得以利用更多数量的住院服务,但与此同时也增加了个体的实际自付支出。大病保险制度对个体疾病经济负担的影响取决于这两种作用力中占主导地位的一方。当医疗需求价格弹性较大时,价格下降的效应被其快速上升的医疗服务需求数量抵消,此时个体所面临的实际医疗支出不降反升,与本研究的结果较为符合。

第二,医疗保障制度会引起居民就医行为的改变。医疗保险通过降低不确定性增加个体看病就医的概率。从前述章节的分析结果来看,大病保险制度的实施使得城乡居民住院就诊概率和频次均显著增加,且住院总费用也显著上升,针对新农合的研究也得出类似结论(Wagstaff,2009;Lei and Lin,2009)。此外,医保制度的实施也会给予居民选择就医机构的权利。实施大病保险制度能够增加居民的医疗服务可及性:一方面,过去因就诊费用高昂而放弃治疗的个体,在基本医保和大病保险的双重保障作用下,释放自己的医疗需求,得以看病就医,改善健康状况;另一方面,对于过去受收入等因素限制无法享受高昂医疗服务的患者,大病保险制度的累进制报销政策设计能够进一步降低其自付医疗费用,减轻其及其家庭的经济压力,使其得以前往高级别的医疗机构,寻求高质量的医疗服务。针对新农合的研究就发现农村居民在参合后会更倾向于前往更高级别的医疗机构就诊(Brown and Theoharides,2009),或更倾向于使用费用更高的住院医疗服务(封进、李珍珍,2009)。

第三,从大病保险制度本身来看,对于高额医疗费用患者,其自付费用降低已被众多研究者证实。① 但是从整体来看,大病保险制度在促进居民住院医疗服务利用的同时,并未降低其自付费用。从大病保险制度设计本身考虑,大多数地区实施的大病保险制度主要针对的是住院患者,起付线设置额度约为 1 万元,即对基本医保报销后仍然需要个人承担的超过 1 万元的合规医疗费用予以报销。从这个层面考虑,对于一般居民而言,制度设计对其疾病经济负担没有显著作用的结果就较为合理了。对于尚未达到大病保险起付线的居民而言,其医疗经济负担不会因实施大病保险制度而有明显改善;对于达到大病保险起付线的居民而言,一方面,大病保险采用累进制报销比例设置,费用越高的患者其报销比例也越高,另一方面,受到报销目录范围设置,大病患者往往因所用药物和耗材不在目录范围之内而承担较高的自付比例,因此大病保险制度对居民疾病经济负担的作用较为有限。

(四) 异质性分析

1. 大病保险制度对疾病经济负担的影响的城乡异质性分析

为了考察大病保险制度对居民疾病经济负担的影响是否受到户籍和收入的影响,本研究根据户籍和收入水平将样本进行分组。首先按照参保者户籍是农业还是非农,将样本分为城镇组别和农村组别,然后检验户籍差异是否会对大病保险制度对居民疾病经济负担的实施效应产生影响,表 4-2-9 列出了分城乡样本后 4-4 式的估计结果。从该表可以看出,尽管大病保险制度的实施对各变量的影响符号方面存在城乡差异,但变量 *treated* 对各被解释变量的影响均不

---

① 由于数据中高额医疗费用个体较少,通过筛选后发现,自付医疗费用高于 10000 的个体占全部样本的 1.24%,大约有 290 个样本,受到变量个数和回归自由度限制,无法验证该推论。但已有研究利用医保部门经办数据对比大病保险制度实施前后享受二次补偿患者的自付费用和实际报销比例,发现大病保险制度的实施能显著降低参保大病患者的自付费用,提高实际报销比例。

显著,表明无论城镇还是农村居民,大病保险制度的实施对其疾病经济负担均无显著影响,说明大病保险制度对疾病经济负担的影响不存在城乡异质性。

表 4-2-9　大病保险制度对疾病经济负担影响的城乡异质性分析

变量	(1) 疾病相对 风险度	(2) 相对 风险度	(3) 住院自付 医疗费用	(4) 家庭 医疗支出
Panel:城市				
treated	0.4531 (0.5910)	0.0223 (0.0426)	214.3859 (355.2750)	1371.9930 (1340.9920)
2013 年	−0.6881 (0.4915)	−0.0239 (0.0408)	−489.5159* (281.7847)	2445.5877*** (711.6816)
2015 年	0.3488 (0.8238)	0.0222 (0.0635)	124.8243 (509.3956)	2546.8686* (1384.9155)
常数项	3.3082 (13.6788)	0.7398 (0.9378)	3426.3437 (8983.7813)	48,526.2099* (24,905.1537)
样本量	1878	1878	1875	1801
Number of ID	1210	1210	1209	1177
Adjusted R-squared	0.0418	0.0287	0.0448	0.0771
Panel:农村				
treated	−0.0481 (0.1505)	0.0009 (0.0083)	−51.0224 (107.6048)	−418.7226 (367.7040)
2013 年	0.4224*** (0.1416)	0.0327*** (0.0070)	227.6063*** (85.3470)	3917.1051*** (265.3557)
2015 年	0.9290*** (0.2324)	0.0536*** (0.0121)	467.4665*** (164.5296)	4028.6966*** (437.2197)
常数项	13.9061** (6.0245)	0.9281*** (0.2750)	5567.9019 (3674.8142)	−11,617.7585 (9755.6104)
样本量	20,805	20,805	20,727	19,896
Number of ID	9692	9692	9682	9572
Adjusted R-squared	0.0130	0.0229	0.0070	0.0640

注:*** $p<0.01$,** $p<0.05$,* $p<0.1$

2. 大病保险制度对疾病经济负担的影响的收入异质性分析

不同收入水平下的居民会因初始禀赋的差异而面临不同的医疗经济风险。一般而言,高收入人群在患病时往往因收入较高而不会陷入面临高额医疗经济负担的窘境,相比之下,低收入人群本身因其他生活性支出就面临较大的经济压力,身患疾病往往会使个体及家庭陷入贫困境地,而健康状况不佳又会阻碍其进一步改善生活状况,从而形成贫困—患病—贫困的恶性循环。基于上述分析,本研究进一步按照基期家庭人均收入的分位数,将样本分为低收入组、中等收入组和高收入组,然后进行 4－4 式的估计,得到结果如表 4-2-10 所示。

从表 4-2-10 可以看出,大病保险制度对居民疾病经济负担的影响会因初始禀赋的不同而产生差异。具体而言,对于低收入组,实施大病保险制度对居民的疾病相对风险度、住院自付医疗费用和家庭医疗支出均无显著影响($P>0.1$);对于中等收入组,大病保险制度会显著提高居民的疾病相对风险度,且该效应在 5% 的显著性水平上显著,此外,大病保险实施地区的居民的住院自付医疗费用比未实施地区的居民要高 268.2674 元,这一效应在 10% 的显著性水平上显著,大病保险对中等收入组别的相对风险度和家庭医疗支出则无显著影响;对于高收入组,实施大病保险制度能够显著降低高收入居民的疾病相对风险度,$treated$ 系数估计值为 －0.743,在 5% 的显著性水平上显著。大病保险制度的实施还能够降低该组别居民的住院自付医疗费用。相比未实施大病保险地区的高收入居民,实施大病保险能够降低高收入居民的住院自付医疗费用 589.3531 元,且该效应在 5% 的显著性水平上显著。除此之外,大病保险制度的实施也对相对风险度和家庭医疗支出存在负向影响,但均不具有统计显著性。

从上述异质性分析可以看出,大病保险制度对居民疾病经济负担的影响不存在城乡异质性,但实施效应会因收入的不同而产生差异。如前所述,无论城镇还是农村居民,均可能会因为较高的医疗需求价格弹性、就医行为改变和制度设计而使得大病保险制度对居民疾病经济负担的影响并不显著，即城镇居民和农村居民均会面临上述三个方面的问题，使得大病保险制度对其疾病经济负担的影响较弱。对于不同收入组别的人，大病保险制度对疾病经济负担的影响则呈现出明显的异质性。

如前所述，大病保险起付线约为1万元，部分地区如甘肃、青海、山西、宁夏等地的起付线低于1万元，还有部分地区如广东、四川、浙江等地未规定具体的起付线数额，而是将上一年度的城镇居民人均可支配收入和农村居民人均纯收入作为起付线额度的设定参考标准（王琬，2014）。对于低收入居民而言，其预算约束集相对较小，在健康和其他消费上仅有较少的初始禀赋可供分配。对于这部分个体而言，当其患病时，未达到大病保险起付线首先要支出较高额度的自付额，而这部分自付金额已足以使其陷入贫困，因此大病保险制度的实施并不能显著改善低收入人群的疾病经济负担状况。对于中等收入居民而言，其预算约束集比低收入人群要大一些，在罹患疾病时其能达到大病保险起付线的概率也相对更高，大病保险能够显著促进这部分人群的住院服务利用概率和频次（第四部分第一章的研究结论），但是因为补偿作用有限，且有报销目录限制，大病保险制度在促进中等收入个体住院总支出的同时，并未显著降低其自付医疗费用、减轻其疾病经济负担，相反，疾病相对风险度和住院自付医疗费用均显著上升。对于高收入居民而言，相比中低收入群体，其预算约束集更大，因此本身疾病经济负担较小。从估计结果可以看出，大病保险对高收入群体的住院自付医疗费用和疾病相对风险度具有显著的降低作用。高收入群体在罹患大病时不会因受到收入制约而无法达到大病保险起付线水平，因此大病保险本身能够对其进行补偿，降低自付医疗支出。此外，高收入患者为了获得更多的合意健康产出，会增加其医疗利用水平。根据累进制报销政策设计，这个群体的赔付金额会更高，自付医疗支出也就相应更低。

表 4-2-10　大病保险制度对疾病经济负担的影响的收入异质性分析

变量	(1) 疾病相对 风险度	(2) 相对 风险度	(3) 住院自付 医疗费用	(4) 家庭 医疗支出
Panel A:低收入组				
treated	0.1186 (0.2444)	0.0090 (0.0177)	148.6586 (159.5372)	−236.4802 (640.2799)
2013 年	0.4445** (0.1954)	0.0413*** (0.0128)	176.6920 (126.7221)	3369.8265*** (396.8795)
2015 年	0.8769** (0.3423)	0.0567** (0.0242)	373.9030 (240.8980)	4734.8466*** (783.6446)
常数项	9.1305 (8.1197)	0.7391 (0.4644)	5006.7447 (5332.6068)	−3654.4701 (13,527.3697)
样本量	6127	6127	6109	5860
Number of ID	2537	2537	2537	2530
Adjusted R-squared	0.0217	0.0273	0.0131	0.0706
Panel B:中等收入组				
treated	0.5832** (0.2676)	0.0127 (0.0128)	268.2674* (153.3334)	−272.9857 (556.3260)
2013 年	0.0128 (0.2525)	0.0205* (0.0111)	−54.5226 (151.1289)	3690.4473*** (490.3370)
2015 年	0.3539 (0.3834)	0.0345* (0.0186)	−51.1570 (235.7248)	3100.1701*** (747.6523)
常数项	5.3032 (8.4467)	0.7005 (0.4713)	−1447.7020 (4874.3400)	−27,432.3362 (20,399.4233)
样本量	6243	6243	6214	6017
Number of ID	2534	2534	2534	2528
Adjusted R-squared	0.0203	0.0309	0.0142	0.0958
Panel C:高收入组				
treated	−0.7430** (0.3245)	−0.0085 (0.0133)	−589.3531** (263.5441)	−591.1321 (686.6637)

(续表)

变量	(1) 疾病相对 风险度	(2) 相对 风险度	(3) 住院自付 医疗费用	(4) 家庭 医疗支出
Panel C：高收入组				
2013 年	0.3118 (0.3316)	0.0091 (0.0134)	370.0094 (224.9570)	4526.1534*** (526.8222)
2015 年	0.9499 (0.6347)	0.0177 (0.0244)	878.7630* (461.2055)	4401.7059*** (837.8059)
常数项	9.3858 (15.9792)	0.6668 (0.4712)	1492.0910 (10,188.8478)	13,075.1955 (15,132.2143)
样本量	5937	5937	5920	5692
Number of ID	2529	2529	2526	2523
Adjusted R-squared	0.0143	0.0220	0.0078	0.0802

注：*** $p<0.01$，** $p<0.05$，* $p<0.1$

三、讨论与小结

通过前述章节的分析我们发现，大病保险制度能够显著促进城乡居民的住院医疗服务利用并改善其自评健康水平，且上述效应在农村居民和中低收入群体中较为显著，肯定了大病保险制度在城乡居民医疗服务利用和健康方面的积极效应。本章从制度设计初衷出发，从疾病经济负担视角考察大病保险制度的实施效应，为进一步优化大病保险制度设计提供对策和建议。

与前述章节类似，由于不同地区在大病保险制度设计方面进程不一，因此可以采用与前文相同的准自然实验框架分析大病保险制度对城乡居民疾病经济负担的影响。本章利用 CHARLS 2011、2013 和 2015 年三期微观数据，结合双重差分模型设定和其他多种定量分析方法，研究实施大病保险制度对城乡居民的疾病相对风险度、住院自付医疗费用和家庭医疗支出的影响,并对上述实施效应进行城乡和收入异质性分析。研究结果表明,大病保险制度的实施并未显著影响城乡居民的疾病相对风险度、住院自付医疗费用和家庭医疗支出,研究结论在固定效应模型、非线性面板 Logit 回归、PSM-DID 等方法验证后仍然稳健。按照户籍和收入进行异质性分析后发现,无论城镇还是农村居民,制度实施对其疾病经济负担的影响均不具有统计显著性。但是对于不同收入群体,实施大病保险制度对其疾病经济负担的影响具有明显差异:对低收入群体的疾病经济负担不具有显著影响;对中等收入群体,会显著加大其医疗经济负担,表现在自付医疗支出显著提高,疾病相对风险度也会显著增加;对高收入群体的疾病经济负担有显著负向影响。

  本章结论充分说明了大病保险制度对城乡居民医疗经济负担的作用并不显著,且从制度实践角度发现,大病保险制度对中低收入群体的补偿作用仍然有限,高收入群体的福利效应反而显著大于其他收入群体。本章试图从医疗服务需求价格弹性、居民就医行为和大病保险制度设计三个方面解释上述结论产生的原因。结合前述章节的分析结论,可以看出,尽管大病保险制度的实施从总体上促进了农村居民和中低收入群体的医疗服务利用,并且改善了居民自评健康水平,但是并没有明显减轻居民尤其是中低收入居民的疾病经济负担。从总体社会福利的角度看,大病保险制度改善了居民的健康水平,增进了社会福利。但是简单地从公平视角分析,对于不同收入禀赋的人群,除了医疗利用和健康水平的改善之外,也应关注疾病冲击给个体带来的经济负担。从制度设计角度看,大病保险制度除了向特定贫困人口(如建档立卡贫困户)实施倾斜性的政策外,未来可进一步根据居民疾病状况和收入设置不同的偿付水平,使最需要享受大病保险的那部分人能够充分享受到大病保险制度实施的红利。

第三章 大病保险制度实施公平性研究

国内外学者侧重不同角度对医疗保障制度进行了大量研究，不同学科侧重医保制度的不同问题进行详细探讨。公平作为各个国家医疗卫生领域所关注的主要政策目标（Wagstaff and Van Doorslaer,2000），在进行医保制度评估研究时也需要被重点关注。大病保险制度给予大病患者的高额自付医疗支出二次补偿，除了关注其对城乡居民医疗服务可及性、健康和疾病经济负担的影响之外，如何确保大病保险制度的实施对于不同群体具有受益公平性也是一个较为重要的命题。因此，本章在大病保险制度实施背景下，从公平性角度考察大病保险制度的实施在改善城乡居民医疗服务利用和健康不平等方面的作用，并结合制度内涵分析大病保险制度实施的作用路径，探讨制度改进策略。

大多数卫生领域公平性的研究着重关注与收入相关的在健康或医疗服务利用方面存在的不平等，且国内外研究得到较为一致的结论，认为与收入相关的健康不平等显著存在，且健康不平等主要有利于禀赋水平较高的高收入群体。已有针对 OECD 国家和欧盟成员国的研究发现，研究样本所涵盖的全部国家显示出亲富人的健康不平等。（Van Doorslaer et al., 1997；Van Doorslaer and Koolman, 2004）国内多数研究利用省份或全国层面的微观调研数据对健康不平等进行测算，也得出较为一致的结论，认为无论城市还是农村，或不同年龄组个体，在健康方面均显示出亲富人的不平等（解垩，2009；陈英等，2016；阮航清、陈功，2017），且农村地区居民的健康不平等程度更高。此外通过国际比较研究也发现我国的健康不平等程度处于相对较高的水平。（胡琳琳，2005）在住院服务利用方面，现有研究多采用门诊、住院、就诊率、预防保健服务利用等指标测算医疗服务利用方面的不平等方向及程度，部分研究认为医疗服务利用存在亲富人的不平等（齐良书、李子奈，2011），但也有研究得出门诊服务存在亲穷人的不平等，而住院服务不平等倾向不明的结论（王中华，2013）。

在医疗保障制度的受益公平性方面，部分研究仅关注某一基本医保制度的受益公平性，如已有针对地区职工医保的研究发现，职工医保在补偿方面存在着亲富人的不平等（李亚青，2014）。冈钦等（2016）利用国务院城镇居民医保入户调查数据研究发现，参保城镇居民医保的低收入群体在住院报销金额方面要显著低于高收入群体。此外，针对新农合补偿公平性的研究认为新农合在补偿方面使低收入群体受益更多。（王翌秋，2011）除对某一项医保制度展开研究外，部分研究也对不同基本医保制度的受益公平性进行了比较，如周忠良等（2013）研究发现职工医保在受益公平性方面更好，姚奕等（2017）基于CFPS数据研究发现在住院报销金额方面，职工医保在不同基本医保类型中的公平性最好，其次是新农合，城镇居民医保的公平性最差。金双华等（2020）利用中国家庭金融调查研究了不同医保类型和不同收入群体在医保方面的受益情况，发现我国基本医保制度呈现负向的收入再分配效应，健康状况更差的低收入群体的医疗支出和报销金额都显著低于高收入群体。

在大病保险制度的公平性方面，马千惠等（2015）利用北京市三个区县的新农合经办机构数据，对2014年享受大病保险补偿的全部患者的数据进行分析，研究发现新农合基本医保补偿费用和大病保险补偿费用的集中指数分别为0.0212和0.0112，发现大病保险未能弥补收入分配差距。徐维维等（2019）利用宁夏回族自治区农户调研数据模拟大病保险政策效果，研究发现实施大病保险制度缩小了不同经济水平人群间的年住院自付费用差异，但是大病保险实施后与收入相关的灾难性卫生支出不平等程度有所加剧。王黔京(2019)利用贵州省一手调研数据对比不同统筹模式下大病保险制度的实施效应差异,研究发现"一元制"模式在经济效应上具有"富帮穷"的正向分配效应,"一制两档"模式在经济效应上存在"穷帮富"的逆向分配效应,两种模式均存在与收入相关的健康不平等,且"一元制"模式下的不平等程度更低。

综上所述,已有研究对医疗保障受益公平性进行了深入探讨,但针对大病保险制度的受益公平性的研究仍然存在以下不足:(1)研究内容方面,目前针对基本医保受益公平性的研究较多,但针对大病保险制度受益公平性的研究极为有限;(2)研究方法方面,目前针对大病保险制度实施公平性的实证研究较少,少数定量分析主要采用指标计算,对比大病保险实施前后或不同模式的公平性差异,未控制其他混杂因素而深入剖析公平性差异背后的原因;(3)研究样本方面,已有针对大病保险受益公平性的研究均采用某一地区的数据进行分析,缺乏采用全国代表性样本的相关研究。基于此,本章采用全国层面的代表性数据集CHARLS,考察大病保险实施组和未实施组在医疗利用、健康和疾病经济负担不平等方面的差异,并深入剖析其原因,为优化大病保险制度设计提供有益参考。

一、研究方法、数据来源与变量选择

(一)研究方法

1. 集中指数及其分解

① 集中指数

本章主要使用集中指数作为居民医疗服务利用及健康不平等的度量指标。(Wagstaff et al., 1989)该方法在测算与社会经济地位相关的医疗利用和健康不平等方面得到广泛应用。(Van Doorslaer et al.,1997；Bommier and Stecklov，2002；Van Doorslaer and Jones，2003；JieAnNaMu et al.，2020；解垩，2009；魏众、古斯塔夫森，2005)安东尼·邦密尔(Antoine Bommier)和盖伊·斯代克洛夫(Guy Stecklov)(2002)研究指出，相比由社会福利函数推导出的不平等指数，集中指数能够更加合理地度量不平等程度。

假定 y_i 度量了个体效用[①]，集中曲线 $L(s)$ 利用图形直观绘制了与社会经济地位相关的医疗利用或健康不平等程度：横轴表示将样本中全部个体按照收入或财富变量进行排序后的人口累计百分比，纵轴表示与横轴相对应的结果变量 y_i 的累积百分比。如果 $L(s)$ 和对角线重合，则表示所有人效用一致。如果 $L(s)$ 位于对角线下方，则表示不平等存在于社会中并且有利于高收入群体。$L(s)$ 距离对角线越远，表明由相应变量所表征的不平等程度越高。集中指数 C 定义为曲线 $L(s)$ 和对角线之间面积的两倍，其取值值域介于 -1 到 $+1$ 之间，即

$$C = 1 - 2\int_0^1 L(p)dp \tag{4-7}$$

当 $C=0$ 时，表示 $L(s)$ 和对角线重合，不存在任何形式的不平等；当 $C>0$ 时，$L(s)$ 位于对角线下方，表示不平等有利于高收入群体；当 $C<0$ 时，$L(s)$ 位于对角线上方，表示不平等有利于低收入群体。根据亚当·瓦格斯塔夫(Adam Wagstaff)(2002)，C 可以由如下公式计算得出：

$$C = \frac{2}{n\mu}\sum_{i=1}^{n} y_i R_i - 1 \tag{4-8}$$

其中 n 为具体的样本量，i 表示其中第 i 个个体，μ 为被解释变量 y_i 的均值，R_i 表示第 i 个个体的生活水平在整个样本中的排秩。

[①] 效用指标依研究主题而定，在本章研究内容中，y_i 表示健康、医疗利用或疾病经济负担。

② 集中指数分解

集中曲线和集中指数能够从整体上判断具体变量不平等的方向和程度，但是无法得出具体构成及不平等原因，因此，为进一步探究各因素对上述不平等的影响，对减少不平等提出参考依据，我们采用集中指数分解法进行分析，具体做法如下。首先利用OLS估计4-9式的模型：

$$y_i = \alpha + \sum_k \beta_k x_{ki} + \varepsilon_i \qquad (4-9)$$

其中，α 表示截距，x_{ki} 表示包含的变量，β_k 表示对应斜率，ε_i 表示模型的随机误差项。在4-9式基础上，瓦格斯塔夫（2002）证明了 y_i 的集中指数等价于4-10式：

$$C = \sum_k \left(\frac{\beta_k \widetilde{x_k}}{\mu}\right) C_k + GC_\varepsilon/\mu \qquad (4-10)$$

其中 $GC_\varepsilon = \frac{2}{n}\sum_{i=1}^n \varepsilon_i R_i$，$C_k = \frac{2}{n\mu}\sum_{i=1}^n x_i R_i - 1$，表示第 k 个解释变量对应的集中指数，式(4)等式右侧主要包括两部分：第一部分为各自变量集中指数的加权总和，个变量相对应的权重为 $\frac{\beta_k \widetilde{x_k}}{\mu}$，其又可称为因变量 y 对自变量 x 的弹性，$\left(\frac{\beta_k \widetilde{x_k}}{\mu}\right)C_k$ 为 x_k 对总的不平等的相对贡献，$\left(\frac{\beta_k \widetilde{x_k}}{\mu}\right)C_k/C$ 为 x_k 对总体不平等的贡献率。

（二）数据来源与指标选取

本章所用数据来源于"中国健康与养老追踪调查"（CHARLS）数据集，CHARLS于2011年开展全国基线调查，其后于2013、2015和2018年分别在全国28个省（自治区、直辖市）进行追踪调查。截至2018年追访完成时，样本总计覆盖了1.24万户家庭的1.9万名受访者。如前文所言，根据各地出台的大病保险工作实施意见及具体实施方案,大多数省份在 2014 年和 2015 年实现了大病保险制度的全覆盖(闫蕊、黄桂霞,2017),因此本章选取 2011、2013 和 2015 年三期数据。由于大病保险制度主要是针对居民医保的参保居民①,因此仅保留参保居民医保的城乡居民作为研究样本。

在具体的指标选择上,本章主要从居民的医疗利用、健康和疾病经济负担三个方面考察大病保险制度实施公平性。在医疗服务利用方面,已有文献采用是否就诊(去门诊或住院)、就诊次数(去门诊次数和住院次数)以及就诊费用(门诊费用或住院费用)对医疗服务利用进行度量,考虑到大病保险制度主要是针对住院高额费用所建立实施的二次补偿政策,因此在医疗利用指标方面选取住院次数和住院费用予以度量。在健康方面,测度指标最为常见的是个体的自评健康,本章也选取自评健康作为个体健康的测度指标。由于该变量为有序分类指标,采用 4-8 式进行计算将存在偏误(Spiers et al.,2003;Erreygers,2006;Gu et al.,2019),因此选取圭多·埃里格斯(Guido Erreygers)(2006)提出的修正的集中指数(Corrected Concentration Index,CC),其修正公式如下:

$$CC = \frac{4\mu}{(b-a)}C \qquad (4-11)$$

其中 CC 为修正之后的集中指数,C 为根据 4-8 式所计算出的集中指数,μ 为健康变量的均值,a 和 b 分别为有序健康变量的最小值和最大值。CC 和 C 类似,其值域也介于 -1 到 +1,$CC=0$ 表示不存在不平等,$CC>0$ 表示不平等有利于高收入群体,$CC<0$ 表示不平等程度有利于低收入群体。CC 数值的绝对值越大,表明相应的健康不平等程度更高。在疾病经济负担方面参照徐维维等(2019),

---

① 部分地区在国家 2016 年发文建立统一的城乡居民基本医保制度之前,将城镇居民医保和新农合两项制度进行了整合,在 CHARLS 数据中居民医保类型包含三种,即城镇居民医保、城乡居民医保和新农合。鉴于大病保险制度主要是针对上述三种参保(合)居民建立的,因此在筛选样本时仅保留参保(合)上述三种医疗保险的城乡居民。

本章选取个体住院自付费用作为代理指标,测算大病保险制度实施前后居民与收入相关的疾病经济负担方面的不平等。

针对修正过后的集中指数 CC,采用与集中指数分解类似的方法,首先建立如下的回归方程:

$$\frac{Health_i - a}{b - a} = \gamma + \sum_{j=1}^{q} \lambda_j x_{ji} + \delta_i \quad (4-12)$$

其中 $Health_i$ 表示个体健康变量,$x_1, x_2, \cdots, x_q$ 代表解释变量,$\lambda_1, \lambda_2, \cdots, \lambda_q$ 为相应的估计系数,δ_i 为模型的随机干扰项,上式可以变换为:

$$Health_i = (b-a)\left(\gamma + \sum_{j=1}^{q} \lambda_j x_{ji} + \delta_i\right) + a \quad (4-13)$$

将 4-13 式和 4-8 式代入 4-11 式,从而可以得到 4-14 式:

$$CC = 4\left[\sum_{j=1}^{q} \lambda_j \bar{x}_j C_j + \frac{2}{n}\sum_{i=1}^{n} \delta_i R_i\right] \quad (4-14)$$

其中 $\bar{x}_j$ 表示第 j 个自变量 x_j 的均值,C_j 为对应自变量的集中指数,4-14 式表明修正的集中指数可以分解为一个确定性的部分和随机性的部分,解释变量 x_j 对总的健康不平等的贡献为 $4\lambda_j \bar{x}_j C_j$,因此相应的贡献率为 $\frac{4\lambda_j \bar{x}_j C_j}{CC} \times 100\%$。

对于经济地位的衡量,考虑到个体会根据家庭经济状况进行医疗服务利用及健康决策,因此本研究采用家庭人均年收入作为个体经济地位的度量指标。通过参考最新安德森医疗服务利用模型,影响个体医疗利用、健康和疾病经济负担的变量还包括以下几类:① 居民的基本特征,包括年龄、性别、婚姻状况、受教育程度等;② 居民的健康行为及健康水平,如吸烟、饮酒、患有慢性病情况、身体是否有疼痛等。

二、实证结果分析

1. 与收入相关的医疗服务利用、健康和疾病经济负担不平等程度

① 各年份与收入相关的医疗服务利用、健康和疾病经济负担不平等程度。

图 4-3-1 显示了分年份各变量的集中曲线,仅从年份变量考察居民的医疗服务利用、健康和疾病经济负担的不平等程度。从该图可以看出,在医疗服务利用方面,对于住院总费用而言,当样本包含全部样本时,总体来说不平等程度逐年缩小,但是对于不同收入群体,不平等程度变化情况存在明显差异。对于收入处于 10% 以下分位数的群体而言,住院总费用方面存在亲富人的不平等,且这种不平等有扩大趋势,此外,对于收入位于 60% 分位数及以上的中高收入群体而言,2011 年的不平等程度较高,但是 2013 年和 2015 年的不平等程度大幅下降。考虑到样本内存在大量的非住院样本,为了排除样本选择偏误可能带来的偏差,本研究进一步将研究样本限定在产生正的住院总费用的样本内,从(b)图可以看出,不同年份的住院总费用仍然呈现出亲富人的不平等,且不同年份之间不平等差异较大,总体而言,不平等程度在逐年降低,但是对于收入位于 10% 分位数以下的极度贫困的个体,住院总费用衡量的住院服务利用不平等有显著扩大趋势。(c)图和(d)图显示了以住院次数表征的住院服务利用不平等的情况,可以看出,对于不同收入群体而言,住院次数方面的不平等存在显著差异,收入在 50% 及以下的个体在 2011 年和 2013 年存在较为明显的亲穷人的不平等,但是到 2015 年,这种不平等发生了转变,2015 年存在显著的亲富人的不平等,对于收入在 50% 及以上的中高收入群体,存在较为明显的亲富人的不平等,且这种不平等趋势有所增大。仅保留住院次数大于 0 的样本后仍然得到类似结论,但是此时的不平等程度相比全样本时的状态要更低。

图 4-3-1 分年份各变量集中曲线

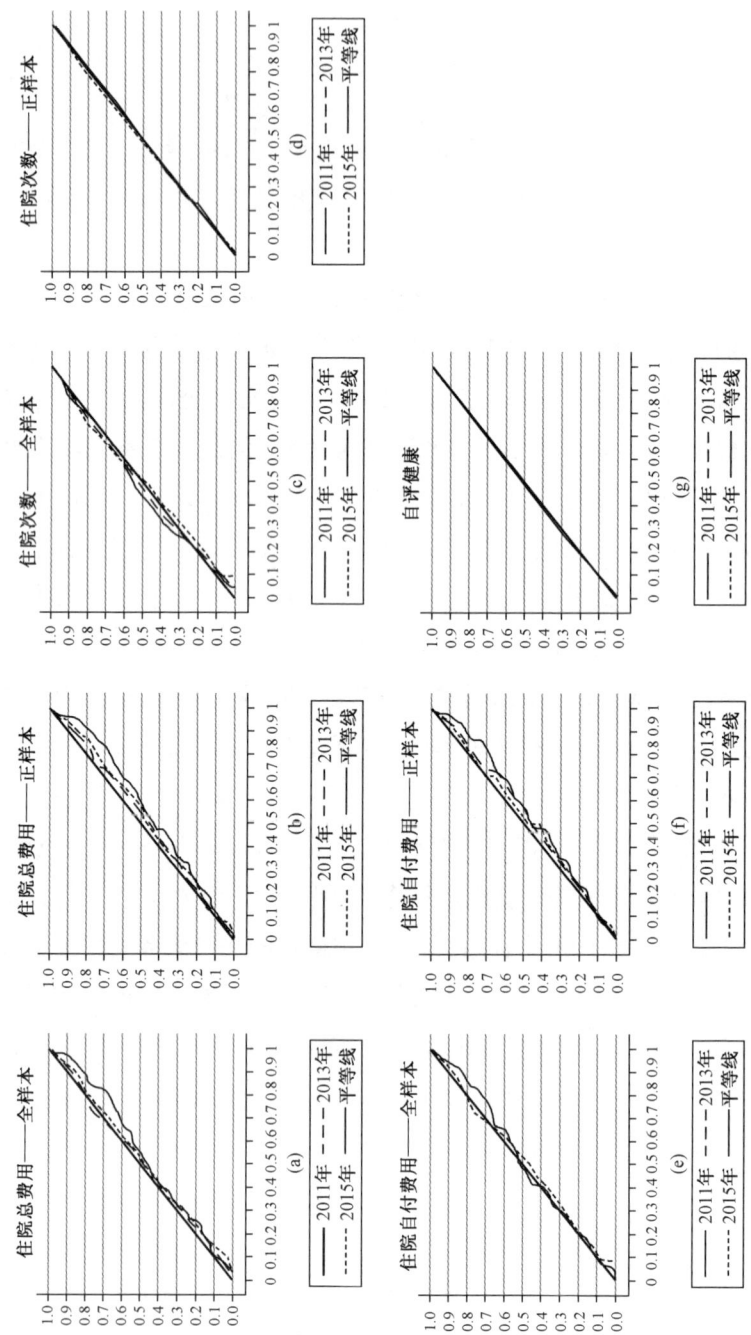

在疾病经济负担方面，从(e)和(f)图可以看出，对于收入在中等收入及以下的群体，存在显著的亲富人的不平等，且对于10%分位数以下的极度贫困的个体而言更为明显，对于收入在50%分位数以上的群体，不平等程度随年份显著降低。将样本局限于住院自付费用为正，可以看出，除了极度贫困群体的亲富人不平等趋势随年份而显著增加外，其他收入群体的不平等程度呈现逐年下降的趋势。(g)图显示了各年份的健康不平等逐年变化趋势，可以看出，相比医疗服务利用和疾病经济负担，与收入相关的健康不平等在各年份变异较小[1]，从图形上看，收入位于10%分位数以下的群体中存在着亲穷人的健康不平等[2]，且该不平等趋势随着年份的增加逐步扩大。而收入位于10%分位数以上的群体中存在着亲富人的不平等，各年份之间差距不大，2015年不平等程度相对最低。

② 处理组和控制组与收入相关的医疗服务利用、健康和疾病经济负担不平等程度

除了分年份考察各变量的不平等现状外，图4-3-2列出了大病保险有无实施状态下各变量度量的不平等程度。图(a)显示，收入位于70%分位数以下的群体中存在着亲富人的不平等，且大病保险实施组的不平等程度总体而言更高。收入位于70%分位数以上的群体中亦存在着亲富人的不平等，但实施组的不平等程度明显低于未实施组。进一步剔除住院费用为0的样本后，图(b)显示住院总费用总体上存在亲富人的不平等，对于收入位于10%以下分位数的群体，实施组的不平等程度更高。此外，对于收入位于10%以上分位数的群体，实施组的不平等程度均低于未实施组。从住院次数表征的医疗服务利用不平等程度来看，总体上未实施组存在着亲穷人的

---

[1] 出现这种结果一定程度上与所采用的指标有关，由于本研究采用的是三级自评健康指标，指标上的变异程度不大也是集中指数变化不明显的原因。

[2] 由于本研究使用的健康指标为负向指标，因此集中曲线位于平等线以上表示存在着亲富人的不平等，集中曲线位于平等线以下则意味着存在亲穷人的不平等。

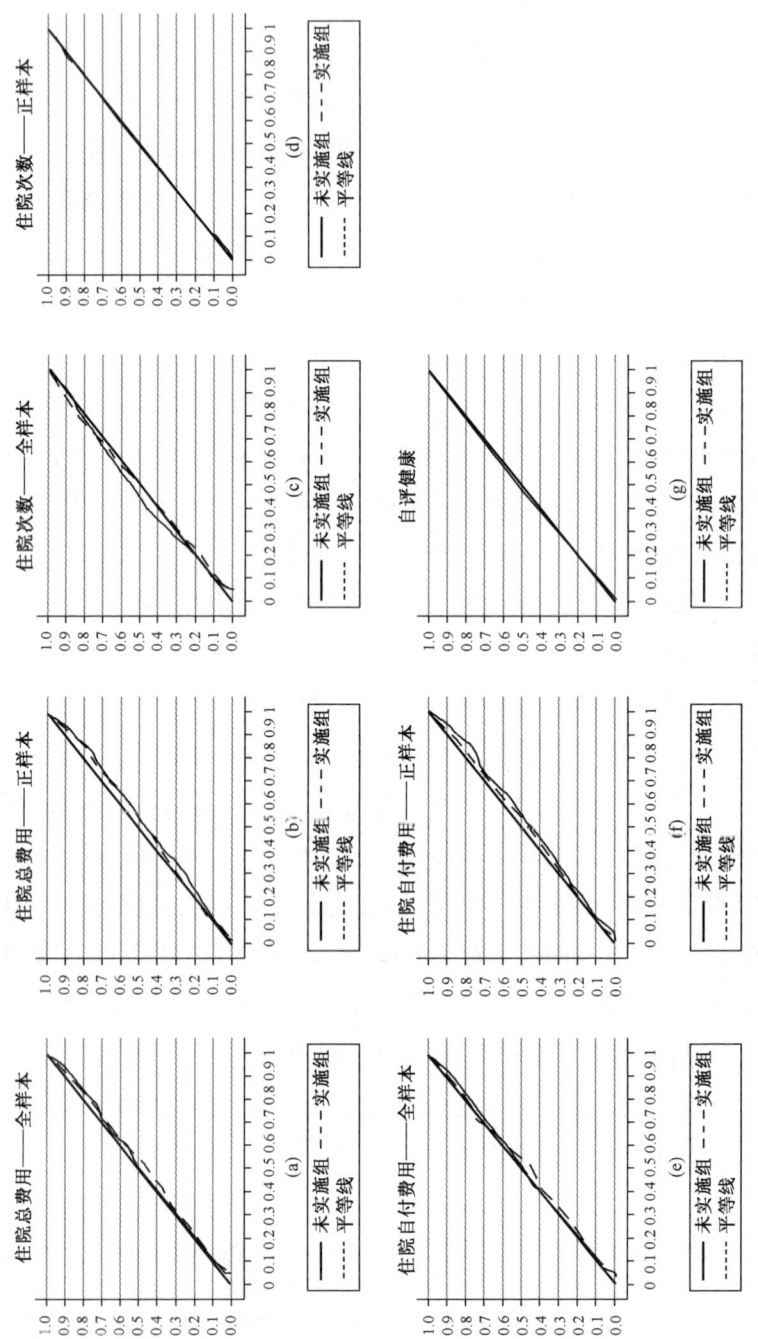

图 4-3-2 大病保险实施组和未实施组各变量集中曲线

不平等,而实施组在50%分位数以下的群体中存在亲富人的医疗服务利用不平等,且收入越低的群体中不平等程度越高。在中高收入群体中则存在着亲穷人的不平等,且随着收入上升,实施组的不平等程度要高于未实施组。将住院次数为0的样本剔除后,图(d)显示出了和图(c)类似的结论,不过此时的不平等程度要低于图(c)所显示的不平等程度。

在疾病经济负担方面,图(e)和图(f)分别显示了全样本和住院自付费用为正的样本中存在的不平等程度。图(e)显示,实施组和未实施组总体上存在亲富人的住院自付费用不平等,当收入位于70%分位数以下时,实施组相比未实施组不平等程度更高,对于高收入群体,实施组的不平等程度要显著低于未实施组。从图(f)来看,除极度贫困的收入群体(收入位于10%分位数以下)外,其他收入分布状态下实施组的不平等程度要显著低于未实施组。图(g)显示了实施组和未实施组与收入相关的健康不平等程度,从该图可以看出,在收入位于10%分位数以下的群体中存在着亲穷人的健康不平等且实施组的不平等程度更高,其他收入分布中存在着亲富人的健康不平等,且实施组的不平等程度低于未实施组。

为了区分大病保险制度有无实施和不同年份的不平等程度,图4-3-3和图4-3-4分别列出了2013年和2015年各变量的不平等程度①。首先,从2013年来看,全样本下住院总费用衡量的医疗服务利用总体上表现为亲富人的不平等,且实施组的不平等程度相对更高。将样本限制为住院总费用严格为正后,发现对于中低收入人群,实施组和未实施组在不平等程度方面没有显著差异,但是对于中高收入人群,实施组的不平等程度显著低于未实施组。从以住院次数衡量的医疗服务利用来看,全样本中大病保险制度未实施组总体上

---

① 由于2011年样本全为未实施组,因此无法进行实施组和未实施组不平等程度的对比。

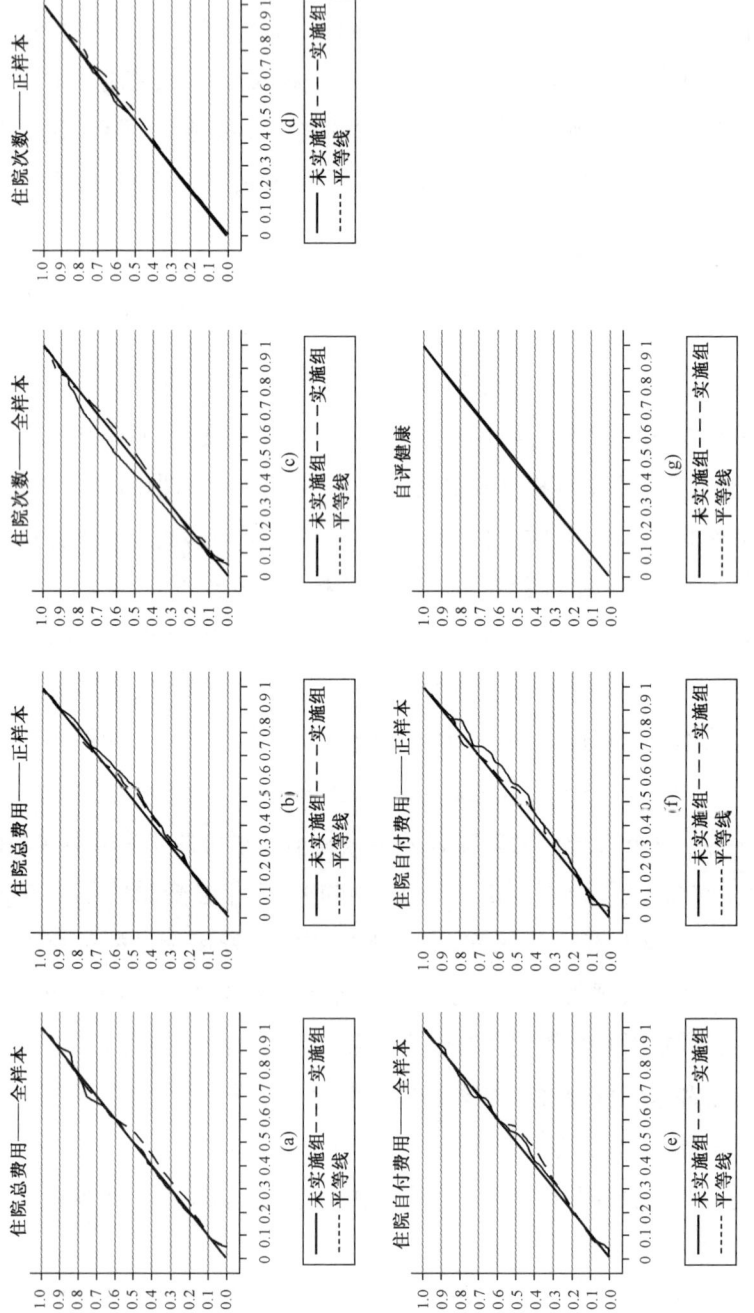

图 4-3-3 2013 年大病保险实施组和未实施组各变量集中曲线

图 4-3-4 2015 年大病保险实施组和未实施组各变量集中曲线

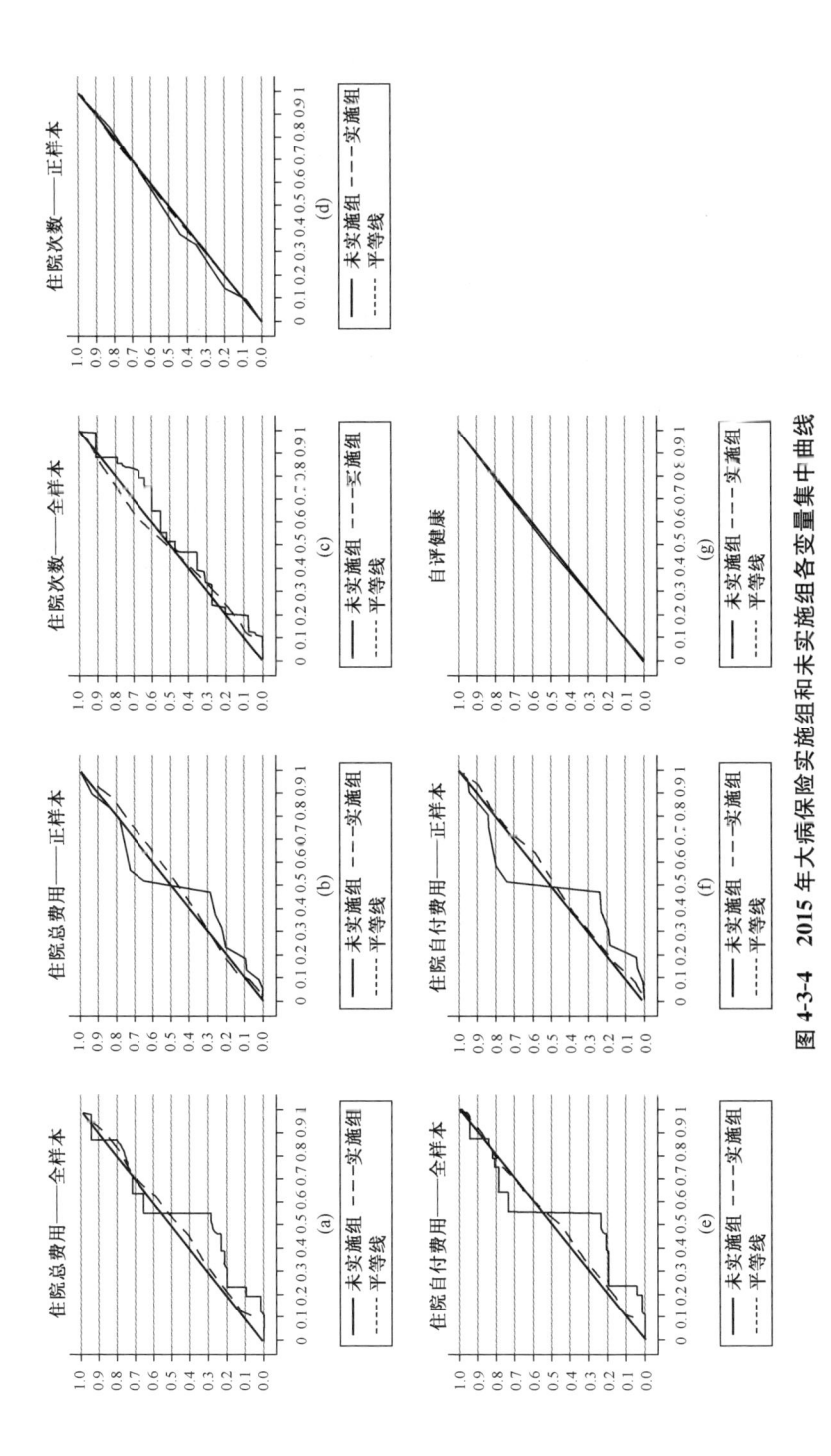

存在亲穷人的不平等，实施组总体上处于亲富人的不平等，且绝对不平等程度要低于未实施组，住院次数严格为正的样本依然得到类似结论，但其不平等程度明显低于全样本度量的不平等程度。从住院自付费用来看，全样本中总体上存在亲富人的不平等，且实施组的不平等程度相对更高。当住院自付费用为正时，其不平等程度仍然有利于高收入人群，但此时实施组的不平等程度要显著低于未实施组。最后，从自评健康的不平等程度来看，实施组和未实施组的差异较小，且除极端贫困的收入群体外，总体上存在亲富人的健康不平等。

其次，据图4-3-4所示，2015年大病保险制度实施组和未实施组在医疗服务利用和疾病经济负担方面的不平等存在显著差异。具体而言，对于住院总费用而言，中等收入以下的群体中存在亲富人的不平等，且未实施组不平等程度远高于实施组。对于高收入群体而言，不平等程度相对较低，实施组相比未实施组仍然面临较小的住院总费用方面的不平等。住院次数和住院自付费用也得到类似结论。从自评健康来看，实施组和未实施组的不平等程度相差不大，且实施组要略优于未实施组。

表4-3-1　各年份实施组和未实施组集中指数测算结果

变量	年份	实施组	未实施组	总计
住院总费用	2011	—	—	0.1038
	2013	0.0298	0.0005	0.0117
	2015	0.0419	0.1413	0.0448
	总计	0.0404	0.0304	
住院总费用（正样本）	2011	—	—	0.1482
	2013	0.0348	0.0599	0.0515
	2015	0.0472	0.0261	0.0439
	总计	0.0470	0.0819	—

(续表)

变量	年份	实施组	未实施组	总计
住院次数	2011	—	—	−0.0319
	2013	0.0146	−0.0751	−0.0402
	2015	−0.0168	0.0994	−0.0108
	总计	−0.0090	−0.0567	—
住院次数(正样本)	2011	—	—	0.0131
	2013	0.0217	−0.0156	−0.0014
	2015	−0.0142	−0.0419	−0.0144
	总计	−0.0037	−0.0041	—
住院自付费用	2011	—	—	0.0553
	2013	0.0353	0.0105	0.0202
	2015	0.0289	0.1214	0.0304
	总计	0.0310	0.0217	—
住院自付费用(正样本)	2011	—	—	0.1147
	2013	0.0275	0.0741	0.0572
	2015	0.0267	0.0128	0.0215
	总计	0.0291	0.0825	—
自评健康	2011	—	—	−0.0222
	2013	−0.0225	−0.0219	−0.0224
	2015	−0.0162	−0.0196	−0.0162
	总计	−0.0183	−0.0214	—

2. 集中指数分解结果

前文已经对各年份大病保险制度实施组和未实施组在不同方面的不平等程度进行了测算,对城乡居民医疗服务利用、疾病经济负担和健康不平等进行了横向对比和纵向对比。总体而言,大病保险制度实施组相比未实施组不平等程度更低,为了进一步探究大病保险制度的实施对缩小上述不平等的贡献,本研究进一步使用前文所述的集中指数分解法,考察各因素对于不平等的具体贡献度。由于前述章节已经采用双重差分模型设定考察了大病保险制度的实施对住院总费用、住院次数、住院自付费用和自评健康的影响,因此此处不再赘述,仅对集中指数分解结果进行分析,具体分解结果见表4-3-2。

表4-3-2　大病保险制度的实施对各变量不平等的贡献分解

变量	年份	均值	弹性	集中指数	贡献	贡献率
住院总费用	2013	0.3906	−0.0222	−0.0243	0.0005	1.745029
	2015	0.9627	0.6896	0.0063	0.0044	10.44648
住院总费用（正样本）	2013	0.4110	−0.0336	−0.0061	0.0002	0.330482
	2015	0.9717	0.5196	0.0010	0.0005	1.157515
住院次数	2013	0.3906	0.0594	−0.0243	−0.0014	4.868849
	2015	0.9627	0.6166	0.0063	0.0039	−31.1902
住院次数（正样本）	2013	0.4104	0.0504	−0.0073	−0.0004	−191.507
	2015	0.9718	0.3778	0.0009	0.0003	−2.58356
住院自付费用	2013	0.3904	0.0663	−0.0236	−0.0016	−3.98639
	2015	0.9625	0.7421	0.0064	0.0047	17.16564
住院自付费用（正样本）	2013	0.4099	0.0579	0.0034	0.0002	0.273581
	2015	0.9689	0.7009	0.0012	0.0009	4.108707
自评健康	2013	0.3906	0.0012	−0.0243	−0.00003	0.130426
	2015	0.9627	0.0817	0.0063	0.0005	−3.25514

表4-3-2列出了不同年份里大病保险制度的实施对各变量不平等的贡献。从表4-3-2可以看出,不同年份里大病保险对各变量不平等的作用也不尽相同,具体而言,大病保险制度对住院总费用的贡献均为正,表明大病保险制度的实施增加了住院总费用方面的不平等,且这种不平等有扩大趋势。从住院次数来看,大病保险制度的实施总体上降低了住院次数方面的不平等,但对于患病群体来说,大病保险缩小不平等的作用逐渐减弱。从住院自付费用来看,大病保险

在实施初期对缩小自付费用不平等起到一定作用,但后来转为扩大该方面的不平等,对于住院患者而言不平等趋势有所扩大。需要注意的是,从自评健康来看,起初大病保险制度的实施对健康不平等具有较弱的扩大作用,但 2015 年结果显示大病保险制度能够显著缩小与收入相关的健康不平等。

结合前述章节和本章分析结果,可以看出,大病保险能够显著提高城乡居民的医疗服务利用并改善健康,但是对城乡居民的疾病经济负担则无显著正向影响。单从不平等测算结果来看,尽管不同年份中实施组不平等程度更高,但总体而言,大病保险制度实施组相比未实施组具有较低的不平等程度。加入一系列变量后我们发现,大病保险制度在减小医疗服务利用和疾病经济负担不平等方面仍然作用有限,但是对于健康不平等能够起到缩小作用。对此,本研究的解释是:第一,尽管大病保险能够促进居民的住院服务利用,但是对中等收入患者更为显著,对于低收入人群,大病保险对其住院次数和住院费用的影响仅在 10% 的显著性水平上显著(第四部分第一章研究结论),低收入人群由于预算约束和较高的起付门槛,在医疗利用方面受到较大限制,因此在住院服务利用方面并未显著缓解不平等。第二,从疾病经济负担角度看,实施大病保险制度并未显著降低中低收入人群的住院自付医疗费用,但是降低了高收入人群的住院自付医疗费用,从这个角度看,实施大病保险制度使得低收入群体仍然承担更多自付费用,因此不平等程度呈现扩大趋势。第三,大病保险制度对健康不平等的缩小作用,可以理解为大病保险能够显著促进中等收入患者的住院服务利用,对于低收入患者的住院服务利用也有一定程度的促进作用,大病保险制度并未显著促进高收入患者的医疗服务利用,但是降低其住院自付医疗支出,可能的原因是大病保险制度的实施使得高收入群体在患病时前往更高等级的医疗机构寻求高质量的医疗服务,在达到大病保险起付线的情况下,其自付医疗支出能够显著降低,健康状况也能进一步提升,因而总体上大病保险制度能够提升整个人群的健康水平,从这个层面来看,大病保险制度的实施对总体的健康不平等能够起到显著缓解作用。

三、讨论与小结

前文实证研究已然表明,大病保险制度的实施对城乡居民的总体福利效应,体现在大病保险制度能够显著提升城乡居民的住院医疗服务利用并改善自评健康水平,对于农村居民和中低收入居民上述效应更为显著,但是大病保险制度的实施并未显著减轻城乡居民的疾病经济负担,且异质性分析发现制度实施反而有利于减轻高收入人群的疾病经济负担,一定程度上增加了中等收入人群的疾病经济负担,对低收入人群的疾病经济负担则无明显改善作用。对于不同收入群体来说,由于本身的社会经济地位状况差异和制度设计差异,制度实施呈现出不同的政策效果。除了关注实施大病保险制度对居民医疗利用、健康和疾病经济负担的影响外,关注其实施公平性也尤为重要,因此本章从公平性角度,利用集中指数、集中曲线测算不同年份及大病保险是否实施下的医疗服务利用、疾病经济负担和健康不平等程度,进一步通过集中指数分解法考察各因素对上述不平等的贡献程度,为改进大病保险制度实施公平性建言献策。

集中曲线和集中指数结果表明,与收入相关的医疗服务利用、疾病经济负担和健康不平等呈现出逐年缩小的趋势;对于不同变量,大病保险制度实施组和未实施组的不平等程度存在显著差异,对于住院总费用和住院自付费用,2013年全样本中实施组的不平等程度高于未实施组,但是2015年实施组的不平等程度显著低于未实施组,将样本限定为住院样本后则得到相反的结论。以住院次数衡量的医疗服务利用在全样本和正样本中均显示实施组的不平等程度相对更低,自评健康的集中指数结果显示2013年和2015年均存在亲富人的健康不平等,且2015年实施组的不平等程度显著低于未实施组。

集中指数分解结果表明，大病保险制度的实施对于不平等的贡献存在差异，总体而言，随着大病保险制度的实施，与收入相关的医疗服务利用和疾病经济负担不平等程度并未下降，反而有提高趋势，但实施大病保险制度有利于健康不平等程度的改善，这可能是整体社会健康水平得到改善的结果。

医疗保险利用转移性支付能够实现收入再分配的目的，通过为患者提供医疗费用补偿，能够缩小患病群体和健康群体之间的收入差距，缓解社会中存在的收入不平等现状。大病保险制度在补偿机制方面设计了累进制的报销政策，一般而言，医疗费用花费较高的患者其补偿比例也相应越高，从制度设计层面也体现了对大病患者的共济。然而，对于不同收入群体来说，由于面临着不同的预算约束集，因此在大病保险制度受益公平性方面也存在明显差异。低收入群体在罹患重病时由于有限的可支配收入，难以达到较高的大病保险起付门槛，因此其医疗利用程度、疾病经济负担和健康水平得到的改善作用有限。相反，对于高收入群体，个体在罹患疾病时不会过于受到收入的约束，且为了寻求高质量的医疗服务，往往可能会选择高级别医疗机构，也就更容易达到大病保险制度设计的起付线和高额报销门槛，因此对其疾病经济负担反而起到减轻作用。本章结论充分表明大病保险制度设计在公平性方面仍然有待进一步完善，提升低收入群体的大病保障的可及性尤为重要，通过进一步的制度优化，提升大病保险制度受益公平性。

第四章 大病保险制度实施背景下医疗服务体系运行效率及影响因素分析

自新医改以来,我国在医疗保障领域取得了巨大成就,具体表现在医疗保险覆盖率不断上升,政策报销比逐年提高,医疗服务在环境及质量方面均得到极大改善,人民看病就医问题部分得以解决。但是与此同时也存在着卫生投入高与健康产出低的不匹配、医疗服务公平性相对较低等问题。医疗保障制度作为一种卫生资源筹集、分配和调节的方式,与医疗服务、药品流通体制、公共服务等紧密相连。我国目前已形成基本医保、大病保险、商业医疗保险、医疗救助等为一体的多层次医疗保障体系。2012年,国家发改委等六部委联合下发《关于开展城乡居民大病保险工作的指导意见》(以下简称"《指导意见》"),各地在国家顶层设计下逐步开展大病保险政策实践。到2015年年底,各地区均已部署实施了大病保险,且大部分省市在2014年和2015年全面实施。从国家卫健委的数据来看,截至2018年,大病保险制度已覆盖10.5亿城乡居民,合规费用报销比例平均提高了12个百分点左右。在各地区全面实施大病保险前后,我国医疗服务体系运行效率有何变化?各地之间差异如何?实施大病保险制度对医疗服务体系运行效率的影响如何?影响医疗服务体系运行效率的其他因素有哪些?本章主要对上述问题展开研究。

医疗服务体系作为一个复杂系统,其中包含了医疗服务供给、医疗保障及服务监管等多个子体系(张研、张亮,2017),不同子体系之间存在着相互作用和影响。本章着重考察的医疗服务体系运行效率为医疗服务供给的宏观运行效率。在医疗卫生服务体系运行效率的评价研究方面,大多数研究主要以各省市作为研究决策单位,对不同时间区间内的医疗卫生服务效率进行测算评价,发现省际差异显著(杜涛等,2019;胡玉杰,2018;刘文玉,2018;裴金平、刘穷志,2017)。通过采用多阶段 DEA 分析,已有研究发现不同因素对医疗服务体系效率的影响程度存在差异,不同研究得出显著影响效率的因素,如人口规模与人口密度(张晓岚等,2012),人口密度、受教育程度、公共卫生投入、医疗机构地理分布密集度、医疗技术人员与非技术人员配置(刘孟飞、张晓岚,2013),财政分权、户籍制度、医疗卫生改革、城镇化水平、经济发展水平、人口密度和教育水平(李郁芳、王宇,2015),经济发展水平、人口密度等外生环境变量(胡玉杰,2018),财政分权、人均 GDP、人口和政府支出水平(刘文玉,2018)。也有研究聚焦某一省份或城市单元,比较省市内不同行政区域的医疗服务体系效率并探究不同因素对效率值的影响(崔志坤、张燕,2018;赖溱、黄莉,2014;刘景章、王晶晶,2015;肖力玮、邓汉慧,2019;杨林、盛银娟,2015;张凤等,2018),发现不同行政区域差异明显,影响因素与全国层面分析所得结论较为一致。

从上述已有研究来看,不同学者针对不同决策主体的投入产出效率进行评价分析,研究结论因为在具体研究问题、研究主体、指标选择、研究时效等方面存在差异,所以各研究之间具有相对独立性。自 2012 年国家发文试点大病保险制度以来,各地积极推进制度实施并取得初步成效。本研究试图在此背景下利用 DEA 模型对大病保险制度实施前后不同地区医疗服务体系的投入产出效率进行评估与比较,同时遴选地区指标并利用 Tobit 模型进一步分析其影响因素,以期为提升不同地区的医疗服务体系整体运行效率,完善和优化大病保险制度的实施提供有益参考。

一、数据来源与研究方法

(一) 指标选取

在指标选取方面,按照相关性、同向性和独立性等原则,同时参考已有研究(肖力玮、邓汉慧,2019;张纯洪、刘海英,2009;张宁等,2006),本章主要从人力、物力和财力三个方面选取每千人口卫生技术人员数、每千人口医疗机构床位数和人均卫生总费用作为研究的投入指标。在产出指标方面,通过借鉴以往研究,本章主要选取门诊诊疗人次数、入院人数和死亡率作为产出指标(刘孟飞、张晓岚,2013;张航等,2016;张培林等,2018)。部分学者在对效率进行测算评价时选择预期寿命作为健康产出变量(宋占军、朱铭来,2014;张宁等,2006),但由于我国国家层面官方的各地区预期寿命的测算数据的公布时间与人口普查相对应,最近一次数据发布时间为2010年,因此为保证不同年份产出变量的可得性,本章主要选取死亡率作为产出变量测算效率值并进行后续分析。需要注意的是,由于死亡率是非合意产出,需要对其进行预先处理。本研究参考A. N. 阿方索(A. N. Afonso)和M. S. 奥比恩(M. S. Aubyn)(2005)对婴儿死亡率的处理方式,采用如下公式将其转换为人口生存率:$SR=(1000-MR)/MR$,其中MR为死亡率。

理论上说,医疗服务可及性的增加会影响医疗需求,一定程度上会改善医疗服务体系效率(王箐、魏建,2013)。而大病保险作为一项保障制度,通过价格补贴提高大病患者的就医可及性,释放其医疗需求,会对医疗服务体系运行效率产生影响。因此本章将大病保险制度是否实施作为关键解释变量,以各地医疗服务体系运行效率为被解释变量建立Tobit模型,以考察其对医疗服务体系运行效率的作用。

除关键解释变量外,为进一步分析影响各地医疗服务体系运行效率的其他相关因素,借鉴前人研究及数据可得性(肖力玮、邓汉慧,2019),选取地区经济发展水平(包括地区人均GDP、地理位置、城镇化率)、人口密度、文盲人口占15岁及以上人口比重和医疗保健价格指数为其他协变量。在指标选取方面,由于本章着重考察实施大病保险制度对各地区医疗服务体系运行效率的影响,因此在对各地大病保险实施时间整理归纳的基础上,得到具体某一年份某一地区是否实施大病保险的核心虚拟解释变量。地理位置变量参见国家统计局网站公布的地区划分方法,将不同省份分为东、中、西和东北四大地区。此外,参照多数文献的做法(简新华、黄锟,2010;朱孔来等,2011),本研究选取地区年末城镇人口占总人口百分比表征各地的城镇化水平。

(二) 数据来源

各地关于城乡居民大病保险的政策出台和全面推进时间存在差异,从各省出台的实施工作方案来看,多数省份在2014年或2015年实现全省(市)覆盖(闫蕊、黄桂霞,2017)。考虑到各变量数据的可得性,到笔者撰写本研究为止,从相关年鉴中只能获得截至2017年的数据,因此研究结点选取2011—2017年。因西藏自治区卫生体系运作与其他地区差异较大(张宁等,2006),同时由于其部分年份变量数据缺乏,因此本研究样本中剔除了西藏自治区。上述各指标所用数据来源为各相应年份的《中国统计年鉴》与《中国卫生与健康统计年鉴》。

(三) 研究方法

本章主要运用DEA对各地区医疗服务体系的运行效率值进行测算评价,同时结合Tobit模型研究其影响因素。具体分析过程如下。首先,将30个省(自治区、直辖市)的医疗服务体系作为决策单元,选取产出导向型的BCC-DEA模型测算各地区2017年的医疗服务体系运行效率值,将测算出的综合效率值作为医疗服务体系的运行效率,并对其进行分解。其次,利用 DEA-Malmquist 指数分解法分析不同年份全要素生产率的变动及其根源。Malmquist 主要用于考察不同地区在样本区间内的全要素生产率具体变动情况。假设每个地区的投入用 x 表征,产出为 y,定义 t 到 $t+1$ 时期的 Malmquist 指数为:

$$M(x^{t+1},y^{t+1},x^t,y^t)=\frac{D^{t+1}(x^{t+1},y^{t+1})}{D^t(x^t,y^t)}\times\left[\left(\frac{D^t(x^{t+1},y^{t+1})}{D^{t+1}(x^{t+1},y^{t+1})}\right)\frac{D^t(x^t,y^t)}{D^{t+1}(x^t,y^t)}\right]^{\frac{1}{2}}$$

其中 $D^t(x^t,y^t)$ 表示以 t 期为参考期的 $t+1$ 期的距离函数,其他指标采用类似方式解释。当规模收益不变,该指数可具体分解为技术效率变动和技术进步,技术效率变动定义为:

$$EC=\frac{D^{t+1}(x^{t+1},y^{t+1})}{D^t(x^t,y^t)}$$

技术进步定义为:

$$TC=\left[\left(\frac{D^t(x^{t+1},y^{t+1})}{D^{t+1}(x^{t+1},y^{t+1})}\right)\frac{D^t(x^t,y^t)}{D^{t+1}(x^t,y^t)}\right]^{\frac{1}{2}}$$

当规模收益可变时,技术效率变动可进一步分解为纯技术效率变动和规模效率变动,即 $EC=PEC\times SEC$,即全要素生产率可分解为纯技术效率变动和规模效率变动,

$$TPC=EC\times TC=PEC\times SEC\times TC$$

因此,本研究采用该方法分析不同年份医疗服务体系全要素生产率变动,并探究其原因。

最后,在测算出不同年份各地区医疗服务体系的运行效率后,以其为被解释变量,选取大病保险制度的实施及其他变量为解释变量,使用面板 Tobit 模型估计上述各指标对地区医疗服务体系运行效率的影响。

二、实证结果分析

(一) 各地区整体效率评价

为了从整体上分析各地医疗服务体系的运行效率,本研究首先利用 Deap 2.1 软件计算出 2017 年各地区医疗服务体系的投入产出运行效率及其分解结果(表 4-4-1)。2017 年医疗服务体系的运行效率平均值为 0.828,对其进行分解后发现,纯技术效率和规模效率值分别为 0.869 和 0.951。各地区中 DEA 有效的地区共 5 个,非 DEA 有效的地区有 25 个,其中重庆的技术效率最低,为 0.651,其后依次为辽宁(0.697)、青海(0.726)和陕西(0.736)。结合分解结果来看,少数地区的医疗服务体系运行效率值较低主要是由于规模效率相对低下,体现在纯技术效率值高于规模效率值。但大多数地区的规模效率值要高于纯技术效率值,表明多数地区的纯技术效率值有待进一步优化和提高。此外,从表 4-4-1 可以看出大多数地区都处于规模报酬递减的阶段。

表 4-4-1 各地区医疗服务体系运行效率值及其分解(2017 年)

地区	综合效率值(Crete)	纯技术效率值(Vrete)	规模效率值(Scale)	规模收益(Type)
北京	0.675	0.849	0.796	递减
天津	0.897	1	0.897	递增
河北	0.942	1	0.942	递增
山西	1	1	1	不变
内蒙古	0.754	0.803	0.939	递减
辽宁	0.658	0.697	0.944	递减
吉林	0.728	0.744	0.978	递减
黑龙江	0.734	0.753	0.974	递减

(续表)

地区	综合效率值（Crete）	纯技术效率值（Vrete）	规模效率值（Scale）	规模收益（Type）
上海	0.698	0.849	0.823	递减
江苏	0.76	0.815	0.932	递减
浙江	0.666	0.811	0.821	递减
安徽	1	1	1	不变
福建	0.804	0.805	0.999	递增
江西	1	1	1	不变
山东	0.983	1	0.983	递减
河南	1	1	1	不变
湖北	0.726	0.757	0.96	递减
湖南	0.878	0.88	0.998	递增
广东	1	1	1	不变
广西	0.955	0.985	0.969	递增
海南	0.766	0.767	0.999	递减
重庆	0.641	0.651	0.985	递减
四川	0.995	1	0.995	递减
贵州	0.823	0.836	0.985	递减
云南	0.81	0.824	0.982	递减
陕西	0.678	0.736	0.921	递减
甘肃	0.832	0.845	0.985	递减
青海	0.666	0.726	0.917	递减
宁夏	0.858	0.946	0.906	递减
新疆	0.908	1	0.908	递减
均值	0.828	0.869	0.951	—

(二) 各地区效率变动情况

除标准的 DEA 分析之外,本研究利用 Malmquist 指数法,考察 2011—2017 年医疗服务体系全要素生产率变化及其分解情况,得到不同年份及不同地区在样本期内的全要素效率变动结果(表 4-4-2、表 4-4-3)。表 4-4-2 显示了 30 个地区总的医疗服务体系 Malmquist 指数变动及其分解情况,从中可以看出,全要素生产率在 2011—2013 年呈现下降趋势,但变动幅度较小,其后经历短暂上升,后又呈现下降趋势。但整体变化幅度不大。从变化的根源来看,各年份间不同因素的变化趋势存在差异,技术效率变动呈现先下降后上升随后又下降的趋势。技术进步先逐年上升,2015 年后又下降再上升,说明医疗服务体系总体技术水平未能持续上升。规模效率变动则呈现出下降后缓慢上升的趋势。2014 年后,除技术进步外,其余效率变动均处于较高水平。因此总体而言,只有进一步提升技术水平才能实现医疗服务体系运行效率的稳步增长。

表 4-4-2 不同年份间医疗服务体系 Malmquist 指数变化及其分解

年份	技术效率变动	技术进步	纯技术效率变动	规模效率变动	全要素生产率变动
2011—2012	1.029	0.913	0.978	1.052	0.94
2012—2013	1.015	0.916	1.028	0.987	0.93
2013—2014	0.985	0.937	0.986	1	0.923
2014—2015	0.973	0.967	0.966	1.008	0.941
2015—2016	1.032	0.897	1.022	1.01	0.926
2016—2017	0.986	0.935	0.991	0.995	0.922
均值	1.003	0.928	0.995	1.009	0.930

从 Malmquist 指数来看,各地区医疗服务体系的技术进步指数值小于1,说明 2011—2017 年医疗卫生领域的投入及其在居民医疗

服务利用和总体健康水平方面的比例关系存在恶化现象。从分解结果来看,各地区医疗服务体系的纯技术效率和规模效率处于相对较高的水平,但因技术进步相对较小,各地区的生产率未有较大幅度的改善。总体均值结果显示,2011—2017年全要素生产率平均每年下降幅度达到7%,因此未来需要进一步关注和调整医疗卫生投入的方向。

表4-4-3　各地区医疗服务体系Malmquist指数变动及其分解(2011—2017)

地区	技术效率变动	技术进步	纯技术效率变动	规模效率变动	全要素生产率变动
北京	1.045	0.968	0.973	1.074	1.012
天津	1.087	0.969	1.058	1.027	1.053
河北	1.016	0.916	1.026	0.99	0.931
山西	1.022	0.889	1.021	1.001	0.908
内蒙古	0.999	0.92	0.996	1.003	0.918
辽宁	1.005	0.917	0.994	1.011	0.922
吉林	0.994	0.922	0.982	1.012	0.916
黑龙江	1.009	0.909	0.995	1.014	0.918
上海	1.081	0.958	1.001	1.08	1.036
江苏	1.008	0.993	1.012	0.996	1.001
浙江	0.982	0.957	1.002	0.98	0.939
安徽	1	0.919	1	1	0.919
福建	0.976	0.909	0.972	1.004	0.887
江西	1	0.896	1	1	0.896
山东	1.02	0.962	1	1.02	0.982
河南	1	0.953	1	1	0.953
湖北	0.977	0.907	0.982	0.995	0.886
湖南	0.992	0.931	0.988	1.004	0.923
广东	1	0.956	1	1	0.956

(续表)

地区	技术效率变动	技术进步	纯技术效率变动	规模效率变动	全要素生产率变动
广西	0.996	0.893	0.997	0.998	0.889
海南	0.973	0.913	0.969	1.004	0.888
重庆	0.97	0.923	0.961	1.009	0.895
四川	1.005	0.974	1	1.005	0.979
贵州	0.968	0.888	0.971	0.997	0.86
云南	0.98	0.9	0.982	0.998	0.882
陕西	0.993	0.909	0.994	0.999	0.902
甘肃	0.993	0.912	0.99	1.003	0.906
青海	0.997	0.933	0.992	1.005	0.93
宁夏	0.989	0.924	0.991	0.998	0.913
新疆	1.026	0.918	1.003	1.023	0.941
均值	1.003	0.927	0.995	1.008	0.930

(三) 医疗服务体系效率影响因素分析

为进一步解释并说明不同地区医疗服务体系效率变动情况，首先，本章测算不同年份各地区的医疗服务体系效率，并以此作为回归分析的被解释变量（表 4-4-4）。其次，本章在以往研究基础上，选取了上述解释变量构建面板 Tobit 模型，探究城乡居民大病保险制度的实施及其他协变量对医疗服务效率的影响。模型一为基准模型，考察了除大病保险实施外其他因素的影响，模型二相比模型一增加了大病保险是否实施的哑变量，回归结果见表 4-4-5。

表 4-4-4　2011—2017 年各地区的医疗服务体系运行效率值

地区\年份	2011	2012	2013	2014	2015	2016	2017
北京	0.518	0.747	0.749	0.708	0.681	0.665	0.675
天津	0.545	0.681	0.707	0.754	0.75	0.798	0.897
河北	0.855	0.87	0.858	0.883	0.902	0.947	0.942
山西	0.877	0.836	0.912	0.903	0.931	1	1
内蒙古	0.759	0.732	0.757	0.743	0.746	0.761	0.754
辽宁	0.638	0.62	0.673	0.702	0.621	0.666	0.658
吉林	0.756	0.807	0.887	0.745	0.784	0.814	0.728
黑龙江	0.694	0.72	0.74	0.73	0.724	0.742	0.734
上海	0.437	0.683	0.671	0.725	0.693	0.724	0.698
江苏	0.722	0.728	0.732	0.751	0.757	0.75	0.76
浙江	0.743	0.725	0.739	0.723	0.64	0.659	0.666
安徽	1	0.939	1	0.983	0.929	0.995	1
福建	0.929	0.884	0.82	0.773	0.733	0.797	0.804
江西	1	1	1	1	0.976	1	1
山东	0.872	0.93	0.911	0.922	0.929	0.979	0.983
河南	1	1	1	1	1	1	1
湖北	0.833	0.815	0.844	0.764	0.811	0.745	0.726
湖南	0.922	0.909	0.883	0.902	0.936	0.901	0.878
广东	1	1	1	1	1	1	1
广西	0.978	0.871	0.932	1	1	0.989	0.955
海南	0.905	0.804	0.896	0.845	0.757	0.813	0.766
重庆	0.77	0.74	0.774	0.701	0.621	0.642	0.641
四川	0.964	1	0.991	0.985	0.977	0.989	0.995
贵州	1	0.938	0.945	0.886	0.843	0.853	0.823
云南	0.913	0.989	0.908	0.942	0.873	0.849	0.81
陕西	0.707	0.645	0.69	0.648	0.629	0.691	0.678
甘肃	0.865	0.876	0.903	0.896	0.846	0.881	0.832
青海	0.678	0.733	0.696	0.709	0.664	0.691	0.666
宁夏	0.919	1	1	0.938	0.867	0.9	0.858
新疆	0.78	0.831	0.771	0.77	0.791	0.925	0.908

从表 4-4-4 可以看出,不同地区的医疗服务体系综合技术效率存在显著差异,且不同年份中相对关系有所不同。2011 年,北京和上海两市的综合技术效率处于最低位置,各地区的效率值总体上呈现出逐年上升趋势。此外,辽宁、浙江、重庆、陕西、青海等地的效率值也相对较低。从 2017 年各地区的综合效率值来看,山西、安徽、江西、河南和广东五个地区的效率值均为 1,即达到了 DEA 有效的状态。

表 4-4-5　各地区医疗服务体系效率的影响因素分析

变量	模型一 系数	模型一 标准误	模型二 系数	模型二 标准误
大病保险制度(参照组=未实施)	—	—	0.020*	0.011
地理位置(参照组=东北部)				
东部	0.139**	0.064	0.163**	0.065
中部	0.198***	0.069	0.191***	0.068
西部	0.073	0.067	0.072	0.065
城镇化率	−0.008***	0.002	−0.009***	0.002
人均 GDP	<0.001	<0.001	<0.001	<0.001
人口密度	<0.001	<0.001	<0.001	<0.001
医疗保健价格指数	0.004**	0.002	0.004**	0.002
文盲人口占 15 岁及以上人口比重	−0.006	0.005	−0.009*	0.005
常数项	0.713***	0.214	0.821***	0.221
Log likelihood	211.844	213.358	—	—
LR test	171.50***	173.24***	—	—

注:表格中模型一和模型二均为面板 Tobit 模型回归结果;*、**、*** 分别表示在 10%、5% 和 1% 的显著性水平上显著。

据表 4-4-5 所示,模型一和模型二的 LR 检验均呈现出较高的统计显著性,即有理由认为该模型存在个体效应,故应使用面板 Tobit 模型进行分析。模型一显示,地理位置、城镇化率和医疗保健价格指数对医疗服务效率的影响显著。具体而言,相对于东北地区,东部和中部地区的医疗服务体系运行效率更高,城镇化水平越高的地区效率越低,医疗保健价格指数越高的地区其效率值越低。在模型中加入大病保险实施与否的哑变量后,各变量的系数值及显著性均无明显变化。

从模型二的估计结果可以看出,实施大病保险制度比未实施医疗服务效率更高(0.020),且该效应在 10% 的显著性水平上显著($P<0.1$)。模型中,地区变量中的东部和中部均在 5% 的显著性水平上显著,表明相比东北地区,东部和中部地区医疗服务效率更高。人均 GDP 与人口密度对医疗服务体系效率影响的效应值较低,且不具有统计显著性,表明地区经济发展水平与医疗服务体系效率之间并无必然的联系。此外,城镇化率对医疗服务效率值的影响显著且效应为负,表明城镇化率与医疗服务价格越高的地区其效率越低。一个地区的城镇化水平越高,则城乡居民的医疗服务利用总量也会越高,从而给医疗服务体系带来较大压力和较大冲击,这与宋占军、朱铭来(2014)的研究结论一致。医疗保健价格指数的增加反映了医疗服务价格的增长,这在一定程度上会刺激医疗服务体系,提升其效率值。

三、讨论和建议

本章在全国大范围实施大病保险制度的背景下,以我国 30 个地区医疗服务体系为投入产出分析的决策单元,选取每千人口卫生技术人员数、每千人口医疗机构床位数和人均卫生总费用作为投入指标,选取门诊诊疗人次数、入院人数和死亡率作为产出指标,利用 DEA 方法测算不同地区在实施大病保险制度后医疗服务体系的运行效率,进一步建立 Tobit 模型,分析各变量对上述效率的具体影响效应,得出如下研究结论并提出相应的对策建议。

(一) 我国各地区医疗服务体系运行效率总体水平相对较低

医疗服务体系效率分析结果表明,各地区医疗服务体系的总体运行效率仍然处于相对较低的水平,因此未来存在较大提升空间。30 个省(直辖市、自治区)中 5 个地区为 DEA 有效,非 DEA 有效的地区有 25 个。大部分地区的综合效率值相对较低。研究结果显示在非 DEA 有效的地区中,北京、上海、四川、宁夏、新疆五个地区的纯技术效率值要高于规模效率值,表明这几个地区的综合效率值较低主要源于较低的规模效率,而其余地区的规模效率值均高于纯技术效率值,表明其在技术效率方面有待进一步提高。技术效率较低说明在目前的技术水平下,以既定投入实现产出最大化的能力较差,投入资源尚未得到充分利用(李萌等,2020)。因此,在今后医疗卫生发展过程中需要加强投入资源的利用效率。对于不同地区,应因地制宜,适时调整投入资源,优化医疗卫生资源配置,提升医疗服务体系管理水平并合理制定其发展规模,进而提升各地区医疗服务体系投入产出效率。

(二) 技术水平较低是医疗服务体系效率较低的主要原因

前述综合效率、Malmquist 指数及其分解结果均显示,技术水平较低是当前医疗服务体系效率较低的主要原因。从 2011—2017 年的 Malmquist 指数及其分解结果来看,2011—2017 年各地区医疗服务体系的纯技术效率值和规模效率值都相对较高,但由于技术进步改善相对滞后,各地区生产率水平并未得到大幅提升。技术进步率在 2014—2015 年之前为正,在其后为负,表明整体技术水平未能实现持续发展以对医疗服务体系运行效率起到推动作用,这与裴金平、刘穷志(2017),肖力玮、邓汉慧(2019)等人的研究结论一致。除此之外,各地区Malmquist指数及其分解结果显示,大部分地区的医疗卫生投入存在技术衰退现象。因此今后应着重提升各地区医疗卫生服务机构的内部管理水平,加强医疗服务体系内部精细化管理,同时在医疗卫生投入方面加强技术创新,提高技术进步水平,以改善医疗服务体系效率。

(三) 大病保险制度的实施提升了医疗服务体系整体运行效率

面板Tobit模型结果显示,实施大病保险制度能够显著提高医疗服务体系综合效率值。城乡居民大病保险是为了减轻大病患者高额医疗负担而制定和实施的一项重要举措,作为基本医保制度报销后的二次补偿,其对于个体的疾病经济负担具有明显的减轻作用。与此同时,作为一项医疗保障制度,实施大病保险制度对于医疗服务的供给也存在一定影响。一方面,大病保险制度的实施能够分担患者的疾病经济风险,扩大医疗服务体系的服务范围;另一方面,大病保险制度可通过补偿设计引导医疗服务体系建设,如规范医生行为、引导患者合理就医等(张研、张亮,2017)。已有研究也发现医疗保障制度的实施提高了医疗卫生资源利用水平,改善了医疗供给效率。(戴平生,2011)此外,大病保险制度在设计及实施方面主要采取社商合作的经办形式,充分利用商保公司的专业优势,其本身的制度运行效率也能在一定程度上得以提高(汤小卉、陈华,2013)。因此,本章认为实施大病保险制度能够一定程度上提高医疗服务体系的运行效率,前文的实证研究也对此进行了佐证。此外,已有研究得出医保制度分割对医疗服务体系效率存在负向影响的结论。(肖力玮、邓汉慧,2019)综上,鉴于各地区已全面实施大病保险,未来可推进大病保险制度的城乡统筹,并逐步提高其统筹层次,充分发挥城乡医保整合对医疗服务体系效率的提升作用,同时减缓城镇化所带来的负向冲击作用,提升各地医疗服务体系运行效率。

第五部分
统筹城乡大病保险制度模式效应实证研究

第一章 大病保险不同统筹模式对大病患者医疗服务利用及健康的影响差异研究

本书第四部分利用CHARLS数据探究了大病保险制度的实施对城乡居民医疗服务利用及健康的影响,肯定了大病保险制度对于农村和中低收入群体在医疗服务利用及健康方面的积极效应。为了打破医保制度城乡二元分割的局面,在各地已全面实施大病保险制度的情况下,产生了不同的城乡统筹模式,如一元制模式、二元补偿统一制模式和未统筹模式。根据理论分析,大病保险城乡统筹层次越高,相应的医保基金抵御风险的能力也就越强,同时对于弱势群体的"环境"补偿效应也会越明显。由于公共数据库年份相对较短,且无法准确获取各地是否进行大病保险制度城乡统筹的相关信息,研究对象也无法聚焦已经享有大病保险补偿的重大疾病患者。因此,本部分利用东部、中部和西部地区大病保险制度不同城乡统筹模式典型试点地区的一手微观调研数据,对不同城乡统筹模式下大病保险制度的实施效应进行比较分析,探讨制度实施的效应差异及其成因。

一、变量选择及模型设定

(一) 变量选择

1. 被解释变量

第一,医疗服务利用。医疗服务利用反映个体的医疗需求及其医疗服务实际利用量,由于本章研究对象为享受过大病保险二次补偿的城乡大病患者,他们均利用过住院医疗服务,因此参考多数文献的做法(Cook et al.,2009;Cook et al.,2010),本研究选择个体在过去一年内的医疗总费用作为医疗服务利用的代理变量,研究大病保险制度不同城乡统筹模式对大病患者医疗服务利用的影响。

第二,实际报销比。医疗保险实际报销比作为测度其具体保障程度的指标,在研究中被广泛使用,在具体政策实践中,受到覆盖范围、报销目录、医保基金等因素的多重影响,政策报销比与实际报销比并不一致,对于个体而言,实际报销比能综合反映其面临的医疗经济负担与医保制度的保障水平。大病保险制度在基本医保基础上对患者发生的合规医疗费用进行再次报销,因此本研究考察的实际报销比为基本医保与大病保险报销加总后占医疗支出的累计实际报销比,计算公式如下:

实际报销比＝一个保险年度内基本医保和大病保险的偿付费用总和/年医疗总费用

第三,自评健康得分 EQ-VAS。本研究采用 EQ-VAS 作为个体健康水平的代理变量,EQ-VAS 为欧洲五维健康量表中反映个体健康的自评得分。该变量采用刻度尺的方式让被访者描述符合其内心预期的健康状况,取值 0—100,取值越高代表健康状况越好。由于 EQ-VAS 具有连续性数据的特征和诸多良好性质,在研究中得到广泛应用。(JieAnNaMu et al.,2020;叶静陶等,2018)

2. 解释变量

本研究主要考察大病保险制度不同城乡统筹模式对大病患者实施效应的差异,因此主要解释变量为表征不同模式的哑变量,根据前述章节所述,主要研究的大病保险制度城乡统筹模式分为"一元制""二元补偿统一制"和"未统筹"模式三种。在具体研究时,首先将一元制和二元补偿统一制进行合并,作为已统筹模式,考察大病保险制度有无城乡统筹对大病患者实施效应的差异并分析其原因。其次,仅保留已统筹模式样本,研究一元制模式与二元补偿统一制模式下大病保险制度实施效应的差异及其原因。

3. 控制变量

结合安德森医疗服务利用模型与前述研究,本研究选取以下变量作为协变量在模型中予以控制:① 大病患者倾向性特征,包括患者的年龄、性别、户籍、受教育程度、婚姻状况、家庭规模等相关指标;② 大病患者使能资源,包括家庭人均收入和是否参与非农就业;③ 大病患者健康需要变量,包括个体是否患有慢性病、是否患有恶性肿瘤、是否吸烟、是否饮酒、锻炼频率等相关指标;④ 情景特征方面,除本章主要关注的大病保险制度模式变量外,在模型中加入地区变量,以控制各地经济社会发展不一致所带来的大病患者在结果变量方面的差异。

(二) 模型设定

1. 多元线性回归模型

在研究方法上,本章首先建立多元线性回归模型,分析大病保险不同城乡统筹模式对大病患者医疗服务利用、实际报销比和自评健康得分的影响,具体模型设定如下:

$$Y_i = \alpha + \beta D_i + X_i'\gamma + \varepsilon_i \qquad (5-1)$$

其中 Y_i 表示被调查大病患者的结果变量,包括患者的医疗服务利用、实际报销比和自评健康得分,D_i代表不同城乡统筹模式的哑变量,在研究大病保险是否城乡统筹对大病患者实施效应的差异时,D_i代表是否城乡统筹(取值为 1 表示已统筹模式,取值为 0 表示未统筹模式);当研究一元制模式相对二元补偿统一制模式对大病患者的实施效应差异时,D_i代表是否为一元制模式的哑变量(取值为 1 代表一元制模式,取值为 0 代表二元补偿统一制模式),X_i表示模型中大病患者的其他控制变量,γ为相应系数,ε_i为随机误差项。

2. 倾向得分匹配

由于不被观测到的地区、家庭和个人等因素的影响,不同模式中个体存在较大异质性。因此,在研究不同模式大病保险对个体医疗服务利用、实际报销比和自评健康的影响时,本研究进一步采用 PSM 对大病保险进行效应评估。该方法可以有效控制大病保险有无城乡统筹及不同城乡统筹模式下患者在可观测特征上存在的差异,以有效减少估计偏误。因此本研究利用倾向得分匹配,进一步计算不同统筹模式下城乡居民大病保险实施效应的差异。

二、实证研究结果

(一) 描述性统计结果

第三部分第二章已经对调查样本的总体特征及不同城乡统筹模式下的患者基本特征进行了描述,本章主要对不同模式下大病患者的结果变量进行描述性统计,并进行组间差异性检验以判断不同模式间结果变量是否存在差异,结果见表 5-1-1。

表 5-1-1　不同模式下个体结果变量描述性统计及组间差异性检验

变量	一元制	二元补偿统一制	未统筹	F 值	P 值
医疗支出（对数）	10.8375 (1.1854)	10.0809 (1.0129)	10.8362 (0.6910)	169.41***	0.000
实际报销比	0.6658 (0.1728)	0.6426 (0.1589)	0.5182 (0.1916)	131.55***	0.000
EQ-VAS	79.8964 (9.0594)	72.9734 (13.5727)	73.2800 (17.8429)	17.56***	0.000

注：由于医疗支出对数极差较大，为降低其变异程度并解决模型在估计中的异方差问题，对其取对数处理；括号内为各组别变量对应的标准差；*** 表示在 1% 的显著性水平上显著。

据表 5-1-1 所示，不同模式下个体的结果变量均存在显著差异（$P<0.001$），从医疗支出来看，相比较而言，一元制模式下大病患者的医疗总费用最多，其次是未统筹模式，二元补偿统一制下患者的年总医疗支出最少。实际报销比反映了包括基本医疗保险和大病保险制度在内的医疗保障制度对患者医疗经济风险的补偿作用。可以看出，统筹层次越高，个体的实际报销比越高，医保制度对患者医疗经济风险的化解能力越强。此外，自评健康得分结果显示，一元制模式下大病患者的自评健康得分显著高于二元补偿统一制和未统筹模式下的大病患者。描述性统计及单因素 F 检验结果表明，不同模式下大病患者在医疗服务利用、实际报销比和自评健康得分方面存在显著差异，但上述分析仅停留在描述层面，在控制个体、家庭及地区特征的基础上，大病患者上述结果变量的差异有多少是源自统筹模式的影响？其他因素如何影响大病患者的医疗服务利用、实际报销比和健康水平？回答上述问题需要下文进一步的实证分析。

(二) 基准回归结果

表 5-1-2 显示了大病保险制度有无城乡统筹下的实施效应差

异。可以发现,在控制地区、家庭及个体特征后,大病保险制度实施城乡统筹对大病患者的医疗服务利用、实际报销比和健康自评得分均具有显著影响。具体而言,从模型(1)可以看出,大病保险制度城乡统筹相比未统筹模式对大病患者医疗总费用有正向影响,即城乡统筹模式下大病患者利用更多医疗服务,且该效应在1%的显著性水平上显著。前述章节已经通过 CHARLS 公开数据库佐证了大病保险制度的实施对城乡居民医疗服务利用的促进作用。城乡统筹模式下大病保险制度基金池有所扩大,提高了基金抵御风险的能力。从制度设计上看,大病保险制度城乡统筹能够促进城镇和农村居民在医疗保障权益方面的公平性,在待遇设计方面打破以往城乡二元分割的局面。大病患者本身因罹患重特大疾病而面临较高的经济风险,而农村居民因收入水平与制度设计在医疗服务利用方面会受到较大约束。大病保险制度城乡统筹能够对处于不利"环境"下的大病患者进行补偿,有利于其医疗服务需求的释放,使其得以利用更多医疗服务。

其他显著影响大病患者医疗总费用的因素包括年龄、性别、户籍、是否患有恶性肿瘤、是否吸烟、是否饮酒、锻炼频率等。首先,年龄越大、患有恶性肿瘤的大病患者,因面临较高健康风险,在医疗利用及支出方面需要倾注更多资源。相对于女性患者,男性患者因社会分工和家庭角色,在患病时倾向于投入更多医疗资源进行治疗,因此其医疗支出相对更高。从健康行为来看,对于吸烟和饮酒的大病患者,因对其健康状况存在正向预期,且罹患重大疾病的患者有不健康行为的概率更低,因而得到吸烟和饮酒的患者医疗总支出更少的结论。对于每天锻炼的个体而言,其医疗总支出相对更低,从侧面反映了锻炼对健康的积极效应。从户籍方面来看,相比城镇居民,农村居民的医疗支出相对更高。除此之外,患者的婚姻状况、受教育程度、是否从事非农行业、家庭收入、家庭人数、是否患有慢性病等变量对大病患者的医疗服务利用无显著影响。

模型(2)显示了被解释变量为大病患者实际报销比的估计结果,可以看出,大病保险制度城乡统筹对实际报销比存在显著影响。具体而言,大病保险城乡统筹模式下的实际报销比相对更高,实际报销比约提高8.15%,且效应在1%的显著性水平上显著。在城乡统筹模式下,城镇居民和农村居民的大病保险基金在同一基金池内,城乡大病患者在患病时拥有同样的报销比例,相对未统筹模式,统筹模式下的政策报销比例相对更高,相应的实际报销比例也更高。实际报销比例很大程度上受到医保制度设计的影响,从协变量的估计结果也可以看出,除了年龄与患有恶性肿瘤显著影响大病患者的实际报销比外,其余变量对实际报销比无显著影响。年龄越大、患有恶性肿瘤的大病患者,需要利用更多医疗服务以提高健康产出,医疗服务利用模型估计结果也显示这部分人的医疗支出相对更高,按照大病保险制度的分段报销比例设置要求,医疗支出越多的人报销比例也相应越高,因此这部分患者的实际报销比例也相对更高。

从表5-1-2模型(3)的估计结果可以看出,关键解释变量前的系数为正,表明在其他控制变量不变的情况下,相比未统筹组,大病保险制度城乡统筹模式下大病患者的自评健康得分更高,且该效应在5%的显著性水平上显著。前述章节已经验证了大病保险制度的实施对居民医疗服务利用和健康的正向促进效应。大病保险制度能够一定程度上释放城乡居民原本被抑制的医疗服务需求,提高医疗服务利用,进而改善其自评健康。在城乡统筹模式下,大病保险制度将城镇和农村居民纳入相同的制度设计框架下,能够提高其基金的抗风险能力,同时在制度设计上使城乡居民面临同样的补偿范围和待遇标准,提高患者在政策范围内的报销比例和实际报销比例,进一步提高大病患者的医疗利用程度,促进其健康水平的改善。各协变量的估计结果显示,年龄越大、患有恶性肿瘤的大病患者自评健康得分越低,且效应在1%的显著性水平上显著。年龄越大与罹患疾病越严重的患者面临更高的健康风险,因而在自身健康感知方面得分较低。健康行为变量中,目前是否吸烟和饮酒对自评健康又有显著正向效应,对于当前依然保持吸烟和饮酒行为的患者,其对自身健康感知处于较为乐观的状态,对自身健康水平具有正向预期,因此健康自评得分较高。锻炼频率越高,大病患者的健康得分越高,肯定了锻炼身体对大病患者健康的正向积极作用。从使能资源来看,从事非农工作和家庭人均收入越高的患者,其健康自评得分也相应越高。从户籍状况来看,样本估计结果显示农村大病患者的健康自评状况更好,可能源自城乡居民在健康评价内涵和要求标准方面的不一致。此外,性别、婚姻、受教育程度、慢性病、家庭人数等变量对大病患者的健康状况无显著影响。

表5-1-2　城乡统筹与未统筹模式下大病保险制度实施效应差异

变量	(1) 医疗总费用	(2) 实际报销比	(3) EQ-VAS
大病保险制度城乡统筹 (参照组＝未统筹)	0.2728*** (0.0974)	0.0815*** (0.0147)	2.8093** (1.1310)
年龄	0.0023** (0.0010)	0.0008*** (0.0002)	−0.1488*** (0.0173)
女性 (参照组＝男性)	−0.3617*** (0.0744)	−0.0156 (0.0112)	0.2932 (0.7582)
农业户口 (参照组＝城镇户口)	0.1088** (0.0430)	−0.0119 (0.0073)	3.3684*** (0.7242)
已婚 (参照组＝其他)	−0.0575 (0.0543)	−0.0015 (0.0081)	−0.0511 (0.8093)
非农工作 (参照组＝否)	−0.0560 (0.0469)	0.0044 (0.0077)	2.4278*** (0.7579)
初中教育程度 (参照组＝小学及以下教育程度)	0.0572 (0.0461)	0.0052 (0.0076)	0.5078 (0.6838)
高中及以上教育程度 (参照组＝小学及以下教育程度)	−0.0503 (0.0541)	−0.0099 (0.0091)	−0.0169 (0.8497)
家庭人数	−0.0087 (0.0134)	−0.0045** (0.0021)	−0.2111 (0.1970)

(续表)

变量	(1) 医疗总费用	(2) 实际报销比	(3) EQ-VAS
对数家庭人均收入	−0.0067 (0.0136)	0.0028 (0.0021)	0.7532** (0.3165)
患有慢性病 (参照组＝没有慢性病)	−0.0823 (0.0812)	0.0154 (0.0119)	−1.1783 (0.7928)
患有恶性肿瘤 (参照组＝没有恶性肿瘤)	0.3173*** (0.0493)	0.0572*** (0.0093)	−4.1965*** (0.9405)
吸烟 (参照组＝不吸烟)	−0.0929* (0.0525)	−0.0098 (0.0088)	1.3175* (0.7924)
饮酒 (参照组＝不饮酒)	−0.1123* (0.0630)	0.0078 (0.0098)	1.7045** (0.8202)
每月锻炼1—2次 (参照组＝几乎不锻炼)	0.0825 (0.1610)	0.0262 (0.0388)	−1.2360 (2.3860)
每周锻炼1—2次 (参照组＝几乎不锻炼)	0.0115 (0.0486)	−0.0060 (0.0076)	4.6915*** (0.7113)
每周锻炼3—4次 (参照组＝几乎不锻炼)	−0.0476 (0.0536)	−0.0112 (0.0102)	5.3601*** (1.0849)
每天锻炼 (参照组＝几乎不锻炼)	−0.1695*** (0.0604)	−0.0081 (0.0099)	7.7249*** (0.7445)
地区变量	控制	控制	控制
样本量	1983	1983	1983
Adjusted R-squared	0.2492	0.4386	0.3174

注:① 表中*、**、***分别代表系数在10%、5%和1%的显著性水平上显著;② 括号内数据表示稳健标准误。

除了对比有无城乡统筹对大病患者医疗服务利用、实际报销比和自评健康得分影响的差异外,本章进一步筛选出已统筹样本,并对比一元制和二元补偿统一制模式下大病保险制度实施效应的差异,结果见表5-1-3。从表5-1-3可以看出,一元制模式与二元补偿统一制下大病保险制度对大病患者的医疗服务利用、实际报销比和自评健康得分的影响均存在差异。具体而言，相比二元补偿统一制模式，一元制模式下大病保险制度对患者医疗总费用有正向影响，即一元制模式下大病患者利用更多医疗服务，且该效应在1%的显著性水平上显著。一元制模式下大病患者的实际报销比相对更高，实际报销比提高约1.33%，但该效应不具有统计显著性。从自评健康得分来看，相比二元补偿统一制模式，一元制模式下大病患者的自评健康得分更高，且该效应在1%的显著性水平上显著。其余协变量的影响与有无统筹模式下的系数估计无明显差异，故此处不再赘述。一元制模式下，城镇职工、城镇居民和农村居民大病保险均在相同的制度框架下，大病保险基金池更大，医保基金互助共济的能力更强。此外，一元制模式下，职工以及城镇和农村居民大病保险缴费标准存在差异，但在报销范围和补偿待遇方面一致，体现了制度设计的公平性，倾斜性的政策能够使城乡居民的医疗服务需求得到进一步释放，健康水平得以改善。

表5-1-3　一元制与二元补偿统一制模式下大病保险制度实施效应差异

变量	(1) 医疗总费用	(2) 实际报销比	(3) EQ-VAS
一元制模式 (参照组＝二元补偿统一制模式)	1.1198*** (0.1106)	0.0133 (0.0156)	4.1363*** (1.1371)
年龄	0.0034** (0.0016)	0.0011*** (0.0002)	−0.1359*** (0.0221)
女性 (参照组＝男性)	−0.4370*** (0.0966)	−0.0149 (0.0121)	0.2657 (0.8635)
农业户口 (参照组＝城镇户口)	−0.1160* (0.0629)	0.0098 (0.0099)	1.2452* (0.7486)
已婚 (参照组＝其他)	0.0152 (0.0956)	0.0121 (0.0110)	0.4862 (1.0604)
非农工作 (参照组＝否)	0.0214 (0.0740)	0.0113 (0.0117)	1.4420* (0.8364)

(续表)

变量	(1) 医疗总费用	(2) 实际报销比	(3) EQ-VAS
初中教育程度 (参照组＝小学及以下)	0.0665 (0.0704)	0.0117 (0.0098)	0.2081 (0.7567)
高中及以上教育程度 (参照组＝小学及以下)	−0.1530* (0.0788)	−0.0032 (0.0125)	−1.6883* (0.9507)
家庭人数	0.0209 (0.0209)	−0.0027 (0.0027)	0.2230 (0.2229)
对数家庭人均收入	−0.0372 (0.0289)	−0.0008 (0.0037)	0.8642** (0.4069)
患有慢性病 (参照组＝没有慢性病)	−0.1367 (0.1015)	0.0185 (0.0130)	−0.8347 (0.8686)
患有恶性肿瘤 (参照组＝没有恶性肿瘤)	0.1386* (0.0839)	0.0863*** (0.0134)	−6.9275*** (1.2631)
吸烟 (参照组＝不吸烟)	−0.0955 (0.0771)	−0.0070 (0.0119)	0.4625 (0.9025)
饮酒 (参照组＝不饮酒)	−0.1259 (0.0958)	0.0013 (0.0128)	0.5232 (0.9872)
每月锻炼1—2次 (参照组＝几乎不锻炼)	0.0998 (0.3749)	0.0560** (0.0255)	−2.4554 (3.1458)
每周锻炼1-2次 (参照组＝几乎不锻炼)	−0.0158 (0.0685)	−0.0114 (0.0099)	3.0650*** (0.7356)
每周锻炼3—4次 (参照组＝几乎不锻炼)	−0.0973 (0.0847)	−0.0217 (0.0156)	3.2443** (1.3604)
每天锻炼 (参照组＝几乎不锻炼)	−0.2054** (0.0878)	−0.0184 (0.0122)	5.2416*** (0.8935)
地区变量	控制	控制	控制
样本量	1167	1167	1167
Adjusted R-squared	0.1860	0.2839	0.3499

注：*** $p<0.01$，** $p<0.05$，* $p<0.1$

(三) 基于 PSM 的大病保险制度平均干预效应

如前所述，由于个体是否处于不同城乡统筹模式下的大病保险制度环境并非一个完全随机的结果,即不同城乡统筹模式变量也可能内生于当地的经济社会发展情况。为进一步解决不同城乡统筹模式下个体异质性所导致的估计偏倚,本研究采用倾向得分匹配法分别将统筹组和未统筹组、一元制模式和二元补偿统一制模式下具有相同倾向得分的患者随机分配到相应组别,然后对比城乡居民大病保险制度有无统筹及不同统筹模式下的实施效应差异。本研究将分别使用常见的最近邻匹配法、半径匹配法、分层匹配法和核匹配法进行上述分析,以考察有无城乡统筹和不同城乡统筹模式下大病保险制度对大病患者医疗费用、实际报销比和自评健康得分的效应差异,具体估计结果见表 5-1-4。

表 5-1-4 统筹相对未统筹模式下大病保险制度实施效应——PSM 估计结果

		统筹组样本量	未统筹组样本量	ATT	t 值
医疗总支出	最近邻匹配	1171	364	0.457*	1.695
	半径匹配	60	488	0.515***	2.740
	分层匹配	111	488	0.602***	3.316
	核匹配	1171	818	0.600*	1.877
实际报销比	最近邻匹配	1171	364	0.111***	3.261
	半径匹配	60	488	0.098***	4.388
	分层匹配	111	488	0.054**	2.361
	核匹配	1171	818	0.052	1.249
自评健康	最近邻匹配	1171	458	2.004*	1.800
	半径匹配	1161	817	1.438*	1.840
	分层匹配	1161	817	1.993***	2.346
	核匹配	1171	818	1.926***	2.637

注:* 和 *** 分别代表在 10% 和 1% 的显著性水平上显著;ATT 表示大病保险制度城乡统筹相对于未统筹组对大病患者医疗总支出、实际报销比和自评健康的效应。

表 5-1-4 汇报了大病保险制度城乡统筹相对于未统筹组对城乡居民的医疗服务利用、实际报销比和自评健康的影响。其中统筹组为干预组,包括一元制和二元补偿统一制两种模式,未统筹组为对照组。从表中可以看出,统筹组相比未统筹组能够显著增加大病患者的医疗服务利用,提高其实际报销比并改善其自评健康得分。具体而言,当被解释变量为医疗服务利用时,统筹相比未统筹组能够增加对数医疗支出 0.457—0.602,且四种匹配策略下该效应均至少在 10% 的显著性水平上显著。在以实际报销比为被解释变量的估计结果中,统筹组的实际报销比显著高于未统筹组,大病保险制度城乡统筹能够提高患者的实际报销比 0.052—0.011,除核匹配策略下 ATT 不显著外,其余处理效应均在 1% 的显著性水平上显著,表明大病保险制度城乡统筹在促进大病患者的实际报销比方面有着积极的作用。此外,当被解释变量为大病患者的自评健康得分时,表 5-1-4 中的估计结果显示,大病保险制度城乡统筹能够显著提高重特大疾病患者的自评健康得分,四种匹配策略均至少通过了 10% 的显著性检验。从数值上看,与未统筹模式相比,大病保险制度城乡统筹能够提高大病患者的自评健康得分 1.438—2.004。

除了考量大病保险制度有无城乡统筹的制度效应差异外,本研究进一步探讨对于已统筹模式,一元制模式相比二元补偿统一制模式是否能够促进大病患者的医疗服务利用,提高实际报销比,并改善其健康水平。下文分析将一元制模式作为处理组,将二元补偿统一制模式作为控制组,进行与前述分析类似的研究,得到结果见表 5-1-5。从表 5-1-5 可以看出,相比二元补偿统一制,一元制模式在大病患者医疗服务利用、实际报销比和自评健康方面均表现出正向效应,但对实际报销比的正效应在四种匹配策略下均没有通过显著性检验。从医疗服务利用和自评健康来看,一元制模式下患者的医疗服务利用更多,自评健康得分更高,且效应均在 1% 的显著性水平上显著,一定程度上表明统筹模式越高,大病患者在医疗利用和健康方面的受益性越好。

表 5-1-5　一元制相对二元补偿统一制下大病保险制度实施效应
　　　——PSM 估计结果

		一元制样本量	二元补偿统一制样本量	ATT	t 值
医疗总支出	最近邻匹配	193	533	1.090***	4.801
	半径匹配	54	472	1.387***	9.032
	分层匹配	60	473	1.213***	5.284
	核匹配	193	978	1.145***	5.542
实际报销比	最近邻匹配	193	533	0.034	0.819
	半径匹配	54	472	0.018	0.786
	分层匹配	60	473	0.030	0.677
	核匹配	193	978	0.022	0.612
自评健康	最近邻匹配	193	533	9.268***	2.625
	半径匹配	54	472	1.908	1.095
	分层匹配	60	473	8.792***	3.319
	核匹配	193	978	8.698***	3.444

注：表中*** 代表在1‰的显著性水平上显著；ATT 表示大病保险制度一元制模式相对于二元补偿统一制模式对大病患者医疗总支出、实际报销比和自评健康的效应。

从上述倾向得分匹配基础上的制度效应比较分析结果可以看出，大病保险制度城乡统筹能够显著提高重特大疾病患者的医疗服务利用和实际报销比，并对其自评健康得分也有明显的改善作用。对于已经实施城乡统筹的地区，统筹层次越高，大病患者的医疗服务利用和自评健康得分也相应越高，但实际报销比在不同已统筹模式间无明显差异。倾向得分匹配得到的关键变量系数显著性和方向与基准回归没有明显差异，系数方面略有差别，佐证了前述基准回归的稳健性。

(四) 不同统筹模式下大病保险制度实施效应异质性分析

1. 不同统筹模式下大病保险制度实施效应城乡异质性分析

为了进一步研究不同模式下城乡居民大病保险实施效应差异的异质性,本研究进一步从户籍和收入两个维度对不同模式下的制度实施效应异质性进行分析。首先从户籍角度将样本分为城镇和农村,研究大病保险制度是否城乡统筹分别对城镇和农村居民医疗服务利用、实际报销比和自评健康得分的影响,结果见表5-1-6。表中Panel A和Panel B分别显示了大病保险制度城乡统筹相对未统筹对城镇居民和农村居民的实施效应。结果表明,对于城镇居民而言,相对于未统筹组,大病保险制度城乡统筹对城乡居民的医疗服务利用、实际报销比和自评健康得分均存在正向影响,对于实际报销比的正效应在1%的显著性水平上显著,但对医疗总费用和自评健康得分的正效应不具有统计显著性。

表5-1-6 统筹相对未统筹模式下大病保险制度实施效应城乡异质性分析

变量	(1) 医疗总费用	(2) 实际报销比	(3) EQ-VAS
Panel A:城镇			
大病保险制度城乡统筹 (参照组=未统筹)	0.0432 (0.1850)	0.1606*** (0.0265)	0.8636 (1.9646)
样本量	714	714	714
Adjusted R-squared	0.3777	0.2712	0.1715
Panel B:农村			
大病保险制度城乡统筹 (参照组=未统筹)	0.5890*** (0.1144)	0.0319* (0.0183)	4.8590*** (1.4098)
样本量	1269	1269	1270
Adjusted R-squared	0.2204	0.4972	0.3498

注:表中*和***分别代表在10%和1%的显著性水平上显著;括号内数据表示稳健标准误;核心变量为大病保险制度是否城乡统筹;上述模型均已控制地区变量和大病患者的其他特征,控制变量与表5-1-2相同。

农村分样本的估计结果显示,大病保险制度城乡统筹能够提高农村大病患者的医疗服务利用,对大病患者的医疗总费用存在正向效应,且该效应在1%的显著性水平上显著。城乡统筹模式下大病患者的实际报销比相对更高,且该效应在10%的显著性水平上显著。自评健康得分估计结果显示,相比未统筹模式,大病保险制度城乡统筹能够提高农村大病患者的自评健康得分,且该效应在1%的显著性水平上显著。

对比城乡分样本估计结果可以看出,大病保险城乡统筹提高了农村大病患者的医疗服务利用和实际报销比例,并对其健康水平具有显著的改善作用。对于城镇居民,大病保险制度城乡统筹在其实际报销比方面具有显著正效应,但对医疗服务利用和自评健康则无显著促进作用。在大病保险制度实施过程中,多数地区将城镇居民和农村居民大病保险放在同一制度框架下,设定相同的筹资和补偿机制。从筹资角度而言,大病保险制度不再单独向城乡居民进行收费,而是从基本医疗保险年度基金结余中拨付。对于农村大病患者,在城乡未统筹地区由于筹资和报销比例相对较低,且在补偿范围上受到较大限制,因此其医疗服务利用处于较低水平。对于实施大病保险城乡统筹的地区,城镇与农村居民大病保险内部设置一个基金池,在补偿范围及报销比例方面使农村居民与城镇居民具有相同标准,城乡统筹有利于农村大病患者改善其制度设计方面的相对不利环境,通过降低患者所面临的医疗服务相对价格,改善农村大病患者的医疗服务可及性,使其部分医疗服务需求得以释放,利用更多医疗服务,改善其合意健康产出。另外值得注意的是,异质性分析显示城乡统筹对城镇大病患者的实际报销比效应在数值上更大,可能的原因在于大病保险制度本身是对基本医保报销后的合规费用进行补偿,在基本医保制度设计方面,城镇居民的报销目录和医保偿付水平在很长一段时间内都高于农村居民,因此具有更高的实际报销比。此外,制度设计差异也可能对城乡患者在就医时的选择和习惯产生影响,这也是实际报销比效应可能存在差异的原因。

为了进一步比较不同已统筹模式下大病保险制度实施效应的城乡异质性,本研究利用已统筹样本进行进一步分析,将二元补偿统一制作为对照,探究一元制相对于二元补偿统一制下大病保险制度实施效应的城乡异质性,分析结果见表5-1-7。城镇分样本估计结果显示,一元制相比二元补偿统一制模式,大病患者的医疗服务利用更高,且该效应在1%的显著性水平上显著,一元制模式能够进一步提高城镇大病患者的实际报销比约5.51%,且该效应在5%的显著性水平上显著。此外,自评健康得分估计结果显示,相比二元补偿统一制模式,一元制模式能够提高城镇居民的自评健康得分约5.3408,且效应在1%的显著性水平上显著。从农村大病患者的样本估计结果来看,一元制模式下农村大病患者的医疗服务利用和自评健康水平相对更高,即一元制相对二元补偿统一制能够提高患者的医疗服务利用和自评健康水平,且上述效应分别在1%和5%的显著性水平上显著。当被解释变量为大病患者的实际报销比时,估计结果显示一元制模式和二元补偿统一制模式在农村大病患者的实际报销比方面没有显著差异。

表5-1-7　一元制相对二元补偿统一制模式下大病保险制度实施效应城乡异质性分析

变量	(1) 医疗总费用	(2) 实际报销比	(3) EQ-VAS
Panel A:城镇			
一元制模式 (参照组=二元补偿统一制模式)	1.2214*** (0.2056)	0.0551** (0.0277)	5.3408*** (1.8268)
样本量	390	390	390
Adjusted R-squared	0.1512	0.1368	0.2355

(续表)

变量	(1) 医疗总费用	(2) 实际报销比	(3) EQ-VAS
Panel B：农村			
一元制模式 （参照组＝二元补偿统一制 模式）	1.1660*** (0.1341)	−0.0153 (0.0202)	3.2943** (1.4681)
样本量	777	777	777
Adjusted R-squared	0.1832	0.3437	0.3742

注：表中**和***分别代表在5%和1%的显著性水平上显著；括号内数据表示稳健标准误；核心变量为大病保险制度是否为一元制模式（参照组为二元补偿统一制模式）；上述模型均已控制地区变量和大病患者的其他特征，控制变量与表5-1-2相同。

综合不同统筹模式大病保险实施效应的城乡异质性分析结果可以看出，一元制模式相比二元补偿统一制，在城镇和农村居民的医疗服务利用和自评健康方面均存在显著正向影响。从效应大小上看，一元制模式对城镇大病患者的医疗利用和健康的影响均略大于农村大病患者。从实际报销比结果对比分析可以看出，相比二元补偿统一制，一元制模式对城镇大病患者的实际报销比具有显著的正向效应，但是对农村大病患者的实际报销比则无显著影响。如前所述，大病保险制度的城乡统筹层次越高，大病保险基金的共济性就越强，且城乡居民都将面临更高的偿付水平。因此城乡统筹层次越高，对于城镇和农村大病患者的医疗服务利用均起到促进作用，进而提高了自评健康水平。但是由于基本医保设计差异及就医习惯的不同，一元制相对二元补偿统一制所带来的效应差异在城镇大病患者中表现更为显著。

2. 不同统筹模式下大病保险制度实施效应收入异质性分析

除了分别考察不同城乡统筹模式下大病保险制度对城镇和农村大病患者的实施效应差异外，本研究按照样本中全部患者的家庭人均收入对样本进行分组,分为低收入组、中等收入组和高收入组,并对不同收入组样本进行基准回归估计,得到结果如表 5-1-8 和表 5-1-9 所示。

表 5-1-8　统筹相对未统筹模式下大病保险制度实施效应收入异质性分析

变量	(1) 医疗总费用	(2) 实际报销比	(3) EQ-VAS
Panel A:低收入组			
大病保险制度城乡统筹 (参照组=未统筹)	0.1518 (0.3151)	0.1168*** (0.0341)	7.8019** (3.1004)
样本量	739	739	740
Adjusted R-squared	0.2368	0.5569	0.3188
Panel B:中等收入组			
大病保险制度城乡统筹 (参照组=未统筹)	0.3563** (0.1788)	0.0327 (0.0354)	0.7515 (2.6713)
样本量	604	604	604
Adjusted R-squared	0.2906	0.3576	0.1467
Panel C:高收入组			
大病保险制度城乡统筹 (参照组=未统筹)	0.1142 (0.1386)	0.1011*** (0.0214)	0.8246 (1.8062)
样本量	640	640	640
Adjusted R-squared	0.2559	0.3427	0.3610

注:表中** 和*** 分别代表在5%和1%的显著性水平上显著;括号内数据表示稳健标准误;核心变量为大病保险制度是否城乡统筹;上述模型均已控制地区变量和大病患者的其他特征,控制变量与表 5-1-2 相同。

表 5-1-9　一元制相对二元补偿统一制模式下大病保险制度实施效应收入异质性分析

变量	(1) 医疗总费用	(2) 实际报销比	(3) EQ-VAS
Panel A：低收入组			
一元制模式 （参照组＝二元补偿统一制模式）	0.7873** (0.3146)	0.0152 (0.0357)	8.3115** (3.2930)
样本量	418	418	418
Adjusted R-squared	0.1250	0.3506	0.3513
Panel B：中等收入组			
一元制模式 （参照组＝二元补偿统一制模式）	1.1605*** (0.2197)	0.0223 (0.0405)	−1.2065 (2.8474)
样本量	361	361	361
Adjusted R-squared	0.1753	0.2343	0.1347
Panel C：高收入组			
一元制模式 （参照组＝二元补偿统一制模式）	1.0452*** (0.1732)	0.0212 (0.0240)	4.2557** (1.7635)
样本量	388	388	388
Adjusted R-squared	0.2394	0.2364	0.4234

注：表中 ** 和 *** 分别代表在 5% 和 1% 的显著性水平上显著；括号内数据表示稳健标准误；核心变量为大病保险制度是否为一元制模式（参照组为二元补偿统一制模式）；上述模型均已控制地区变量和大病患者的其他特征，控制变量与表 5-1-2 相同。

表 5-1-8 显示了大病保险制度城乡统筹对不同收入组大病患者的实施效应。可以看出，对于低收入组大病患者而言，大病保险制度城乡统筹能够提高其医疗服务利用，但该效应不具有统计显著性。城乡统筹模式下低收入组大病患者的实际报销比更高，高约

11.68%,且该效应在1%的显著性水平上显著。此外,自评健康得分估计结果显示,统筹组下低收入组大病患者的自评健康得分比未统筹组高约7.8019,且该效应在5%的显著性水平上显著。从中等收入组的估计结果来看,大病保险制度城乡统筹能够显著提高该组大病患者的医疗服务利用,且效应在5%的显著性水平上显著,但对这部分群体的实际报销比和自评健康得分均没有显著影响。高收入组样本估计结果显示,大病保险制度城乡统筹模式下医疗服务利用、实际报销比和自评健康得分均高于未统筹组,但是医疗服务利用和自评健康得分的效应不具有统计显著性,实际报销比的正效应在1%的显著性水平上显著。从不同收入组别下的估计结果可以看出,大病保险制度城乡统筹对于不同收入组的医疗利用、实际报销比和健康水平均存在积极影响,对于低收入组大病患者的效应尤其明显。

收入异质性分析肯定了大病保险制度城乡统筹对低收入患者的补偿效应。收入水平较低的大病患者,在遭受大病冲击后可能会因为预算约束而抑制其医疗服务需求,进一步因疾病影响而无力去增加收入以提高健康人力资本。由于资本匮乏与资本形成受限,低收入群体会陷入贫困与疾病的恶性循环。城乡统筹能够一定程度上改善低收入群体所面临的不利制度环境,提高这部分大病患者的实际报销比例,并对其健康水平起到改善作用。对于高收入群体而言,因为要素禀赋相对丰富,制度环境对其医疗服务需求的影响较小。无论是否处于城乡统筹的大病保险制度下,高收入群体的医疗服务利用水平不会存在较大差异,因此大病保险制度是否城乡统筹,对高收入群体的医疗服务利用和健康无显著影响。

进一步,按照前述思路,筛选出已统筹样本,考察已统筹地区不同模式下大病保险制度对不同收入组大病患者的实施效应差异,估计结果见表5-1-9。从不同收入组的分样本估计可以看出,对于处于任一收入组别的患者而言,一元制模式下各组别大病患者的医疗总费用均相对更高,且上述效应均至少在5%的显著性水平上显著。

以实际报销比为被解释变量的分样本回归结果显示,一元制模式相比二元补偿统一制实际报销比更高,但是不同收入组别中这一效应均不具有统计显著性,即不同收入组别中一元制和二元补偿统一制模式在实际报销比上没有显著差异。从自评健康得分的估计结果来看,一元制模式下低收入组和高收入组中大病患者的自评健康得分相对更高,且二者均在5%的显著性水平上显著。

综合不同统筹模式大病保险制度实施效应的异质性分析结果来看,大病保险制度城乡统筹能够显著提高低收入患者的实际报销比,并对其健康起到积极促进作用,但是有无统筹对低收入组患者的医疗利用并无显著影响。对于中等收入患者,大病保险制度对其医疗服务利用起到显著促进作用,但并未显著影响其实际报销比和健康水平。对于高收入患者而言,大病保险制度城乡统筹仅提高了其实际报销比,对医疗服务利用和自评健康均无显著的正向效应。对于已实施城乡统筹的地区,无论收入水平如何,一元制模式下患者的医疗服务利用水平均相对更高,对于低收入组患者的健康改善作用更明显,一元制和二元补偿统一制模式在实际报销比方面无显著差异。

三、讨论与小结

前述章节已经从理论和实证角度阐述大病保险制度实施对城乡居民医疗服务利用和自评健康的影响,肯定了大病保险制度实施的积极效应。在全国已大范围实施大病保险制度的情况下,各地在推进制度实践过程中形成不同的城乡统筹模式。对比不同城乡统筹模式下大病保险制度实施效应差异,对进一步优化大病保险制度设计,完善大病保险城乡统筹路径,扩大大病保险制度福利效应起到重要作用。从理论角度而言,大病保险制度城乡统筹将城镇和农村居民大病保险纳入相同的制度设计框架下,打破大病保险城乡二元分割的局面,在制度设计上也体现出对大病患者保障的公平性。大病保险制度的城乡统筹层次越高,意味着大病保险基金的抗风险能力越强,进一步强化大病保险制度的互助共济能力。从制度设计上看,大病保险制度城乡统筹意味着报销范围、补偿比例和定点医疗机构的统一。相比未统筹地区,城乡统筹模式下大病保险改变了城乡大病患者所面临的医疗服务价格,显著扩大其医疗服务可及性。因此,可以得出统筹层次越高,大病患者医疗服务利用越多,实际报销比越高的结论。根据安德森理论模型及第四部分第一章的中介效应检验结果,大病保险制度能够通过影响个体的医疗利用对其健康水平产生影响。因此,统筹层次越高,理论上大病患者的健康水平也越高。

在上述推论基础上,在东部、中部、西部分别选取大病保险制度实施不同城乡统筹模式的典型试点地区,针对已经享受过大病保险二次补偿的患者进行微观调研,了解其医疗服务利用、健康及其他相关个体特征,为进一步评估不同模式间实施效应差异提供实证基础。本章主要利用东部江苏省、中部安徽省、西部贵州省的一手微观调研数据,对大病保险是否城乡统筹以及不同城乡统筹模式下的制度实施效应差异进行比较分析。通过基准回归及倾向得分匹配估计结果,发现大病保险制度城乡统筹能够显著促进城乡大病患者的医疗服务利用,提高其实际报销比,并改善其健康水平。大病保险城乡统筹对农村和低收入大病患者的实际报销比和自评健康具有显著的正向效应,也能够提高农村大病患者的医疗服务利用,但对于低收入患者的医疗服务利用则无明显改善作用。已统筹模式下一元制相比二元补偿统一制能够显著提高大病患者的医疗利用和自评健康,但在实际报销比方面则无显著正效应。分样本估计结果显示,一元制模式大病保险对城镇大病患者医疗服务利用、实际报销比和健康水平的影响效应更大,在促进低收入群体医疗服务利用方面有待进一步改善。

本章从实证角度验证了大病保险制度在不同城乡统筹模式下具体实施效应的差异,研究结果显示大病保险城乡统筹层次越高,大病保险基金的共济性就越强，契合医疗保险的大数法则，使更多的人能够享受到大病保险所带来的福利效应。从制度设计的角度看，城乡统筹模式下城镇和农村居民在同一制度框架下，面临相同的补偿范围、报销比例、定点就医机构，农村居民得以弱化收入约束和制度桎梏，释放其医疗服务需求，利用更多更好的医疗服务，并改善其健康产出水平。从研究结论来看，大病保险制度城乡统筹能够充分体现其对农村大病患者的福利效应，但是在低收入人群的医疗服务利用方面效应并不明显。在大病保险制度推进过程中，各地均对贫困人员实施了较大力度的政策倾斜，如降低大病保险的起付线额度、提高大病保险各分段报销比例、取消封顶线等，以特别关注贫困群体的医疗需求和健康改善。除了关注建档立卡的贫困户群体之外，未来在大病保险制度设计方面应进一步将收入较低且罹患重大疾病的患者纳入政策倾斜的考虑群体，进一步减轻低收入群体的医疗负担，防止其因病而致贫。制度设计能够使低收入群体的医疗服务利用得以增加，促进其健康状况进一步改善。

　　在对不同城乡统筹模式下大病保险制度实施效应比较的基础上，本章已经表明城乡统筹对城乡居民医疗服务利用和健康方面的影响，不同统筹模式下大病保险制度对城镇居民和农村居民的影响均存在一定差异。下一章节将对不同统筹模式下大病保险制度的实施对城乡大病患者的疾病经济负担的影响差异问题展开研究。

第二章 大病保险不同统筹模式对城乡大病患者疾病经济负担的影响差异研究

个体罹患重大疾病严重危害身心健康,给个人和家庭带来严重经济负担,并削弱其改善基本生活水平的能力。为进一步减轻重大疾病患者所面临的就医负担,补充和完善基本医疗保险的保障功能,国家层面分别于2012年和2015年发文提出在全国范围内试点和全面实施城乡居民大病保险,要求加快推进制度实施,使其惠及更多人民群众。由于大病保险制度目前仍属属地化管理,因此不同地区在统筹层次、覆盖范围、补偿待遇等方面存在较大差异。

已有大病保险相关研究多数从制度内容本身出发,通过梳理不同地区的制度实施指导意见,从筹资和补偿等角度进行详细比对研究,进而对制度设计提出优化建议。(唐兴霖等,2017;王琬,2014;王先进,2014;张籍元等,2019)部分研究对各地制度实践情况进行详细探讨,考察大病保险制度在具体实施和运行中存在的问题和不足,从实践角度提出政策实施的改进策略。(仇雨临等,2017;顾海等,2019;宋占军,2014;王琬、吴晨晨,2019;魏哲铭、贺伟,2017;吴海波等,2019;詹长春等,2016)

从政策实施效果角度看,部分研究在大范围实施大病保险前后提出不同补偿方案,并通过模拟不同方案的偿付效果和基金结余等情况,对比不同大病保险补偿方案的优劣。(曹阳等,2015;吴君槐、姜学夫，2019；朱铭来等，2013；朱铭来等，2017）此外，多数研究采用制度实施前后医保部门的经办数据，对大病保险制度实施效果进行评价研究，如宋占军（2016）针对全体城乡居民参保大病患者展开研究，发现实施大病保险制度能够显著减轻大病尤其是重特大疾病患者的个人负担。针对农村居民的研究发现，制度实施后农村大病患者的自付费用下降明显，且实际补偿比有所上升（段婷等，2014；马千慧等，2015；项莉等，2015），有效降低了大病患者的CHE发生率（毛瑛等，2015）。韩文等（2016）分析了制度实施对城镇居民的影响，发现城镇居民大病保险的实施降低了患者的高额医疗费用。

但也有研究发现制度实施作用效果有限，尽管制度实施能够显著减轻居民的经济负担，但制度保障水平偏低，使得患者仍然需要面临较高的自付比例，因而没有明显改善其经济困境。（杨丹琳等，2015；贾继荣等，2016；詹长春、左晓燕，2016；徐伟、杜珍珍，2016）此外，部分研究从制度实施初衷出发，研究其对CHE发生情况的影响，发现制度实施后居民的CHE发生率未有明显降低（段婷等，2015；高广颖等，2017），患者所在家庭仍然面临着较高的CHE发生率（许建强等，2016）。部分研究利用微观个体数据模拟政策实施效果，发现制度实施对患者的自付医疗支出降低效果有限，对居民CHE发生率影响较弱。（冯海欢等，2014；王超群等，2014）

此外，少数研究利用公共数据库与各地的大病保险制度实施时间进行匹配，研究大病保险制度的政策效果，如李华、高健（2018）利用CHARLS 2011和2013两期数据发现制度实施能够有效缓解居民中存在的因病致贫现象，李勇等（2019）也利用上述数据发现制度实施总体上降低了中老年人所在家庭的CHE发生率，但对其发生强度作用有限。也有研究发现制度实施对居民医疗支出的影响不具有统计显著性。（Zhao，2019）

从现有研究来看，国内目前针对大病保险实施效果的因果实证研究相对较少，现有文献多对医保部门参保数据进行描述统计分析，研究大病保险的实际补偿比例和基金运行情况,且研究结论莫衷一是。此外,目前对其实施效果的研究主要集中于对某一地区制度运行效果的评价,缺乏对不同地区实施模式及效果的比较分析。通过对典型地区的城乡居民大病保险具体实践进行调研,本研究总结出大病保险制度的三种城乡统筹模式:一元制、二元补偿统一制和未统筹模式。同时,为了检验不同模式下大病保险制度的疾病经济负担,选择对三种模式下的大病患者分别进行微观个体调研和实证分析,研究不同模式对患者自付费用和疾病经济负担比的影响,以期为政策完善提供有益参考。

一、数据来源、研究方法和变量选取

(一) 数据来源

本研究所用数据来源于国家自然科学基金面上项目"城乡居民重大疾病保障制度模式、效应评估与对策研究"在东部江苏省、中部安徽省和西部贵州省的微观调研,调研地区包括江苏省太仓市和扬中市、安徽省霍山县和灵璧县,以及贵州省贵阳市和黔西南州。调研对象为过去一年享受过大病保险保障待遇的人群。通过与当地大病保险经办机构进行协调,从系统中随机选取享受二次报销的大病患者并组织人员进行入户调研。主要调研内容涉及被调研大病患者的社会人口学特征、家庭收支状况、参保情况和医疗服务利用、健康行为、健康状况等相关变量,剔除无效问卷和变量缺失值后,本研究所用样本量为1983。

(二) 研究方法

1. 多元线性回归模型

本研究首先建立线性回归模型,分析大病保险制度不同城乡统

筹模式对患者疾病经济负担的影响,模型设定如下:

$$y_i = \alpha + \beta_1 D_{1i} + \beta_2 D_{2i} + \sum_{k=1}^{m} \gamma_k X_k + \varepsilon_i \qquad (5-2)$$

其中 y_i 表示大病患者的疾病经济负担,以下文两个被解释变量表征,D_{1i} 和 D_{2i} 分表代表一元制和二元补偿统一制模式虚拟变量,X_k 表示模型(1)中的其他协变量,γ_k 为相应的估计系数,$k=1$,$2,\cdots,m$,ε_i 为模型的随机干扰项。

2. 倾向得分匹配

由于不被观测到的地区、家庭和个人等因素的影响,不同模式中个体存在较大异质性。因此,在研究大病保险不同城乡统筹模式对个体疾病经济负担的影响时,本研究进一步采用 PSM 对大病保险制度的干预效应进行评估。PSM 可以有效控制大病保险有无城乡统筹组别及不同城乡统筹模式间的患者在可观测特征上存在的差异,从而有效减少模型 5-2 中存在的估计偏误。利用倾向得分匹配进一步计算大病保险制度不同城乡统筹模式对大病患者疾病经济负担的影响效应差异。

(三) 变量选择

1. 被解释变量

(1) 自付费用

患者自付费用反映了基本医保、大病保险和医疗救助补偿后仍需患者自行承担的医疗支出。其值越高,表明患者个人所需承担的费用越高,面临的经济负担也越重。该变量一定程度上反映了医保制度对个体的保障水平。

本章研究中大病患者的医疗自付费用具体计算公式为:

自付费用=一个基本年度内的总医疗支出-基本医保补偿金额-大病保险补偿金额-医疗救助补偿金额

(2) 疾病经济负担比

疾病经济负担比能够反映在医保补偿后患者所承担的医疗支出压力,能一定程度上反映医保制度的保障效果。基于此,本研究选取疾病经济负担比作为被解释变量,考察不同模式大病保险对患者经济负担的影响。定义疾病经济负担比计算公式如下:

疾病经济负担比＝(一个报销年度内医疗总支出－年基本医保补偿金额－年大病保险补偿金额－医疗救助补偿金额)/家庭年总收入

2. 解释变量

本研究主要考察大病保险不同城乡统筹模式对大病患者疾病经济负担的影响,因此主要解释变量为表征不同模式的哑变量,根据前文所述,主要研究的大病保险制度模式分为"一元制""二元补偿统一制""未统筹"模式三种。

3. 其他变量

其他控制变量主要包括:大病患者的社会人口学特征,包括其年龄、性别、受教育程度、婚姻状况、家庭规模、职业类型等指标;患者的健康状况及家庭收支,包括其自评健康水平、是否患有恶性肿瘤、所在家庭的年收入等;患者的健康相关行为,包括是否吸烟、是否饮酒、是否锻炼等指标;患者的具体就医情况,以住院天数进行衡量。此外,模型还对地区变量予以控制。

二、实证分析

(一) 描述性统计分析

根据前文所述,对上述变量进行描述性统计,得到表 5-2-1。

表 5-2-1　变量描述性统计

变量	变量定义	均值	标准差
一元制	(1=是,0=否)	0.089	0.284
二元补偿统一制	(1=是,0=否)	0.493	0.500
未统筹	(1=是,0=否)	0.418	0.493
年龄	周岁	49.898	20.969
性别	(1=男,0=女)	0.513	0.500
受教育程度1	(1=初中及以下,0=其他)	0.460	0.499
受教育程度2	(1=初中,0=其他)	0.296	0.457
受教育程度3	(1=高中及以上,0=其他)	0.245	0.430
已婚	(1=是,0=否)	0.835	0.371
户籍	(1=农业,0=非农)	0.556	0.497
职业类别1	(1=企业单位,0=其他)	0.414	0.493
职业类别2	(1=国家机关或事业单位,0=其他)	0.035	0.184
职业类别3	(1=个体户或自由职业者,0=其他)	0.169	0.375
职业类别4	(1=农民或其他,0=其他)	0.381	0.486
家庭规模	家庭常住人数	4.331	1.498
家庭收入	对数家庭年收入	10.769	1.614
自评健康1	(1=非常不健康,0=其他)	0.030	0.171
自评健康2	(1=比较不健康,0=其他)	0.102	0.303
自评健康3	(1=一般,0=其他)	0.199	0.399
自评健康4	(1=比较健康,0=其他)	0.499	0.500
自评健康5	(1=非常健康,0=其他)	0.171	0.377
作息规律	(1=是,0=否)	0.682	0.466
吸烟	(1=是,0=否)	0.225	0.417
饮酒	(1=是,0=否)	0.159	0.366
周锻炼频率1	(1=从不锻炼,0=其他)	0.385	0.487
周锻炼频率2	(1=1~2次,0=其他)	0.330	0.470

(续表)

变量	变量定义	均值	标准差
周锻炼频率3	（1=3次及以上，0=其他）	0.285	0.452
住院天数	过去一年住院天数	31.612	39.708
是否患有恶性肿瘤	（1=是，0=否）	0.245	0.431
新农合	（1=是，0=否）	0.208	0.406
城居保	（1=是，0=否）	0.254	0.435
城乡居民医保	（1=是，0=否）	0.538	0.499
地区	（西部=1，其他=0）	0.815	0.388

为进一步考察不同模式下疾病经济负担指标存在的差异，表5-2-2进一步描述了不同统筹模式下个体的实际报销比和疾病经济负担比，并进行组间F检验以判断不同模式间患者的疾病经济负担是否存在差异。

表5-2-2 不同模式下个体疾病经济负担变量描述性统计及组间差异性检验

变量	一元制	二元补偿统一制	未统筹	F值	P值
疾病经济负担比	0.319 (0.236)	0.293 (0.469)	0.461 (0.644)	16.05***	0.000
自付医疗支出（对数）	9.887 (1.665)	9.000 (1.381)	9.664 (1.207)	50.75***	0.000

注：① 由于自付医疗支出极差较大，为减小回归模型估计中的异方差，对其进行对数处理；② 括号内为各组别变量对应的标准差；③ *** 表示在1%的显著性水平上显著。

表5-2-2显示，不同模式下个体的疾病经济负担存在显著差异（$P<0.001$），疾病经济负担比和自付医疗支出（对数）反映了包括基本医疗保险、大病保险和医疗救助在内的医疗保障制度对个体的经济补偿作用。可以看出，随着统筹层次的提高，个体的疾病经济负担比逐渐降低，这也印证了医保制度互助共济的作用，符合大数法则。

但上述分析仅停留在描述层面,且组间 F 检验也仅表明不同模式下样本的疾病经济负担变量存在显著差异。不同因素如何影响个体的疾病经济负担?在控制个体、家庭及地区特征的基础上,个体疾病经济负担的差异有多少是源自统筹模式的差异?这需要后文更为深入的实证研究。

(二)线性回归估计结果

从表 5-2-3 可以发现,在控制个体、家庭及地区因素后,不同大病保险制度模式对患者的疾病经济负担具有显著影响。具体而言,从模型一可以看出,以疾病经济负担比为被解释变量的模型一回归结果显示,一元制和二元补偿统一制相比未统筹模式,个体疾病经济负担比更低,且效应均在 1% 的显著性水平上显著。疾病经济负担比综合考虑自付医疗支出和家庭收入的相对关系,同时扣除医疗救助金额,统筹较未统筹模式下个体的疾病经济负担比更低,统筹层次越高,基金越能发挥互助共济的作用。根据描述性统计的结果,一元制模式下患者的家庭收入远高于二元补偿统一制和未统筹模式,在回归模型控制了家庭收入和地区变量的情况下,仍得出统筹层次越高,患者疾病经济负担比越低的结论,表明统筹层次越高,大病保险的实施在减轻患者疾病经济负担方面的作用越强。除此之外,其他影响患者疾病经济负担的因素包括家庭收入、住院天数和医保参保类型。当被解释变量为大病患者的自付医疗支出时,模型二的估计结果显示,一元制和二元补偿统一制相对于未统筹模式,自付医疗支出更低,且效应分别在 1% 和 5% 的显著性水平上显著,同时一元制模式前的系数大于二元补偿统一制,说明统筹层次越高,大病患者的自付费用越低。

表 5-2-3　个体疾病经济负担的回归分析

变量	模型一 疾病经济负担比	模型二 对数自付医疗支出
一元制 参照组:未统筹模式	−0.717*** (0.0790)	−1.713*** (0.265)
二元补偿统一制 参照组:未统筹模式	−0.396*** (0.0604)	−1.049*** (0.277)
年龄	−0.000751 (0.000545)	0.00213 (0.00232)
男性 (参照组:女性)	−0.00846 (0.0230)	0.0913 (0.0715)
初中 (参照组:小学及以下)	0.0417 (0.0289)	0.119** (0.0579)
高中及以上 (参照组:小学及以下)	0.0627 (0.0445)	−0.0284 (0.0867)
已婚 (参照组:其他)	0.00968 (0.0400)	0.0894 (0.0994)
农业户口 (参照组:非农户口)	−0.0358 (0.0243)	−0.0441 (0.0926)
职业:企业单位 (参照组:农民或其他)	−0.0260 (0.0302)	−0.222*** (0.0777)
职业:国家机关或事业单位 (参照组:农民或其他)	0.0348 (0.0435)	0.208* (0.120)
职业:个体户或自由职业者 (参照组:农民或其他)	0.0188 (0.0309)	−0.114 (0.0894)
家庭规模	0.000746 (0.00976)	−0.00312 (0.0188)
家庭年收入	−0.499*** (0.0629)	0.0276** (0.0123)
自评健康:比较不健康 (参照组:非常不健康)	0.109 (0.0927)	0.0486 (0.154)
自评健康:一般 (参照组:非常不健康)	0.1000 (0.0911)	−0.0149 (0.149)

(续表)

变量	模型一 疾病经济负担比	模型二 对数自付医疗支出
自评健康:比较健康 (参照组:非常不健康)	0.0320 (0.0815)	−0.0225 (0.171)
自评健康:非常健康 (参照组:非常不健康)	−0.00149 (0.0836)	−0.171 (0.186)
作息规律 (参照组:作息不规律)	0.0228 (0.0269)	0.196** (0.0814)
吸烟 (参照组:不吸烟)	0.0241 (0.0306)	−0.0886 (0.0733)
饮酒 (参照组:不饮酒)	−0.0696*** (0.0243)	−0.0914 (0.0853)
每周锻炼1—2次 (参照组:从不锻炼)	0.0151 (0.0259)	−0.0359 (0.0866)
每周锻炼3次及以上 (参照组:从不锻炼)	−0.0104 (0.0303)	−0.0536 (0.0659)
住院天数	0.00168*** (0.000530)	0.00227** (0.000939)
患有恶性肿瘤 (参照组:没有恶性肿瘤)	0.0431 (0.0387)	−0.101 (0.0912)
城居保 (参照组:新农合)	0.248*** (0.0421)	0.458*** (0.155)
城乡居民医保 (参照组:新农合)	0.197*** (0.0633)	0.255 (0.302)
地区	控制	控制
常数项	6.429*** (0.678)	10.67*** (0.314)
样本量	1983	1983
R^2	0.423	0.288

注:① 表中*、**、***分别代表系数在10%、5%和1%的显著性水平上显著;② 括号内数据表示对应估计系数的稳健标准误。

综合上述回归结果可以发现,相比较而言,大病保险统筹相比未统筹模式能够显著降低患者的自付医疗支出和疾病经济负担比。进一步分析可以发现,一元制相比二元补偿统一制,自付医疗支出和疾病经济负担比降低的幅度更大。参保(合)不同险种的城乡居民因道德风险及追求高质量医疗服务等动机,在医疗支出、自付费用和实际报销比等方面存在显著差异。此外,受教育程度、职业类别、收入、住院天数等因素因与个体健康风险相关而影响个体与疾病治疗相关的疾病经济负担。

(三) 倾向得分匹配估计结果

如前所述,各地区是否实施大病保险制度的城乡统筹并非完全随机,即大病保险制度城乡统筹可能内生于当地的经济、社会、文化等具体因素。为进一步解决非随机抽样产生的选择性偏误,本研究采用倾向得分匹配法将统筹组和未统筹组具有相同倾向得分的患者随机分配到各组,然后对比是否统筹及不同统筹模式下城乡居民大病保险的疾病经济负担。

下文将分别使用不同匹配策略进行分析,以考察不同统筹模式对大病患者医疗费用和疾病经济负担的影响。结果见表 5-2-4 和表 5-2-5。

表 5-2-4 统筹相对于未统筹对患者疾病经济负担的制度效应

被解释变量	匹配方法	统筹组样本量	未统筹组样本量	ATT	T 值
疾病经济负担比	最近邻匹配	569	141	−0.112***	−2.908
	半径匹配	341	278	−0.171***	−6.580
	分层匹配	569	282	−0.111***	−4.196
	核匹配	569	282	−0.114***	−3.979
自付费用	最近邻匹配	569	143	−0.968***	−7.261
	半径匹配	569	282	−0.799***	−10.981
	分层匹配	569	282	−0.944***	−7.019
	核匹配	569	282	−0.968***	−9.715

注:① *** 代表在 1% 的显著性水平上显著;② ATT 表示大病保险制度城

乡统筹相对于未统筹组对个体疾病经济负担的制度效应;③ 表中的统筹组与未统筹组样本量以及 ATT 计算均是在共同支撑集下计算的结果,在共同支撑集下,最近邻匹配法剔除了较多样本,因此更倾向于其他三种匹配法的结论。

表 5-2-4 汇报了城乡居民大病保险统筹相对于未统筹对个体疾病经济负担的制度效应,其中统筹组为干预组,包括一元制和二元补偿统一制,未统筹组为对照组。从该表可以看出,统筹组相比未统筹组能够显著降低患者的疾病经济负担比与自付费用,且上述效应均在 5% 的显著性水平上显著。具体而言,当被解释变量为疾病经济负担比时,表 5-2-4 中的结果显示,大病保险制度统筹相比未统筹能够显著降低患者的疾病经济负担比,四种匹配法下该效应均在 1% 的显著性水平上显著,从数值上看,可缩小疾病经济负担比 0.111—0.171。当被解释变量为大病患者的自付费用(对数)时,从表 5-2-4 可以看出,统筹组患者比未统筹组患者的自付费用(对数)低 0.799—0.968,说明统筹相比未统筹能够显著降低患者的自付费用。综合上述结果可以看出,大病保险统筹相比未统筹能够显著降低大病患者的自付费用和疾病经济负担比,显著减轻大病患者的医疗经济负担。

除了考量城乡居民大病保险是否统筹对患者疾病经济负担的制度效应外,进一步探讨已统筹模式——一元制模式相比二元补偿统一制模式,是否更有利于减小大病患者所面临的医疗经济风险,降低其自付医疗支出,减轻患者疾病经济负担?下文分析将一元制模式作为处理组,将二元补偿统一制模式作为控制组,进行与前述分析类似的研究,得到的结果见表 5-2-5。

表 5-2-5　一元制相对于二元补偿统一制对患者疾病经济负担的制度效应

被解释变量	匹配方法	一元制样本量	二元补偿统一制样本量	ATT	t 值
疾病经济负担比	最近邻匹配	127	30	−0.045	−0.273
	半径匹配	127	111	−0.381***	−4.697

(续表)

被解释变量	匹配方法	一元制样本量	二元补偿统一制样本量	ATT	t 值
	分层匹配	127	111	−0.005	−0.038
	核匹配	127	111	−0.045	−0.335
自付费用	最近邻匹配	127	30	0.078	0.179
	半径匹配	127	111	−0.571**	−2.342
	分层匹配	127	111	0.249	0.521
	核匹配	127	111	0.096	0.228

注：① ** 和 *** 分别代表在5%和1%的显著性水平上显著；② ATT 表示大病保险制度一元制模式相对于二元补偿统一制模式对个体疾病经济负担的制度效应；③ 表中的一元制与二元补偿统一制样本量，以及 ATT 计算，均是在共同支撑集下计算的结果，在共同支撑集下，最近邻匹配法剔除了较多样本，因此更倾向于其他三种匹配法的结论。

据表 5-2-5 的结果，当被解释变量为患者的疾病经济负担比时，可以看出，四种匹配策略均显示一元制下患者的疾病经济负担比更低，该效应仅在半径匹配法下在1%的显著性水平上显著，在其他三种匹配策略下并不显著。此外，当被解释变量为自付费用（对数）时，在半径匹配法下，一元制模式相比二元补偿统一制模式，患者的自付费用更低，且该效应在5%的显著性水平上显著为负，但在其他三种匹配法下，两种统筹模式下大病患者的自付费用并无显著差异。综合上述结果可以看出，一元制相比二元补偿统一制，大病患者的医疗总费用和实际报销比均处于较高的水平，但未有明显证据表明一元制模式下患者的疾病经济负担比和自付费用比二元补偿统一制低，两种统筹模式对患者疾病经济负担比和自付费用的影响需要更为严格的证据①。

---

① 本研究中由于一元制模式数量较少，且在匹配时损耗较多样本，因此样本量较少，所得结论仍需更为严格的实证证据。

从上述倾向得分匹配的结果可以看出,大病保险制度统筹相比未统筹能够显著减轻大病患者的疾病经济负担,具体表现为降低患者的自付费用和疾病经济负担比。对于已统筹模式,一元制和二元补偿统一制模式相比,其大病患者在实际报销比方面更高(第五部分第一章结论),由此可以认为有证据表明一元制模式相比二元补偿统一制模式对大病患者的疾病经济负担有积极的减轻作用。但受样本所限,不同已统筹模式间的比较仍需进一步的实证研究。总体而言,统筹相比未统筹更能减轻患者的疾病经济负担,因此仍然实施城镇居民和新农合大病保险制度的地区,应尽快实现大病保险制度的城乡统筹,以降低大病患者的医疗经济风险,发挥制度实施的正效应。

三、讨论与小结

我国目前已经建立完善的基本医疗保障体系,但重大疾病患者仍面临相对较重的经济负担。城乡居民大病保险制度旨在减轻大病患者及其家庭的疾病经济负担,一方面,通过财务分担机制使原来无法看病就医的患者能够享受到医疗服务;另一方面,通过特惠性政策补偿使患者得以享受到更高质量的医疗服务,而不加重患者的经济压力,进而使大病患者有能力改善其健康人力资本。自 2012 年以来,国内各地开始逐步实施大病保险制度的试点和全面推进工作,但不同地区制度统筹模式各异,形成一元制、二元补偿统一制和未统筹三种模式。在此背景下,分析大病保险制度不同城乡统筹模式对大病患者医疗经济风险的效应差异具有重要意义。

理论上说,大病保险的城乡统筹层次越高,大病保险基金的抗风险能力越强,能够强化制度实施互助共济的作用,大病患者面临的经济风险会越低。因此,在制度实施层面,统筹层次越高的地区,个体的自付医疗支出越低,通过对不同模式大病保险对个体疾病经济负担的影响因素进行实证分析,对上述推论进行了验证。为进一步避免制度变量内生带来的估计偏误,本研究通过倾向得分匹配法对不同统筹模式的制度效应进行对比分析,结果发现,大病保险制度统筹组相比未统筹组能够显著降低患者的自付费用和疾病经济负担比,显著减轻大病患者因罹患重大疾病而面临的高额经济负担;在已经实施大病保险制度城乡统筹的地区,一元制模式相比二元补偿统一制模式,大病患者的实际报销比更高,但受限于样本量,对患者疾病经济负担的减轻作用仍需进一步的实证研究。相对而言,统筹与否对大病患者疾病经济负担的减轻更为明显,因此应鼓励目前仍分立实施城镇居民和新农合大病保险制度的地区尽快实现大病保险制度的城乡统筹,以降低大病患者的医疗支出风险,提升制度给大病患者带来的福利的水平。

第三章 大病保险统筹模式对城乡大病患者疾病经济负担的影响的动态分析

本部分第一章和第二章已经从实证角度分析了城乡居民大病保险制度是否统筹及不同统筹层次对大病患者医疗利用、经济补偿和健康水平的影响,并得出了相应的结论。但囿于大病患者追踪困难等因素,前述分析仅采用截面数据,在政策评价因果识别上存在较大局限性。尽管采用多种分析方法控制模型中存在的内生性问题,但在混杂因素干扰下仍无法获得大病保险制度城乡统筹的净效应,且一期数据无法评价政策在不同年份的实施效果。在此背景下,本章采用三期数据对大病保险制度是否统筹及不同统筹层次的绩效进行动态评价[①]。本研究以江苏省三市医保部门数据为研究样本,比较分析不同统筹模式下大病保险制度的基金流向和大病患者享受到的实际补偿待遇,动态、全面地分析城乡居民大病保险制度实施效果并提出相应的对策建议,以期为大病保险制度设计优化提供有益参考。

---

① 本章数据系调研地医保部门信息系统的数据,仅包括大病患者费用方面的信息,缺少患者个体特征及健康方面的变量,因此本章着重分析城乡居民大病保险制度对大病患者的实际补偿情况,以考察城乡居民大病保险对大病患者疾病经济负担的减轻作用,无法对其健康绩效进行动态评价。

一、数据来源

本研究数据来源于江苏省三个城市(分别为苏州太仓市、镇江扬中市和南通海门市)的医疗保险基金管理中心。研究对象为2016—2018年获得城乡居民大病保险二次补偿的大病患者。

本章对上述三地2016年1月1日—2018年12月31日享受大病保险城乡居民的自付比例、补偿费用和补偿比例进行描述性统计分析,从时间维度对比分析不同年份大病患者的实际补偿比和个人面临的负担。本章数据处理及分析由Stata 15.1完成。

二、样本城市大病保险制度具体实践

本书第二部分已对不同模式下典型试点地区的城乡居民大病保险制度具体实施情况进行了详细介绍,因此不再赘述。此处仅对不同地区的筹资与补偿比例进行深入分析。

太仓市早于2011年开始实施城乡居民住院大病保险制度,制度设计主要针对住院患者。随后2015年太仓又实施了针对门诊患者的大病保险制度。太仓市大病保险制度城乡统筹层次较高,基本医保的参保居民大病保险基金均在同一基金池内,为一元制模式。太仓市不同对象的大病保险制度筹资标准存在差异,且住院与门诊分别进行筹资,太仓市住院大病保险制度实施初期的基金筹集标准为:职工50元/人·年,城乡居民20元/人·年,均从相应的基本医保基金中提取。2016年4月,筹资标准分别进一步上调至职工60元/人·年,城乡居民30元/人·年。2019年,居民大病保险基金人均筹资为40元/人·年。扬中于2014年开始实施城乡居民大病保险制度,其统筹模式为二元补偿统一制,即城乡居民与城镇职工大病基金分立管理与运行,城镇和农村居民所面临的大病保险筹资标准与补偿比例均相同，筹资标准为30元/人·年，职工筹资标准为16元/人·月。海门市城乡居民大病保险制度统筹层次相对较低，针对不同对象的大病保险制度实施时间亦存在差异。2013年8月起开始实施针对职工和城镇居民的大病保险制度。2014年开始实施新农合大病保险制度。因为海门市城镇居民医保和新农合自2017年1月1日起开始实施整合，同年也对大病保险制度实施整合，所以2017年后海门市与扬中市相同，属于本书定义的二元补偿统一制模式。职工大病保险基金筹集标准为10元/人·月，城镇居民和农村居民的筹资标准均为40元/人·年。2017年居民人均筹资为40元/人·年（其中个人和各级财政补助分别为10元和30元）。2018年人均筹资标准上调至50元（其中个人和各级财政补助分别为20元和30元）。2019年居民人均筹资标准为90元（其中个人和各级政府补助分别为20元和70元）。

不同地区的报销比例分别总结至表5-3-1。可以看出，就起付线而言，太仓市大病保险制度的起付线最低，为1.2万元。其次是海门市，起付线为1万或1.5万元。相比较而言扬中市起付线最高，为2万元。从分段支付金额来看，太仓市作为一元制模式地区，共有13个分段，且未设置封顶线。扬中市和海门市分段数目较少，分别有3个和4个分段。扬中市设置封顶线为20万元，而海门市并未设置封顶线。此外，从报销比例来看，相对而言，太仓市的报销比例较高，其次是海门市，扬中市对应费用段的报销比例最低。

表 5-3-1　调研城市城乡居民大病保险制度补偿待遇

太仓市			扬中市			海门市		
起付线/元	分段金额/元	报销比例/%	起付线/元	分段金额/元	报销比例/%	起付线/元	分段金额/元	报销比例/%
1.2万	1.2万—2万	53	2万	0万—5万	50	1万/1.5万[①]	0—5万(含)	50
	2万—3万	55.50		5万—10万	60		5万—10万(含)	60
	3万—4万	58		10万—20万	70		10万—20万(含)	70
	4万—5万	60.50					20万以上	80
	5万—6万	63						
	6万—7万	65.50						
	7万—8万	68						
	8万—9万	70.50						
	9万—10万	73						
	10万—15万	75						
	15万—20万	78						
	20万—50万	81						
	50万以上	82						

---

① 海门市城乡居民大病保险制度在未统筹模式下城镇和农村居民的起付线分别为1万元和1.5万元,2017年1月1日进行城乡统筹后,参保居民医保的城乡居民的大病保险制度的起付线均为1.5万元,特此说明。

三、城乡居民大病保险制度实施补偿效果的动态评价[①]

为了进一步比较不同模式下城乡居民大病保险制度的实施效果,首先考察上述地区 2016—2018 年的大病保险补偿水平。[②]

1. 太仓市 2016—2018 年城乡居民大病保险制度补偿待遇

通过对太仓市 2016—2018 年参保居民医保且享受大病保障的患者费用进行分析,得到表 5-3-2 的描述性统计结果。可以看出,全样本中大病患者的平均年龄为 61.22 ± 24.67 岁,这是因为随着年龄增大,个体健康禀赋下降,大病患者多分布于中老年人。从组间差异性检验可以看出,各年份间年龄无显著差异($P=0.49$)。全样本中 51% 的大病患者为男性,尽管不同年份间性别比例存在差异($P<0.01$),但性别分布在各年份中较为均匀。从各费用变量来看,医疗总费用反映了居民医疗需求和医疗服务利用程度,不同年份居民大病患者的医疗总费用存在显著差异($P<0.01$)且具有明显上升趋势。医保可结算费用为参保患者在基本医保报销范围内可予以报销的费用总额,不同年份间大病患者的医保可结算费用无显著差异($P=0.20$)。医保报销金额是指基本医疗保险对大病患者予以报销的费用总和,医保报销金额在不同年份间存在显著差异($P=0.02$)且总体呈现上升趋势。自费费用表示不在基本医保报销范围内的需患者自己承担的费用,一定程度上反映了患者的疾病经济负担。自理费用是指基本医保报销后需要个体承担的部分。个人自付总额是指扣除基本医保报销金额后需个人承担的费用总和。从表 5-3-2 可

[①] 因为不同地区医保管理信息部门的统计口径存在差异,所以本研究首先分析不同年份各地区对参保大病患者的赔付情况,然后结合已有指标将不同地区可用变量进行统一,比较分析不同模式下大病保险制度在补偿待遇方面的差异。

[②] 由于太仓市大病保险分为门诊和统筹大病保险,且两种大病保险的赔付比例存在差异,而其他地区大病保险主要针对住院患者进行赔付,因此本研究在分析太仓样本时仅考虑住院样本,不对门诊大病患者赔付情况做讨论。

以看出上述费用均呈现明显上升趋势。

表 5-3-2 还显示了患者大病保障的相关费用。大病保险免责金额和可报金额分别表示超过大病保障起付线后不在可报范围内需患者承担的部分和大病保障可予以报销的部分。不同年份大病保险免责金额存在显著差异($P<0.01$)且呈现上升趋势。从大病保险赔付金额来看,其在全样本中均值为 $6482.54±9734.81$ 元,2016—2018年,大病保险赔付金额呈现明显上升趋势,不同年份间赔付金额存在显著差异($P=0.03$)。从上述各费用绝对指标的纵向比较可以看出,大病患者的医疗总费用医保报销金额均呈现增长趋势,表明随着大病患者医疗服务利用的增加,基本医保的补偿金额提高。可以看出,大病保险赔付金额也呈现上升趋势。

表 5-3-2　2016—2018 年太仓市城乡居民大病保险相关指标描述性统计分析

变量	2016—2018	2016	2017	2018	检验统计量	P 值
年龄	61.216 (24.668)	61.889 (23.644)	60.661 (25.467)	61.040 (24.951)	0.710	0.491
性别	0.509 (0.500)	0.502 (0.500)	0.548 (0.498)	0.477 (0.500)	10.840***	0.004
医疗总费用	61,711.350 (58,718.140)	57,190.350 (57,322.080)	63,262.890 (61,272.720)	65,031.960 (57,370.310)	5.430***	0.004
医保可结算费用	46,444.820 (44,850.970)	44,738.510 (48,059.880)	48,180.180 (46,659.420)	46,567.870 (39,077.620)	1.600	0.201
医保报销金额	32,255.680 (40,643.740)	29,499.120 (45,450.910)	34,206.490 (40,896.350)	33,292.640 (34,324.760)	4.160**	0.016
自费费用	11,080.160 (19,576.220)	8593.561 (14,301.540)	10,970.250 (21,258.090)	13,853.410 (22,218.110)	20.010***	0.000
自理费用	4205.314 (6662.304)	3851.286 (4637.179)	4192.832 (5666.053)	4597.042 (8987.949)	3.440**	0.032
个人自付总额	29,453.290 (24,878.600)	27,684.460 (18,596.230)	29,056.400 (26,058.140)	31,739.320 (29,070.220)	7.500***	0.001

(续表)

变量	2016—2018	2016	2017	2018	检验统计量	P值
大病保险免责金额	6150.858 (14,719.770)	4779.338 (10,159.350)	6218.828 (14,962.270)	7554.085 (18,100.550)	9.790***	0.000
大病保险可报金额	23,289.630 (15,744.130)	22,911.830 (12,344.970)	22,837.570 (16,334.870)	24,138.950 (18,193.040)	2.300	0.101
大病保险赔付金额	6482.542 (9734.810)	6144.637 (7254.879)	6187.852 (10,553.830)	7134.395 (11,096.910)	3.540**	0.029

注：表格中***和**分别表示在1%和5%的显著性水平上显著；性别变量取值为1时表示男性，取值为0时表示女性；括号内数据表示相应的标准差。

但上述绝对指标仅能反映大病患者各部分费用的变化情况，无法看出不同年份基本医保及大病保险制度对大病患者的实际补偿比例。为此，本研究利用表5-3-2中的绝对指标计算政策范围内基本医保和大病保险的报销比例，以及基本医保和大病保险的实际报销比例、累计实际报销比等五个相对指标，并对上述指标进行不同年份间的组间差异性检验，计算结果见表5-3-3。

表5-3-3 2016—2018年太仓市大病保险制度相对指标描述性统计

变量	2016—2018	2016	2017	2018	F统计量	P值
基本医保实际报销比	0.509 (0.094)	0.497 (0.083)	0.526 (0.091)	0.505 (0.104)	28.950***	0.000
政策范围内基本医保实际报销比	0.659 (0.073)	0.624 (0.064)	0.674 (0.061)	0.681 (0.081)	226.220***	0.000
大病保险实际补偿比	0.084 (0.058)	0.088 (0.056)	0.077 (0.05)	0.086 (0.066)	10.440***	0.000
政策范围内大病保险实际补偿比	0.207 (0.136)	0.206 (0.132)	0.200 (0.131)	0.215 (0.145)	3.130**	0.044
累计实际报销比	0.592 (0.104)	0.584 (0.097)	0.603 (0.103)	0.591 (0.111)	9.270***	0.000

注：表格中***和**分别表示在1%和5%的显著性水平上显著；括号内数据表示相应的标准差。

从各相对指标的纵向对比来看，不同年份上述相对指标均存在显著差异，且差异均至少在5%的显著性水平上显著。具体来看，全样本基本医保实际报销比平均为50.9%，2016—2018年，实际报销比呈现先升后降的趋势，基本在50%左右。全样本政策范围内基本医保实际补偿比平均值为65.9%，且随年份呈现明显上升趋势，表示基本医保对大病患者的补偿作用明显。大病保险实际补偿比平均值为8.4%，在基本医保的基础上进一步减轻了大病患者的就医负担。政策范围内大病保险实际报销比平均值达到20.7%。最后，综合基本医保与大病保险，计算累计实际报销比平均值为59.2%。与2016年相比，2018年该指标略有上升。2019年5月，国家医保局联合财政部下发《关于做好2019年城乡居民基本医疗保障工作的通知》，其中提出"提高大病保险保障功能"，"政策范围内报销比例由50%提高至60%"。从政策范围来看，太仓大病保险累计实际补偿比平均值已经达到0.743，2018年平均值为0.767，其补偿比例较高，能够较好地减轻大病患者面临的经济负担。

2. 扬中市2016—2018年城乡居民大病保险补偿待遇

扬中为本课题研究中二元补偿统一制模式的试点地区，其2016—2018年大病保险制度相关指标的描述性统计结果见表5-3-4。可以看出，全样本中47%的大病患者为女性，53%的大病患者为男性。不同年份享受大病保障的患者性别无显著差异（$P=0.989$）。除性别外，不同年份其余变量均在1%的显著性水平上存在差异。大病患者的总医疗费用均值为139,027.6±90,331.160，远高于太仓的61,711.35±58,718.14。扬中地区的起付线相对较高，因此设定针对大病保障的患者多为病情较为严重的住院患者，其医疗总费用相对较高，且医疗费用总体上呈现上升趋势。基本医保费用随年份逐渐增加，样本均值为62,368.4±33,645元，大病保险报销费用

2016—2017年呈现小幅增长,2018年大幅增长至12,491.270元[①]。此外,从不同年份来看,扬中大病患者的基本医保实际补偿比例也逐年提高,2016—2018年基本医保补偿比例均值为47.6%。大病保险实际报销比均值为5.6%,基本医保与大病保险累计的实际补偿比均值为53.2%,二者均显著呈现上升趋势。

表5-3-4 2016—2018年扬中市大病保险制度指标描述性统计

变量	2016—2018	2016	2017	2018	检验统计量	P值
性别(1=女,0=男)	0.470 (0.500)	0.466 (0.501)	0.464 (0.502)	0.473 (0.500)	0.034	0.989
总医疗费用	139,027.600 (90,331.160)	109,982.300 (80,070.040)	179,770.500 (112,199.100)	140,234.300 (83,516.080)	16.220***	0.000
基本医保报销费用	62,368.400 (33,645.000)	46,072.410 (16,324.310)	51,448.880 (21,057.240)	71,996.200 (37,964.450)	37.24***	0.000
大病保险报销费用	10,063.350 (18,095.690)	6224.917 (13,986.950)	6886.959 (13,580.710)	12,491.270 (20,164.770)	7.26***	0.001
基本医保实际报销比	0.476 (0.112)	0.464 (0.106)	0.308 (0.052)	0.525 (0.076)	237.59***	0.000
大病保险实际报销比	0.056 (0.048)	0.041 (0.037)	0.030 (0.039)	0.070 (0.050)	34.560***	0.000
累计实际报销比	0.532 (0.128)	0.505 (0.102)	0.338 (0.060)	0.594 (0.091)	25.717***	0.000

注:表格中***表示在1%的显著性水平上显著;括号内数据表示相应的标准差。

---

① 2018年,扬中市实施惠民转保政策,破除城乡二元差异,鼓励参保居民医保的人员转入高层次的职工医保。2018年1—6月,共有17,552人通过补缴保费从原有居民医保转入了职工医保,基本医疗保障待遇显著提升,因此大病保障待遇也得以显著提升。

2. 海门市 2016—2018 年城乡居民大病保险制度补偿待遇

海门市 2016 年尚未实施统筹城乡居民基本医保制度，大病保险制度也因而分立运行，共有 3 个基金池，属于课题研究中的未统筹模式。从 2017 年开始，海门市实施城镇居民医保和新农合两项制度的整合，同年也对相应的大病保险制度予以整合，将城居保与新农合基金进行合并，与城镇职工大病保险分立运行，形成二元补偿统一制模式。2016—2018 年海门市大病保险制度的相关指标描述性统计结果见表 5-3-5。

表 5-3-5　2016—2018 年海门市大病保险制度指标描述性统计

变量	2016—2018	2016①	2017	2018	F 统计量	P 值
总医疗费用	49,182.900 (37,806.400)	26,175.530 (20,175.480)	44,053.300 (30,031.890)	51,595.280 (40,680.610)	50.810***	0.000
基本医保报销费用	18,857.450 (12,347.490)	11,938.530 (9608.804)	16,657.210 (9083.713)	19,884.690 (13,466.270)	84.650***	0.000
大病保险报销费用	6668.546 (11,893.990)	2196.861 (2187.085)	6294.857 (7810.177)	6851.387 (13,364.360)	3.920**	0.020
基本医保实际报销比	0.412 (0.109)	0.448 (0.136)	0.404 (0.088)	0.415 (0.117)	12.070***	0.000
大病保险实际报销比	0.134 (0.097)	0.087 (0.056)	0.143 (0.096)	0.130 (0.097)	24.510***	0.000
累计实际报销比	0.546 (0.141)	0.535 (0.161)	0.547 (0.127)	0.545 (0.147)	0.490	0.610

注：表格中的 *** 和 ** 分别表示在 1% 和 5% 的显著性水平上显著；括号内数据表示相应的标准差。

据表 5-3-5 所示，除累计报销比外，不同年份其余指标均存在显

---

① 2016 年数据为医保系统中的抽样数据，原抽样样本包含的参保职工医保的个体较多，进行删除后 2016 年所包含的居民大病保障患者较少，因此可能造成 2016 年数据与 2017 年和 2018 年的数据差距较大，特此说明。

著差异,且至少在 5% 的显著性水平上显著。从总医疗费用来看,2016—2018 年海门大病患者总医疗费用均值为 49,182.9±37,806.4,可以看出,海门市大病患者的总医疗费用均值相对较低且总医疗费用逐年增加。基本医保报销费用均值为 18,857.450±12,347.490,大病保险报销费用均值为 6668.546±11,893.990,二者也呈现逐年上涨趋势。从相对指标来看,基本医保实际报销比均值为 41.2%,总体变化幅度不大。大病保险实际报销比均值为 0.134,累计实际报销比均值为 54.6%,二者总体上均呈现逐年上升趋势。此外,从表 5-3-5 还可以看出,相比 2016 年未统筹模式,2017 年和 2018 年海门市统筹后在二元补偿统一制下,其大病保险实际报销比上升趋势明显,一定程度上反映了大病保险制度城乡统筹所带来的正效应。

通过上述三个样本城市 2016—2018 年城乡居民大病保险制度各统计指标的纵向对比结果可以看出,尽管各地大病患者的医疗服务利用存在明显差异,但大体趋势相同。从绝对指标来看,不同模式下样本城市大病患者的总医疗费用、医保报销金额和大病保险赔付金额均总体上呈现逐年上升的趋势,尤其是大病保险报销金额,均逐年上升。从相对指标来看,各地变化趋势存在一定差异。具体而言,太仓市基本医保实际报销比和累计实际报销比总体上呈现上升趋势,而大病保险实际补偿比均值无明显变化。扬中市上述三个指标均大体呈现逐年上升的趋势。海门市基本医保实际报销比未有明显趋势,但其大病保险实际报销比和累计实际报销比均总体呈现上升趋势。

为进一步横向比较不同模式下各地大病保险制度保障水平的动态差异,利用三个上述绝对指标和三个相对指标[①]绘制柱状图,并将三地结果呈现在同一图形中,结果分别见图 5-3-1 和图 5-3-2。据图

[①] 如前文所述,由于统计口径差异,采用共有的六个指标进行不同模式间的横向比较分析。选择的绝对指标为总医疗费用、基本医保报销费用和大病保险报销费用。选择的相对指标为基本医保实际报销比、大病保险实际报销比和累计实际报销比。

5-3-1所示,不同模式中上述绝对指标存在显著差异,具体而言,总体上扬中市大病患者的总医疗费用均值相对最高,太仓市大病患者次之,海门市大病患者的总医疗费用最低,基本医保报销费用和大病保险报销费用也呈现类似结果。上述结果可能的原因是如前所述,扬中市大病保险起付线额度设置较高,为2万元,因此其大病患者的总医疗费用要高于太仓和海门的大病患者。一般而言,总医疗费用越

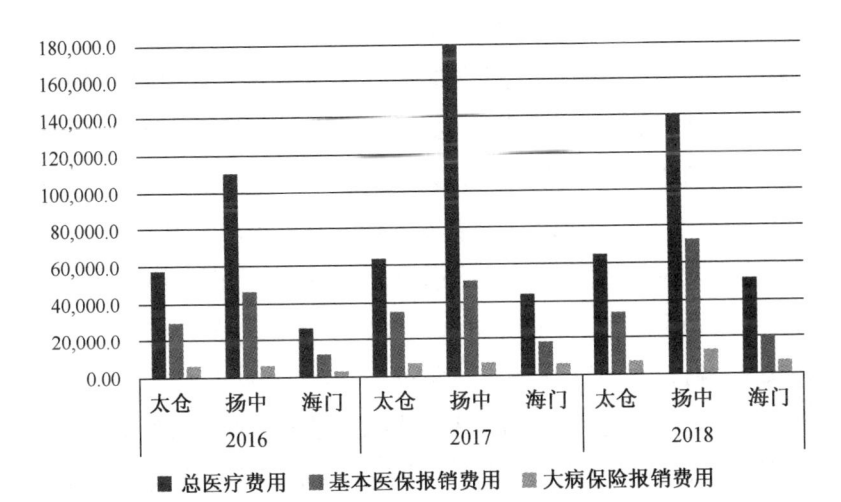

图 5-3-1　不同模式大病保险制度绝对指标横向比较结果

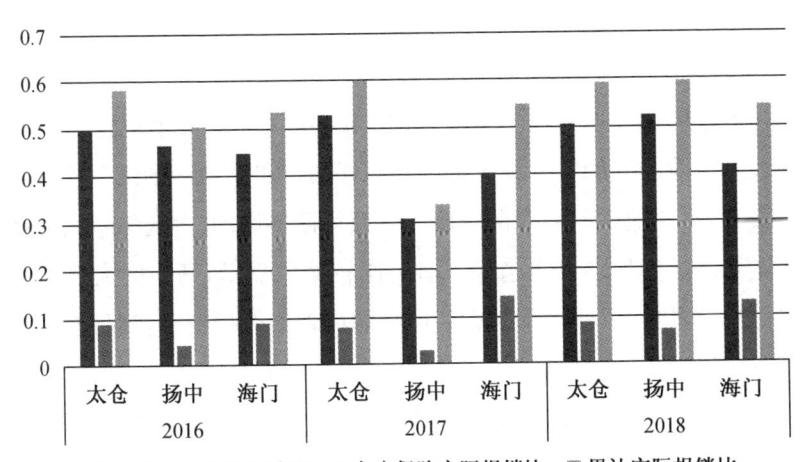

图 5-3-2　不同模式大病保险制度相对指标横向比较结果

高,在相同比例下,基本医保的补偿金额越高。而大病保险基本上按照患者的医疗支出金额分段制定补偿比例,医疗支出越高,大病保险的偿付金额也越高。因此基本医保的补偿金额和大病保险的赔付金额呈现出与医疗总支出类似的变化趋势。

从图 5-3-2 显示的相对指标横向比较结果来看,各年份中太仓市基本医保报销比最高,扬中市的基本医保实际报销比平均值略高于海门市。但是从大病保险实际报销比来看,不同年份海门市大病保险实际报销比最高,太仓市位居其后,扬中市的大病保险实际报销比相对最低。前文的统计结果也显示,海门市 2016—2018 年大病保险实际报销比平均值为 13.4%,太仓市和扬中市的对应值分别为 8.4% 和 5.6%,三个地区均在基本医保基础上提高了大病患者的实际补偿比,表明制度实施给大病患者带来的经济方面的补偿效应,海门市大病保险提高的幅度相对最大。更为重要的是,海门市从 2016 年未统筹到 2017 年实施基本医保和大病保险制度的城乡统筹,其大病保险实际报销比显著提高,表明大病保险制度城乡统筹后进一步提高了患者的实际报销比,降低了大病患者的医疗经济风险。

四、讨论与小结

本章利用三期数据(2016—2018 年)对江苏省三个地区城乡居民大病保险制度的经济绩效进行动态评估。单个地区的纵向比较结果表明,不同地区的大病保险赔付金额均逐年增加,大病保险实际报销比总体上亦呈现上升趋势。横向比较结果显示,扬中因大病保险起付线设置较高,所以享受大病保障的患者的医疗费用相对较高,基本医保报销金额与大病保险赔付金额也相应较高。从大病保障偿付水平来看,海门市大病保险制度实际补偿比最高,其次是太仓市,扬中市城乡居民大病保险制度实际补偿比相对较低。此外,海门市在实施城乡统筹前后,大病保险赔付金额和大病保险实际报销比均显著上升。

上述研究表明,城乡居民大病保险制度实施后在基本医保基础上进一步提高了患者的实际补偿比,不同地区之间因政策差异提高幅度不一,海门地区提高幅度相对较大。海门地区在大病保险制度城乡统筹后其大病患者实际报销比得到显著提高,表明大病保险制度实施城乡统筹后进一步提高了大病患者的可报销金额,使其有能力消费更多医疗服务,减轻所面临的高额医疗费用负担。

对大病保险制度实施城乡统筹,有利于基金的稳定性,同时也更加凸显大数法则,能够进一步发挥大病保险制度互助共济的作用,降低大病患者的医疗经济风险,进而改善大病患者的健康人力资本。本章研究一定程度上证明了大病保险制度城乡统筹所带来的积极效应。统筹层次越高,大病患者的累计实际补偿比越高。但由于数据所限,本章仅进行了不同地区城乡居民大病保险制度相关指标的比较分析,无法深入分析统筹层次对居民实际补偿效果的影响。利用多期数据对大病保险制度城乡统筹层次影响进行分析,有待未来进一步研究。

第四章 大病保险统筹模式与城乡大病患者医疗服务利用及健康不平等

本书第五部分第一章利用东部江苏省、中部安徽省和西部贵州省具有代表性的地区的微观调研数据,实证分析了不同城乡统筹模式下大病保险制度的实施对重大疾病患者实施效应的差异。研究已经证实了相比未统筹地区,已实施大病保险制度城乡统筹的地区能够促进患者的医疗服务利用,提高患者的实际报销比,并改善患者的自评健康水平。对于已统筹模式,一元制相比二元补偿统一制能够显著提高城乡大病患者的医疗服务利用并改善其自评健康,但在实际报销比方面两种模式并无显著差异。那么,在此结论基础上,城乡统筹模式下城镇和农村居民在医疗服务利用和健康方面的公正缺口是更大还是更小?大病保险制度城乡统筹能否减小城乡居民在医疗服务利用和健康方面的机会不平等?不同城乡统筹模式下在机会不平等方面的缓解效应有何种差异?本章将基于机会平等理论对上述问题进行进一步研究。本章研究思路如下:首先分别计算事前和事后补偿原则下农村居民所面临的机会不平等,在事前和事后补偿原则基础上计算农村大病患者所面临的医疗服务利用与健康公正缺口,然后考察不同城乡统筹模式对于上述公正缺口的影响。

一、实证策略与变量选择

(一) 实证策略

1. 机会不平等测度方法

如前文理论部分所述,假设个体优势 y 由环境因素 c 和努力因素 e 决定,即 $y=f(c,e)$。在本章研究背景下,大病患者的医疗服务利用和健康为个体优势的代理变量。补偿原则为补偿环境因素 c 所导致的不平等,鼓励原则表示鼓励个体努力程度 e 的不同所导致的机会不平等。大病保险制度城乡统筹是将城镇和农村居民纳入同一制度框架下,使城乡大病患者享有相同的制度保障,因此本书在补偿原则指导下分析大病保险制度城乡统筹的政策效果。在实证研究中,在补偿原则下对机会不平等程度进行测算的通常做法是,确定一个理想状态下的环境 c^*,假定个体努力程度不变时在理想环境状态下的优势为 $y^*=f(c^*,e)$,用该值减去个体实际优势,即得到补偿原则下的公正缺口,即 y^*-y 为补偿原则下存在的机会不平等程度。

从理论部分可知,补偿原则分为事前补偿原则和事后补偿原则。以医疗服务利用 M_i 为例,在事前补偿原则下,由于无须考虑个体努力信息,在本书研究环境下,首先假定"城镇户口"为理想环境,则在大病保险制度城乡统筹模式下,农村大病患者所面临的医疗服务利用公正缺口为 $M_i^*-M_i$,其中 M_i^* 为统筹模式下农村大病患者户籍变为城镇时的医疗服务利用值,M_i 为其对应的医疗服务利用实际值。通过上述思路可以测算在有无统筹模式下农村大病患者所面临的医疗服务利用和健康公正缺口。在已统筹样本中,亦假定"城镇户口"为理想环境,按照上述思路可以分别测算一元制和二元补偿统一制模式下农村大病患者所面临的医疗服务利用和健康公正缺口。

在事后补偿原则下,以计算统筹模式下城镇和农村大病患者在医疗服务利用方面机会不平等为例,大病患者医疗服务利用模型设定如下:

$$M_i = \alpha_i + \beta c_i + (\gamma + \mu c_i)e_i + \varepsilon_i$$

其中 c_i 表示患者户籍,e_i 为大病患者的其他变量,β 为城乡大病患者医疗服务利用曲线在截距上的差异,μ 为城乡大病患者间在医疗服务利用曲线斜率上存在的差异。(Fleurbaey and Schokkaert, 2011;马超等,2017;马超等,2018)

在实际中,一个人的努力水平可能会受到环境的影响,即约翰·罗默(John Roemer)(1998)所强调的"偏环境效应",大病患者的收入、受教育水平、就业等努力因素也会受到环境因素(户籍)的影响。因此,本研究参考马可·弗勒拜伊(Marc Fleurbaey)和艾里克·斯科凯特(Erik Schokkaert)(2011)、马超等(2018)的做法,将努力变量分为两类,分别用 e^1 和 e^2 表示,其中 e^1 表示受到环境(户籍)影响的个体社会经济地位等变量,e^2 表示个体健康需要等变量,并在构建医疗服务利用方程时采用城乡大病患者在对应户籍状态下的各变量分位数代替相应的努力变量 e^1,具体模型形式设定如下:

$$M_i = \alpha_i + \beta c_i + (\gamma + \mu c_i)\pi_i^1 + (\upsilon + \omega c_i)e_i^2 + \varepsilon_i$$

其中 π_i^1 表示努力变量 e_i^1 在对应户籍状态下的分位数。当 e_i^1 为连续性变量时,可以直接通过测算城镇和农村大病患者内部收入分位数的方式得到 π_i^1,当 e_i^1 为离散型变量时,可以利用排序模型先进行非线性回归,然后通过线性预测将其转化为连续性变量,进而通过测算分位数得到相应的 π_i^1。在上述模型基础上,统筹模式下农村大病患者所面临的医疗服务利用公正缺口,可以通过 c_i 由农村转为城镇而其他变量保持不变的医疗服务利用 M_i^* 减去其对应的实际医疗服务利用 M_i 得到,其他统筹模式下的医疗服务利用和健康公正缺口可采用类似的方法进行计算。

2. 倾向得分匹配

在利用上述方法计算出事前和事后补偿原则下不同模式下对应的医疗服务利用和健康公正缺口后,需要考察大病保险城乡统筹及不同城乡统筹模式在减小机会不平等方面的作用。如本书第五部分第一章所述,大病保险城乡统筹模式可能内生于当地经济和社会发展情况。因此,为了使不同城乡统筹模式下的大病患者更具可比性,采用倾向得分匹配评估不同城乡统筹模式对减小城乡大病患者机会不平等的作用。

(二) 变量选择

本章主要研究不同城乡统筹模式下大病保险制度对减小城乡机会不平等的作用,在机会不平等方面主要测算医疗服务利用和健康方面的公正缺口。因此,在被解释变量方面,选择大病患者过去一年的医疗总费用作为医疗服务利用的代理变量,选择 EQ-VAS 得分表征个体的健康水平,将上述二者作为个体的优势 y。

在解释变量方面,参考马超等(2018),选择户籍类型和统筹模式作为环境变量 c;努力变量包含 e^1 和 e^2,e^1 包含个体的受教育程度、家庭人均收入和非农就业,e^2 包括个体年龄、性别、婚姻状况、家庭人数、是否吸烟、是否饮酒、锻炼频率、是否患有慢性病和是否患有恶性肿瘤。

二、实证研究结果

(一) 描述性统计结果

在进行实证研究前,首先分城镇和农村大病患者进行各变量的描述性统计分析,结果见表 5-4-1。可以看出,农村大病患者的医疗费用对数值略高于城镇大病患者,为 10.4682,城镇大病患者的对数医疗支出均值为 10.4587，二者相差不大。从健康水平来看，城镇大病患者的 EQ-VAS 得分为 78.5091，显著高于农村大病患者，其值为 71.1122。仅从城乡维度来看，城乡居民在健康方面存在结果上的不公平。此外，其他变量的描述性统计结果显示，农村大病患者受教育程度相对较低，小学及以下人数占比显著高于城镇大病患者，在家庭人均收入方面城镇大病患者均值相对更高。农村大病患者家庭规模相对较大，且年龄平均值相对较高(54.0982±18.7291)。在患有慢性病及恶性肿瘤方面，城镇大病患者所占比例均相对更高，约有 93.29% 的大病患者患有慢性疾病，有 18.46% 的大病患者患有恶性肿瘤。

表 5-4-1　各变量分城乡描述性统计

变量	农村大病患者 均值	农村大病患者 标准差	城镇大病患者 均值	城镇大病患者 标准差
对数医疗支出	10.4682	1.0152	10.4587	0.9426
EQ-VAS	71.1122	14.9764	78.5091	14.6541
年龄	54.0982	18.7291	46.8168	22.2295
性别(0=男,1=女)	0.2598	0.4387	0.1049	0.3066
已婚(1=是,0=其他)	0.8265	0.3788	0.7916	0.4064
非农工作(1=是,0=否)	0.3956	0.4892	0.6126	0.4875
小学及以下教育程度(1=是,0=其他)	0.5581	0.4968	0.3580	0.4798
初中教育程度(1=是,0=其他)	0.3085	0.4620	0.2937	0.4558
高中及以上教育程度(1=是,0=其他)	0.1334	0.3402	0.3483	0.4767
家庭人数	4.4882	1.6859	3.8392	1.3287
对数家庭人均收入	9.3761	0.9817	9.4645	1.7056
患有慢性病(1=是,0=否)	0.8325	0.3735	0.9329	0.2504
患有恶性肿瘤(1=是,0=否)	0.1413	0.3485	0.1846	0.3883
吸烟(1=是,0=否)	0.1797	0.3841	0.2070	0.4054

(续表)

变量	农村大病患者 均值	农村大病患者 标准差	城镇大病患者 均值	城镇大病患者 标准差
饮酒(1=是,0=否)	0.1201	0.3252	0.1510	0.3583
几乎不锻炼(1=是,0=其他)	0.4313	0.4954	0.4048	0.4912
每月锻炼1—2次(1=是,0=其他)	0.0126	0.1114	0.0000	0.0000
每周锻炼1—2次(1=是,0=其他)	0.2718	0.4451	0.2941	0.456
每周锻炼3—4次(1=是,0=其他)	0.0856	0.2799	0.1513	0.3586
每天锻炼(1=是,0=其他)	0.1987	0.3992	0.1499	0.3572
样本量	1273		714	

为了进一步比较不同模式下城镇和农村大病患者在医疗服务利用和健康方面的差异,进一步对不同统筹模式下的对数医疗支出和自评健康得分进行描述性统计,得到结果见表5-4-2。从该表可以看出,无论城镇还是农村居民,统筹模式下大病患者的医疗支出对数值均相对更低。对于农村居民,统筹地区自评健康得分均值显著高于未统筹地区,取值分别为72.5859和68.7854。对于城镇居民,统筹地区大病患者的自评健康得分略低于未统筹地区,取值分别为77.1637和80.1327。已统筹模式下分城乡描述性统计结果显示,一元制模式下城镇和农村大病患者的对数医疗支出均高于二元补偿统一制模式下的城镇和农村大病患者,且自评健康得分也相对更高。描述性统计结果显示,统筹后城镇和农村居民的医疗服务利用均有所减小,但其仅显示了被解释变量数值的表面差异。不同城乡统筹模式对城镇和农村居民医疗服务利用和健康及其机会不平等的影响如何,还需要后文进一步的实证研究。

表 5-4-2　不同统筹模式下被解释变量分城乡描述性统计

变量	农村大病患者				城镇大病患者			
	未统筹		统筹		未统筹		统筹	
	均值	标准差	均值	标准差	均值	标准差	均值	标准差
对数医疗支出	10.724	0.735	10.306	1.129	11.007	0.579	10.004	0.945
EQ-VAS	68.785	16.721	72.586	13.564	80.133	17.336	77.164	11.842
变量	二元补偿统一制		一元制		二元补偿统一制		一元制	
	均值	标准差	均值	标准差	均值	标准差	均值	标准差
对数医疗支出	10.186	1.091	11.019	1.089	9.856	0.776	10.581	1.273
EQ-VAS	71.555	13.967	78.673	8.712	76.016	12.160	81.625	9.311

(二) 回归分析结果

在进行机会平等研究之前,本研究首先进行回归分析,以探究不同城乡统筹模式以及其他因素对城镇和农村大病患者医疗服务利用和自评健康得分的影响。由于本章研究对象主要是享受大病保险二次补偿的患者,医疗总费用和自评健康得分均不包含 0 值,因此基准回归采用 OLS 进行分析,全部样本和已统筹样本的分城乡回归结果分别见表 5-4-3 和表 5-4-4。据表 5-4-3 所示,在城镇样本中,大病保险城乡统筹对城镇患者医疗利用和自评健康得分效应均为正,但二者均不具有统计显著性,对农村样本而言,城乡统筹能够提高农村大病患者的医疗服务利用并改善其自评健康水平,且效应均在 1% 的显著性水平上显著,表明大病保险制度城乡统筹对农村大病患者的影响更大。进一步对比不同统筹模式下的城乡分样本回归,据表 5-4-4 所示,一元制相比二元补偿统一制模式能够进一步提高城镇和农村居民的医疗服务利用和健康水平,且效应均至少在 5% 的显著性水平上显著。上述研究表明城乡统筹层次越高,城镇和农村居民的医疗服务利用和健康水平均相对更高。

表 5-4-3　城镇和农村大病患者医疗服务利用及自评健康得分影响因素分析(全样本)

变量	城镇样本 医疗总费用	城镇样本 EQ-VAS	农村样本 医疗总费用	农村样本 EQ-VAS
大病保险制度城乡统筹 (参照组=未统筹)	0.0432 (0.1850)	0.8636 (1.9646)	0.5890*** (0.1144)	4.8590*** (1.4098)
年龄	0.0020 (0.0013)	−0.1704*** (0.0270)	0.0026* (0.0015)	−0.1393*** (0.0231)
女性 (参照组=男性)	−0.5171*** (0.2000)	1.4648 (1.6563)	−0.3054*** (0.0808)	0.6689 (0.8403)
已婚 (参照组=其他)	−0.1096 (0.0747)	1.1918 (1.4219)	0.0201 (0.0731)	−0.4715 (0.9880)
非农工作 (参照组=否)	−0.0303 (0.0641)	1.8703 (1.2912)	−0.0145 (0.0630)	3.4555*** (0.9480)
初中教育程度 (参照组=小学及以下)	0.1276* (0.0675)	1.4832 (1.3225)	0.0201 (0.0590)	0.1057 (0.8019)
高中及以上教育程度 (参照组=小学及以下)	−0.0419 (0.0735)	0.9237 (1.3139)	−0.0659 (0.0798)	−1.3313 (1.1721)
家庭人数	0.0050 (0.0235)	−0.2974 (0.4581)	−0.0052 (0.0162)	−0.1763 (0.2139)
对数家庭人均收入	0.0015 (0.0160)	0.6801 (0.4198)	−0.0198 (0.0241)	0.8701* (0.4781)
患有慢性病 (参照组=没有慢性病)	0.2367 (0.2224)	−1.9237 (2.0473)	−0.1709** (0.0868)	−1.2434 (0.8638)
患有恶性肿瘤 (参照组=没有恶性肿瘤)	0.2857*** (0.0722)	−4.5646*** (1.5248)	0.3268*** (0.0697)	−4.2869*** (1.1902)
吸烟 (参照组=不吸烟)	−0.0450 (0.0714)	1.2957 (1.2827)	−0.1220* (0.0726)	1.2239 (1.0050)
饮酒 (参照组=不饮酒)	−0.0517 (0.0893)	0.7134 (1.1643)	−0.1375 (0.0849)	2.5673** (1.1193)

(续表)

变量	城镇样本 医疗总费用	城镇样本 EQ-VAS	农村样本 医疗总费用	农村样本 EQ-VAS
每月锻炼1—2次 (参照组=几乎不锻炼)	—	—	0.0838 (0.1666)	−0.5083 (2.3738)
每周锻炼1—2次 (参照组=几乎不锻炼)	0.1772** (0.0687)	3.4702*** (1.2328)	−0.0925 (0.0650)	5.3229*** (0.8682)
每周锻炼3—4次 (参照组=几乎不锻炼)	−0.0215 (0.0751)	6.1448*** (1.6102)	−0.0565 (0.0734)	4.3123*** (1.4818)
每天锻炼 (参照组=几乎不锻炼)	−0.1384 (0.0961)	6.1545*** (1.3776)	−0.1647** (0.0772)	8.2479*** (0.9044)
地区变量	控制	控制	控制	控制
样本量	714	714	1269	1270
Adjusted R-squared	0.3777	0.1715	0.2204	0.3498

注：① 表中 *、**、*** 分别代表系数在10%、5%和1%的显著性水平上显著；② 括号内数据表示稳健标准误。

表 5-4-4　城镇和农村大病患者医疗服务利用及自评健康得分影响因素分析（已统筹样本）

变量	城镇样本 医疗总费用	城镇样本 EQ-VAS	农村样本 医疗总费用	农村样本 EQ-VAS
一元制模式 (参照组=二元补偿统一制模式)	1.2214*** (0.2056)	5.3408*** (1.8268)	1.1660*** (0.1341)	3.2943** (1.4681)
年龄	0.0032 (0.0023)	−0.1448*** (0.0340)	0.0040* (0.0024)	−0.1375*** (0.0310)
女性 (参照组=男性)	−0.6139** (0.2461)	−0.2115 (1.7016)	−0.3774*** (0.1074)	0.2611 (0.9776)
已婚 (参照组=其他)	−0.1952 (0.1894)	3.6750* (2.0263)	0.0679 (0.1142)	−0.4678 (1.2566)
非农工作 (参照组=否)	0.0531 (0.1115)	2.4741* (1.4791)	0.0296 (0.0973)	0.7297 (1.0265)

(续表)

变量	城镇样本 医疗总费用	城镇样本 EQ-VAS	农村样本 医疗总费用	农村样本 EQ-VAS
初中教育程度 （参照组＝小学及以下）	0.1419 (0.1040)	0.3449 (1.3115)	0.0314 (0.0916)	0.2371 (0.9268)
高中及以上教育程度 （参照组＝小学及以下）	−0.0684 (0.1101)	−2.1538 (1.4357)	−0.1762 (0.1149)	−1.6060 (1.3701)
家庭人数	0.0553 (0.0416)	0.2442 (0.4733)	0.0097 (0.0246)	0.2046 (0.2529)
对数家庭人均收入	−0.0244 (0.0449)	0.6084 (0.4363)	−0.0583 (0.0378)	1.1460* (0.6786)
患有慢性病 （参照组＝没有慢性病）	0.1900 (0.2600)	−2.9786 (1.8115)	−0.2371** (0.1123)	−0.2880 (0.9777)
患有恶性肿瘤 （参照组＝没有恶性肿瘤）	0.2495** (0.1205)	−8.1281*** (1.8887)	0.0533 (0.1189)	−6.5508*** (1.7447)
吸烟 （参照组＝不吸烟）	−0.0898 (0.1183)	−0.6593 (1.6180)	−0.0864 (0.1021)	1.0372 (1.1113)
饮酒 （参照组＝不饮酒）	−0.0935 (0.1421)	−0.3474 (1.6377)	−0.1794 (0.1285)	1.2585 (1.2399)
每月锻炼 1—2 次 （参照组＝几乎不锻炼）	—	—	0.1325 (0.3714)	−2.3553 (3.1295)
每周锻炼 1—2 次 （参照组＝几乎不锻炼）	0.1804* (0.1048)	−0.4295 (1.3413)	−0.1123 (0.0889)	4.8585*** (0.8825)
每周锻炼 3—4 次 （参照组＝几乎不锻炼）	−0.0639 (0.1284)	3.1129 (1.9163)	−0.0764 (0.1146)	2.7860 (2.0034)
每天锻炼 （参照组＝几乎不锻炼）	−0.2286 (0.1568)	2.4099 (1.5485)	−0.1626 (0.1088)	6.1455*** (1.1012)
地区变量	控制	控制	控制	控制
样本量	390	390	777	777
Adjusted R-squared	0.1512	0.2355	0.1832	0.3742

注：① 表格中 *、**、*** 分别代表系数在 10%、5% 和 1% 的显著性水平上显著；② 括号内数据表示稳健标准误。

基准回归结果表明,有无统筹模式下大病保险制度对城镇和农村大病患者的医疗服务利用和自评健康的实施效应存在较大差异,是否统筹对农村居民的实施效应更为明显,而已统筹模式中一元制和二元补偿统一制对城乡大病患者均存在显著效应。在此基础上,不同统筹模式下城镇和农村大病患者所面临的机会不平等程度如何?统筹模式对机会不平等的作用有多大?需要后文进一步的实证分析。

(三)补偿原则下的医疗服务利用与健康机会不平等程度测算

如前所述,本研究首先在全样本下分析大病保险有无城乡统筹时城乡大病患者存在的机会不平等。假定"城镇户口"为理想环境,在统筹模式下,对于户籍为农村且处于统筹模式下的大病患者而言,保持其他特征不变,将其户籍类型变成城镇得到的医疗服务利用值,即其在理想环境下的医疗服务利用 M_i^*。用 M_i^* 减去农村大病患者的实际医疗服务利用值 M_i,即得到统筹模式下城乡大病患者之间的公正缺口 $M_i^* - M_i$。对于户籍类型为农村且处于未统筹模式下的大病患者,用保持其他特征不变、仅将其户籍由农村变为城镇所得到的医疗服务利用值 M_i^*,减去其实际医疗服务利用值 M_i,即得到未统筹模式下的城乡大病患者公正缺口。根据同样的方法可以测算农村大病患者在有无统筹模式下的自评健康得分模拟值 $Health_i^*$,减去对应的自评健康得分实际值 $Health_i$,即可得到大病保险制度有无统筹模式下对应的健康公正缺口 $Health_i^* - Health_i$。

按照事前补偿原则,不考虑个体努力水平如何,仅补偿环境所造成的不平等。运用到本研究环境中,事前补偿原则下的公正缺口仅由环境决定,即运用户籍变量来计算公正缺口。因此对于统筹模式下的农村大病患者而言,其理想环境下的医疗服务利用就是统筹模式下城镇户籍的医疗服务利用值,这与统筹模式下城镇大病患者的医疗服务利用描述性统计结果一致(见表5-4-5)。由于事前补偿原则并未考虑个体努力水平,仅关注不同群体在数值上的差异,因此事前补偿原则下的公正缺口,即为城乡大病患者群体间的均值差异。

表 5-4-5　补偿原则下农村大病患者所面临的机会不平等(全样本)

	M_i	M_i^*	公正缺口 $M_i^* - M_i$	$Health_i$	$Health_i^*$	公正缺口 $Health_i^* - Health_i$
事前补偿原则						
未统筹	10.7241	11.0070	0.2829***	68.7854	80.1327	11.3473***
统筹	10.3064	10.0045	−0.3020***	72.5859	77.1637	4.5778***
事后补偿原则						
未统筹	10.7256	10.9126	0.1870***	68.7627	80.3234	11.5607***
统筹	10.3046	10.0572	−0.2474***	72.5869	79.6294	7.0425***

注:*** 代表系数在 1% 的显著性水平上显著。M_i 为农村大病患者在大病保险有无乡统筹下的医疗服务利用实际值,M_i^* 为农村大病患者假定其户籍为城镇居民时的模拟值。$Health_i$ 为农村大病患者在大病保险有无城乡统筹下的自评健康得分实际值,$Health_i^*$ 为农村大病患者假定其户籍为城镇居民时的自评健康得分模拟值。

从表 5-4-5 可以看出,在事前补偿原则下,未统筹模式中农村大病患者所面临的医疗服务利用的公正缺口为 0.2829,且该差异在 1% 的显著性水平上显著,即如果农村大病患者户籍变为城镇,则其医疗费用对数值将会增加 0.2829,反映了未统筹模式下城乡大病患者的户籍差异所造成的医疗服务利用机会不平等。统筹模式下农村大病患者所面临的医疗服务利用公正缺口为 −0.3020,且在 1% 的显著性水平上显著,表明统筹模式下农村大病患者将户籍换为城镇时,其医疗费用对数值会减少 0.3020。从自评健康得分 EQ-VAS 的测算结果来看,未统筹模式下农村大病患者所面临的健康公正缺口为 11.3473,且该差异在 1% 的显著性水平上显著,表明当农村大病患者户籍变为城镇时,其自评健康得分将会增加 11.3473,反映了未统筹模式下城乡大病患者的户籍差异所造成的健康机会不平等。在统筹模式下,农村大病患者所面临的健康公正缺口为 4.5778。相比较而言,统筹模式下农村大病患者所面临的医疗服务利用和健康公正缺口数值均相对更小。

为了进一步考察事后补偿原则下城乡大病患者在医疗服务利用和健康方面的公正缺口,根据前文所述,在计算公正缺口时考虑大病患者的努力水平,在保持个体努力水平不变的情况下,通过改变个体所处环境来测算城乡大病患者在医疗服务利用和健康方面的机会不平等,结果见表 5-4-5 中事后补偿原则一栏。

据表 5-4-5 所示,在事后补偿原则下,未统筹模式下农村大病患者所面临的医疗服务利用和健康公正缺口分别为 0.1870 和 11.5607,二者均在 1% 的显著性水平上显著,表明在考虑个体努力水平后,农村大病患者在医疗服务利用和健康方面存在着机会不平等。统筹模式下,农村大病患者所面临的医疗服务利用和健康公正缺口分别为 -0.2474 和 7.0425,且均在 1% 的显著性水平上显著,即在统筹模式下,农村大病患者户籍为城镇时,其对数医疗支出值会减少 0.2474,其自评健康得分会增加 7.0425。比较事后补偿原则结果可以看出,统筹相比未统筹模式下测算的农村大病患者面临的机会不平等程度更低。从研究结果来看,事前补偿和事后补偿原则结论较为一致,即统筹相比未统筹能够减少农村居民所面临的机会不平等,缩小城乡大病患者在医疗服务利用和健康方面的公正缺口。事前补偿原则仅关注不同群体间结果变量均值方面的差异,而事后补偿原则则是基于更多信息,考虑到患者的使能资源和需要等方面的因素,而非仅关注数值表面上的差异,进而体现制度设计的公平性。此外,从健康经济学的角度看,公平包含水平公平和垂直公平两个概念,水平公平是指同等需要能够得到同等保健,无关乎个体所处的环境,这与事后补偿原则考虑不同个体努力程度的思想较为契合。因此,事后补偿原则下的公正缺口代表了深层次的不公,测算结果表明未统筹情况下农村大病患者面临着医疗服务利用和健康方面的水平不公平。考虑个体努力信息,有助于大病保险精准识别需要补偿的患者,进一步扩大政策红利。

在前述分析基础上,仅保留已统筹样本,进一步考察一元制和二元补偿统一制模式下城镇和农村大病患者在医疗服务利用和健康方面的机会不平等,结果见表5-4-6。在表5-4-6中,假定"城镇户籍"为理想环境,对于一元制模式下的农村大病患者而言,保持其他特征不变,将其户籍类型变成城镇后得到的医疗服务利用和健康,即其在理想环境下的医疗服务利用 M_i^* 和健康 $Health_i^*$。用理想环境下的模拟值减去对应的实际值 M_i 和 $Health_i$,即可得到一元制模式下农村大病患者所面临的医疗服务利用和健康公正缺口,以此类推,即可得到二元补偿统一制模式下的医疗服务利用和健康公正缺口。与前文类似,除了考察个体所面临的环境(户籍)外,将患者的努力水平也考虑在内,可以计算得出事后补偿原则下农村大病患者所面临的医疗服务利用和健康机会不平等。

从表5-4-6可以看出,在已统筹样本中,无论事前还是事后,一元制和二元补偿统一制模式下农村大病患者所面临的医疗服务公正缺口均为负,且均值差异在1%的显著性水平上显著,即表示在此两种模式下,当农村大病患者户籍转换为城镇时,其对数医疗支出均会下降。健康估计结果显示,无论在事前还是事后补偿原则下,两种模式下农村大病患者所面临的健康公正缺口都为正,均值差异均在1%的显著性水平上显著,表示一元制和二元补偿统一制模式下,当农村大病患者户籍转换为城镇时,其自评健康得分会有所提升。在事前补偿原则下,一元制和二元补偿统一制模式下农村大病患者所面临的健康公正缺口分别为2.9524和4.4614;在事后补偿原则下,一元制和二元补偿统一制模式下农村大病患者所面临的健康公正缺口分别为3.8642和5.2258。总体而言,一元制模式相比二元补偿统一制模式,农村大病患者的医疗服务利用和健康公正缺口均有所减小。

综合上述测算结果,大病保险制度在未统筹模式下,农村大病患者面临显著的医疗服务利用和健康公正缺口,在统筹模式下,无论在事前还是事后补偿原则下,公正缺口均有所减小。已统筹模式下公正缺口测算结果也表明,一元制相比二元补偿统一制模式,事前和事后补偿原则下的公正缺口呈现出总体下降趋势。因此,通过比较分析不同模式下农村居民所面临的公正缺口,本研究认为,统筹层次越高,农村大病患者所面临的医疗服务利用和健康公正缺口越小,即城乡大病患者的机会不平等有所减小。但上述结论仅为简单的均值比较结果,为了弄清大病保险制度城乡统筹能否减小城乡大病患者所面临的医疗服务利用和健康机会不平等,以及一元制模式相比二元补偿统一制模式能否进一步缩小机会不平等等问题,需要下文进一步的实证研究。

表 5-4-6　补偿原则下农村大病患者所面临的机会不平等(已统筹样本)

	M_i	M_i^*	公正缺口 $M_i^* - M_i$	$Health_i$	$Health_i^*$	公正缺口 $Health_i^* - Health_i$
事前补偿原则						
二元补偿统一制	10.1857	9.8561	−0.3296***	71.5547	76.0161	4.4614***
一元制	11.0189	10.5812	−0.4377***	78.6726	81.6250	2.9524***
事后补偿原则						
二元补偿统一制	10.1830	9.8029	−0.3801***	71.5512	76.7770	5.2258***
一元制	11.0190	10.8441	−0.1749***	78.6726	82.5368	3.8642***

注:*** 代表系数在 1% 的显著性水平上显著。M_i 为农村大病患者在不同统筹模式下的医疗服务利用实际值,M_i^* 为农村大病患者假定其户籍为城镇居民时的模拟值。$Health_i$ 为农村大病患者在不同统筹模式下的自评健康得分实际值,$Health_i^*$ 为农村大病患者假定其户籍为城镇居民时的自评健康得分模拟值。

（四）不同城乡统筹模式与城乡大病患者机会不平等

前文在机会平等理论上构建了不同统筹模式下大病保险制度实施公平性研究的一个理论框架，并利用全国东部、中部和西部代表性省份大病保险试点地区的微观调研数据，分别定量测算了事前和事后补偿原则中不同统筹模式下农村大病患者所面临的医疗服务利用和健康机会不平等。下文将进一步考察大病保险制度城乡统筹是否能够显著减小上述医疗服务利用和健康方面的机会不平等。

由于公正缺口本身考察的就是当农村大病患者户籍为城镇时的模拟值减去其真实值所得到的差值，本身有差分的思想在内。为了进一步考察城乡统筹对公正缺口的影响，对比有无统筹模式下效应，又形成了一重差分，即形成横截面数据下的双重差分分析，部分文献采用这种方式对统筹城乡医保制度实施效应及其公平性进行了研究（马超等，2017；2018）。具体而言，在研究有无城乡统筹对城乡大病患者医疗服务利用不平等的影响时，处理组为统筹组的农村大病患者，控制组为未统筹组的农村大病患者。处理组差分为已统筹模式下农村大病患者所面临的医疗服务利用公正缺口，控制组差分为未统筹模式下农村大病患者所面临的医疗服务利用公正缺口。通过对处理组和控制组的差分再进行一次差分处理，可得到大病保险制度城乡统筹对减小城乡大病患者医疗服务利用机会不平等的政策效果，在研究城乡统筹对减小大病患者健康机会不平等的作用时也采取类似思路。

由于本章所用数据为不同省份的截面数据，因此无法保证处理组和控制组之间有共同趋势，即无法知道双重差分的前定假设条件是否满足。正如第五部分第一章所述，各地在推进大病保险政策实践过程中，是否城乡统筹可能内生于当地的经济社会发展水平。为了进一步规避关键解释变量可能带来的估计偏误问题，本研究采取与前述章节类似的倾向得分匹配进行分析，首先对大病保险制度有无城乡统筹或不同已统筹模式之间的样本进行匹配,使两组的样本具有可比性,然后在此基础上考察大病保险制度城乡统筹对减小机会不平等的平均处理效应。

为了保证结果的可靠性和稳健性,本研究分别采取了最近邻匹配、分层匹配和核匹配三种匹配策略对处理组和控制组的样本进行匹配,首先考察大病保险制度城乡统筹对城乡大病患者医疗服务利用机会不平等的作用,结果见表5-4-7。可以看出,无论事前还是事后补偿原则,大病保险制度城乡统筹的平均处理效应均为负值,且效应均在1%的显著性水平上显著,表示大病保险制度城乡统筹能够显著减小城乡大病患者在医疗服务利用方面的机会不平等。从数值上来看,事前补偿原则在平均处理效应绝对值上相对更大,事后补偿原则在减小机会不平等方面也存在显著效应,但平均处理效应相对较小。大病保险制度城乡统筹,主要是将城镇和农村大病保险纳入同一制度框架下,让城镇和农村大病患者得以享受相同的偿付水平,从制度设计上较为契合事前补偿原则的思想,即不论个体努力水平如何,对处于劣势环境的个体予以补偿。而事后补偿原则是在已知个体努力程度的情况下,对相同努力水平但处于劣势环境的个体予以补偿。本研究与已有研究结论不一致的地方在于,马超等(2018)验证了事前补偿原则下统筹城乡基本医保制度对减小流动人口医疗保健不平等存在显著作用,但在事后补偿原则下医保制度城乡统筹对机会不平等的影响并不显著。对此,可能的解释为,城乡居民大病保险是在基本医保基础上对患者符合条件的合规费用进行二次补偿的一项医保制度,本部分所用样本为经过二次补偿的城乡大病患者,对于享受大病保险二次补偿的患者而言,其健康需要已经在制度设计中被充分考虑到。此外,在大病保险制度运行过程中,针对贫困人口设定了特定的倾斜性政策,亦符合事后补偿原则的思路。因此无论事前还是事后补偿原则,大病保险制度城乡统筹均能显著减小城乡居民的医疗服务利用机会不平等。

表 5-4-7 中健康公正缺口一栏显示了大病保险制度城乡统筹在改善健康机会不平等方面的作用。可以看出,在事前和事后补偿原则下,无论采用何种匹配策略,大病保险制度城乡统筹对健康公正缺口的平均处理效应均为负值,且均在 1% 的显著性水平上显著,表明大病保险制度城乡统筹能够显著减小城乡大病患者在健康方面的机会不平等。从数值上来看,事前补偿原则下,大病保险制度城乡统筹可缩小健康公正缺口 6.435—7.000,事后补偿原则下,大病保险制度城乡统筹可缩小健康公正缺口 3.042—3.524。和医疗服务利用估计结果类似,事前补偿原则下城乡统筹对大病患者健康改善不平等的作用更大,解释与之前相同,故此处不再赘述。

表 5-4-7 大病保险制度城乡统筹对缓解城乡大病患者机会不平等的效应

被解释变量	补偿原则	匹配方法	处理组样本量	控制组样本量	ATT	T 值
医疗服务利用公正缺口	事前补偿	最近邻匹配	777	307	−0.610***	−8.069
		分层匹配	777	492	−0.605***	−10.759
		核匹配	777	492	−0.618***	−10.046
	事后补偿	最近邻匹配	777	307	−0.460***	−7.010
		分层匹配	777	492	−0.455***	−8.702
		核匹配	777	492	−0.455***	−10.758
健康公正缺口	事前补偿	最近邻匹配	777	307	−7.000***	−5.252
		分层匹配	777	492	−6.435***	−7.045
		核匹配	777	492	−6.436***	−7.829
	事后补偿	最近邻匹配	777	307	−3.397***	−3.200
		分层匹配	777	492	−3.042***	−4.316
		核匹配	777	492	−3.524***	−5.012

注:*** 代表系数在 1% 的显著性水平上显著。

除了探究大病保险有无城乡统筹对城乡大病患者医疗服务利用

和健康机会不平等的影响外,与前文分析类似,本研究进一步保留已统筹样本,探究一元制相比二元补偿统一制模式是否能够进一步减小城乡大病患者之间的机会不平等。此时,将一元制模式下的样本作为处理组,二元补偿统一制模式下的样本作为控制组,进行与前文类似的分析,得到一元制相对于二元补偿统一制对减小城乡大病患者机会不平等的平均处理效应,结果见表5-4-8。可以看出,在医疗服务利用的公正缺口方面,事前补偿原则下,无论采用何种匹配策略,大病保险制度一元制相对二元补偿统一制模式的平均处理效应均不显著,事后补偿原则下,仅有核匹配方法的平均处理效应通过了10%的显著性检验,且系数为正,因此可以认为,一元制相比二元补偿统一制未能进一步改善城乡大病患者在医疗服务利用方面的机会不平等。健康公正缺口的估计结果亦显示:事前补偿原则下,各匹配策略下一元制相比二元补偿统一制模式能够缩小城乡大病患者的健康机会不平等,但各匹配策略下的平均处理效应均未通过显著性检验;事后补偿原则下,最近邻匹配和分层匹配策略下平均处理效应系数为负,核匹配结果为正,但三者亦均未通过显著性检验。上述研究结论显示,一元制与二元补偿统一制模式在减小城乡大病患者医疗服务利用和健康机会不平等方面的作用无显著差异。可能的原因在于,一元制模式是将城镇职工、城镇居民和农村居民三类基本医保参保人群纳入同一个大病保险制度框架下,在该制度内仅设立一个基金池,筹资标准方面城镇职工标准较高,城乡居民标准一致且筹资标准相对较低,三者享受同等待遇,包括报销范围和补偿比例。二元补偿统一制下城镇和农村居民在同一制度框架下,筹资及补偿等方面均一致。本研究仅关注城镇及农村居民中享受大病保险补偿的个体,在进行调查时并未将城镇职工纳入分析范围,因此可以看出,二者在缩小城乡大病患者机会不平等方面应无本质区别,因此无论事前还是事后补偿原则,二者在缩小城乡大病患者医疗服务利用和健康机会不平等方面无显著差异。

表 5-4-8　一元制相对于二元补偿统一制对减小城乡
大病患者机会不平等的效应

被解释变量	补偿原则	匹配方法	处理组样本量	控制组样本量	ATT	T值
医疗服务利用公正缺口	事前补偿	最近邻匹配	113	82	0.080	0.329
		分层匹配	113	554	−0.020	−0.127
		核匹配	113	554	0.062	0.383
	事后补偿	最近邻匹配	113	85	0.318	1.366
		分层匹配	113	554	0.199	1.353
		核匹配	113	554	0.268*	1.675
健康公正缺口	事前补偿	最近邻匹配	113	85	−2.922	−1.547
		分层匹配	113	554	−1.562	−1.355
		核匹配	113	554	−0.861	−0.667
	事后补偿	最近邻匹配	113	85	−1.098	−0.528
		分层匹配	113	554	−0.172	−0.135
		核匹配	113	554	0.244	0.205

注：* 代表系数在 10% 的显著性水平上显著。

（五）稳健性检验

为了验证上述不同统筹模式对机会不平等影响效应的稳健性，本研究设定农村户籍为理想环境，测算事前和事后补偿原则下的医疗服务利用和健康公正缺口，并利用倾向得分匹配考察不同城乡统筹模式对减小城乡大病患者医疗服务利用和健康机会不平等的影响，对应的稳健性检验结果见表 5-4-9 和表 5-4-10。

表 5-4-9 大病保险制度城乡统筹对减小城乡大病患者
机会不平等的效应(稳健性检验)

被解释变量	补偿原则	匹配方法	处理组样本量	控制组样本量	ATT	T值
医疗服务利用公正缺口	事前补偿	最近邻匹配	324	150	−0.640***	−5.349
		分层匹配	324	367	−0.551***	−6.830
		核匹配	324	367	−0.573***	−7.893
	事后补偿	最近邻匹配	324	150	−0.561***	−4.531
		分层匹配	324	367	−0.340***	−4.097
		核匹配	324	367	−0.383***	−5.164
健康公正缺口	事前补偿	最近邻匹配	324	150	−10.134***	−4.612
		分层匹配	324	367	−9.543***	−4.759
		核匹配	324	367	−8.947***	−5.432
	事后补偿	最近邻匹配	324	150	−2.358***	−1.289
		分层匹配	324	367	−4.180***	−2.395
		核匹配	324	367	−3.703***	−2.952

注:*** $p<0.01$

表 5-4-10 一元制相对于二元补偿统一制对减小城乡大病患者
机会不平等的效应(稳健性检验)

被解释变量	补偿原则	匹配方法	处理组样本量	控制组样本量	ATT	T值
医疗服务利用公正缺口	事前补偿	最近邻匹配	262	23	−0.563	−0.593
		分层匹配	74	247	0.660	1.596
		核匹配	262	59	0.490	0.823
	事后补偿	最近邻匹配	262	23	−0.024	−0.025
		分层匹配	74	247	0.845***	2.164
		核匹配	262	59	0.690	1.111
健康公正缺口	事前补偿	最近邻匹配	262	23	−7.313	−1.472
		分层匹配	74	247	−4.327*	−1.682
		核匹配	262	59	−8.869***	−2.365

第五部分　统筹城乡大病保险制度模式效应实证研究

(续表)

被解释变量	补偿原则	匹配方法	处理组样本量	控制组样本量	ATT	T值
健康公正缺口	事后补偿	最近邻匹配	262	23	−10.664*	−1.663
		分层匹配	74	247	−9.838***	−3.894
		核匹配	262	59	−13.509***	−3.739

注：*** p<0.01，* p<0.1

据表5-4-9所示，当以"农村"环境作为基准时，大病保险制度城乡统筹对医疗服务利用和健康公正缺口均存在显著负向效应，无论采用何种匹配策略，效应值均在1‰的显著性水平上显著，表明大病保险制度城乡统筹能够显著缩小大病患者在医疗服务利用和健康方面存在的机会不平等。此外，表5-4-10中一元制相对二元补偿统一制的估计结果显示，在医疗服务利用公正缺口方面，除了事后补偿原则下分层匹配策略显示一元制相对二元补偿统一制会显著增加城乡大病患者医疗服务利用机会不平等外，其余平均处理效应均不显著，说明一元制与二元补偿统□制在缩小居民医疗服务利用公正缺口方面无显著差异。从健康公正缺口的平均处理效应估计结果来看，一元制相对二元补偿统一制能够进一步减小城乡居民在健康方面的机会不平等。①总体而言，以"农村"为理想环境的平均处理效应与前文估计结果较为一致，一定程度上表明前述研究结果的稳健性。

三、讨论与小结

在本部分前述章节中，本研究利用东部江苏省、中部安徽省、西

---

① 当以"农村"作为理想环境进行稳健性检验时，由于匹配损耗较多样本，因此倾向于前文研究结论，即一元制和二元补偿统一制在减小城乡大病患者医疗服务利用和健康机会不平等方面无显著差异。

部贵州省不同统筹模式有代表性的试点地区的一手微观调研数据，分析了不同城乡统筹模式下大病保险制度实施效应的差异，肯定了大病保险制度城乡统筹对城乡大病患者医疗服务利用和健康的显著效应。在已统筹模式下，一元制模式相比二元补偿统一制模式能进一步促进患者的医疗服务利用，并改善其健康水平。在大病保险城乡统筹实施效应显著的情况下，考察不同统筹模式对城乡大病患者在医疗服务利用和健康方面的公平性效应也尤为重要。

大病保险制度城乡统筹对农村居民的实施效应更为明显，即对农村居民的医疗服务利用和健康积极效应更强，那么从群体间角度出发，大病保险制度城乡统筹也能够进而减小城乡居民在医疗服务利用和健康方面的不平等。为此，本章基于机会平等理论，利用针对大病患者的微观调研数据，对上述推论进行验证。本章首先在事前和事后补偿原则下分别测算有无城乡统筹模式下农村大病患者所面临的医疗服务利用和健康公正缺口，进一步利用倾向得分匹配考察大病保险制度城乡统筹对城乡大病患者机会不平等的影响，研究结论肯定了大病保险制度城乡统筹在缩小城乡大病患者医疗服务利用和健康公正缺口方面的作用。其次，本章针对已统筹模式进行了进一步分析，城乡分样本回归结果表明，一元制相对二元补偿统一制，对城镇和农村大病患者的医疗服务利用和健康均起到显著促进作用，且二者数值效应差异不大。因此在城乡大病患者群体间机会不平等方面，二者的作用也应该没有显著差异，后文的倾向得分匹配结果也对上述推论进行了验证，并证实了一元制和二元补偿统一制在缩小城乡大病患者机会不平等方面无显著差异。

综合前述研究结论可以看出，大病保险制度城乡统筹相对于未统筹能够显著促进农村居民医疗利用，并改善其健康状况，在减小城乡大病患者机会不平等方面也起到显著作用。对于已统筹模式而言，一元制模式相比二元补偿统一制能够显著改善城镇和农村大病患者的医疗服务利用和健康水平，但在缩小城乡大病患者医疗服务利用和健康机会不平等方面,暂无证据表明一元制相对二元补偿统一制更优。在制度设计上,除了进一步提高大病保险制度城乡统筹层次,提高城镇和农村大病患者福利效应外,同时应重点关注城乡大病患者在医疗服务利用和健康方面的机会不平等,在充分考虑患者健康需要的基础上,对处于弱势环境的大病患者予以制度倾斜,更好地发挥制度设计和实践的公平性。

第五章 大病保险统筹模式与疾病经济负担公平性

经济社会的快速发展极大提高了人民的物质生活水平,个体健康状况也由此得到了极大的改善,但同时也存在着收入差距扩大、医疗服务利用和健康不平等等问题,这些问题已引起社会各界的重视。学术界普遍认为医疗服务利用和健康不平等主要源自贫富差距和资源禀赋的差异,低收入个体所拥有的医疗保健资源较少,健康水平也相对更低,削弱了低收入群体获得健康人力资本的能力,进一步扩大了收入差距。(Alleyne et al., 2000;齐良书、李子奈,2011)因此医疗服务利用和健康不平等是健康研究领域的主要热点问题。本部分第二章内容从经济绩效的角度考察不同城乡统筹模式下大病保险制度对个体经济绩效的影响,着重分析大病保险制度在减轻个体就医经济负担方面的作用。本章在此基础上研究不同大病保险城乡统筹模式对大病患者疾病经济负担公平性的影响。

一、分析框架

医疗保险作为一种收入再分配的手段,通过对患病人群进行价格补贴,减小不同收入及健康禀赋人群之间的差异,因此关注医疗保险对个体疾病经济负担的影响的公平性较为重要。对医疗保健的公平、平等概念,马超等(2012)进行了相关总结。有关医疗保险对个体疾病经济负担公平性的影响,众多研究者从多个视域,利用个体医疗费用和疾病经济负担进行研究,且研究主要集中在两个方面。

一方面,部分研究集中探讨医疗保险对同一群体内个体疾病经济负担的影响。首先,对于群体内医疗服务利用不平等的测定,国内多数研究利用省份或全国微观调研数据对健康不平等进行测算,所得结论较为一致,认为无论城市还是农村,或不同年龄组个体,在健康方面均存在亲富人的不平等(陈英等,2016;李燕等,2016;阮航清、陈功,2017;王钦池,2016;赵华硕等,2016;朱大伟等,2016),且农村地区健康不平等程度相对更高(刘嘉莉,2017)。此外已有研究通过国际比较发现我国的健康不平等程度处于相对较高的水平。(胡琳琳,2005)现有研究多采用门诊、住院、就诊率、预防保健服务利用等指标测算医疗服务利用方面的不平等方向及程度,部分研究认为医疗服务利用存在亲富人的不平等(齐良书、李子奈,2011;李燕等,2016;王中华,2013;赵广川等,2015),但也有研究得出门诊服务存在亲穷人的不平等,而住院服务不平等倾向不明的结论(王中华,2013)。

另一方面,有研究探讨不同群体间的医疗服务利用差异。国外主要针对不同种族之间疾病经济负担的公平性进行分析,维多利亚·D.欧洁达(Victoria D. Ojeda)和托马斯·G.麦吉尔(Thomas G. McGuire)(2006)对不同种族间医疗服务利用差异进行分析,发现不同种族间(白人、黑人和拉丁裔人)存在显著的医疗服务差异。本杰明·L.库克(Benjamin L. Cook)等人(2007)研究认为,采用IOM对种族间差异定义后,2000—2001年和2003—2004年,非裔美国人和美国白人之间的差异、拉丁裔美国人和美国白人之间的差异有所加深。玛佳莉塔·艾莱格瑞(Margarita Alegría)等人(2002)认为低收入拉丁裔美国人的专业精神病医疗服务可及性更低,非低收入的非裔美国人比美国白人接受专业精神病治疗的可能性更低。在国内,胡琳琳、胡鞍钢(2003)认为城乡居民在医疗卫生服务可及性及利用方面存在较大差异;魏众、B.古斯塔夫森(B. Gustafsson)

(2005)认为由于地域卫生投资公平性缺失,城乡居民间和城乡居民内部在医疗支出上均存在较大差距;陈浩、周绿林(2011)结合静态与动态分析,得出我国卫生不平等中城乡间差距最为突出的结论;吴擢春(Zhuochun Wu)等人(2012)利用三次国家卫生服务调查数据(1993年、1998年和2003年)分析我国城乡及区域间产妇在医疗保健方面的差异和公平性,结果表明社会经济发展及针对性医疗服务投资缩小了城乡与区域间医疗保健差异,但仍存在显著差距。

在医疗保险对医疗服务利用不平等的作用方面,福利经济学理论指出,医疗保险对低收入人口的补贴效应更大,医疗卫生领域的公平性更为重要(Mooney,2003)。由于国别、地域多重因素差异,有关医疗保险公平效应的研究,不同研究得出不同结论,杰弗里·S.哈曼(Jeffrey S. Harman)等人的研究(2004)表明,相比较而言,未被医疗保险覆盖的个体治疗抑郁症的概率更低。国内多集中于对新农合的研究,且研究结论莫衷一是。一些研究认为医疗保险能够缩小健康及医疗服务利用不平等(封进、宋铮,2007;马哲、赵忠,2016),使低收入者从中获益更多;也有研究表明医疗保险对上述不平等起到加剧作用(顾和军、刘云平,2012;周钦等,2016)。

城乡居民大病保险制度旨在为发生高额自付医疗支出的患者在基本医保报销基础上进行再次补偿,以减少其原来因面临严重疾病经济负担危害健康及人力资本而产生的损失。考察大病保险制度对于弱势群体在经济负担方面的帮扶作用,关注其实施对个体疾病经济负担公平性的影响极为重要。因此本章在测算城乡大病患者医疗费用及疾病经济负担不平等的基础上,考察大病保险制度不同城乡统筹模式对疾病经济负担不平等的贡献,为大病保险制度的完善和优化提出有益参考。

二、模型设定与变量选择

(一) 夏普里值分解方法

夏普里值分解方法能够从全局视角考察不同因素对不平等的贡献,且不同因素贡献具有横向可加性(Yang et al.,2014;万广华、张茵,2006)。该方法在收入分配领域应用广泛(Wan,2004;陈纯槿、李实,2013),在医疗服务利用及健康不平等方面也有所应用(赵广川、顾海,2016;赵广川、马超、顾海、孙徐辉,2015)。因此本研究主要采用夏普里值分解方法考察大病保险制度不同城乡统筹模式对患者疾病经济负担不平等的贡献及其差异。

为研究大病保险制度是否统筹及不同统筹模式的大病保险制度对疾病经济负担分布的影响,首先建立如下的疾病经济负担模型:

$$\ln Y_i = \alpha + \beta z_i + X_i'\gamma + \varepsilon_i$$

其中,Y_i 表示个体的疾病经济负担;关键解释变量 z_i 表示是否参与统筹的大病保险制度或参与其中一种统筹模式的大病保险制度;X_i 表示模型中的其他协变量;ε_i 为随机干扰项。对上述方程两边取指数后,待分解的回归方程为:

$$\hat{Y}_i = \exp(\hat{\alpha} + \hat{\beta} z_i + X_i'\hat{\gamma} + \hat{\varepsilon}_i)$$
$$= \exp(\hat{\alpha}) \cdot \exp(\hat{\beta} z_i) \cdot \exp(X_i'\hat{\gamma}) \cdot \exp(\hat{\varepsilon}_i)$$

其次,对上式采用夏普里值分解方法分解各解释变量对被解释变量不平等程度的贡献。在该方法中,对疾病经济负担不平等的衡量,采用基尼系数或泰尔-T指数,其中关于残差项和常数项的贡献,由于夏普里值分解方法无法得到,应用万广华、张茵(2006)给出的求解残差项贡献的方法解决。

(二) 变量选择[①]

1. 被解释变量

(1) 医疗卫生支出

医疗支出能够衡量个体医疗需求和医疗服务实际利用,在研究中被普遍用来作为个体医疗服务利用的代理变量(Cook et al.,2009,2010;顾海、李佳佳,2013;赵广川、顾海,2016;赵广川、马超、顾海、孙徐辉,2015)。因此本研究采用过去一年内的医疗支出作为个体医疗服务利用的代理变量。

(2) 自付医疗支出

患者自付费用反映了医疗保险补偿后仍需患者自行承担的医疗支出。其值越高,表明患者个人所需承担的费用越高,面临的经济负担也相对更重。该变量一定程度上反映了医保制度对个体的保障水平。因此另选取该指标考察大病保险制度城乡统筹模式对大病患者疾病经济负担公平性的影响。

2. 解释变量

本研究着重考察大病保险制度不同城乡统筹模式对大病患者医疗支出及疾病经济负担公平性的影响,因此所选取的关键变量为表征大病保险制度不同城乡统筹模式的虚拟变量,分别表示一元制、二元补偿统一制和未统筹模式。在下文分析中,首先将一元制和二元补偿统一制模式合并为统筹组,分析大病保险制度是否实施城乡统筹对大病患者医疗支出和疾病经济负担公平性的影响。其次,将一元制视为统筹层次较高组,二元补偿统一制视为统筹层次较低组,仅针对已统筹模式样本分析不同已统筹模式对大病患者医疗支出和疾病经济负担公平性的影响的差异。

[①] 由于夏普里值分解的运算量较大,现有运算程序限制了可用于计算的自变量数目,模型最多只能包含12个解释变量,继续增加解释变量将无法计算出结果,因此本章研究变量与其他章节存在差异,特此说明。

3. 其他控制变量

除表征模式的多个虚拟变量外,模型还控制了大病患者的社会人口学特征(如年龄、性别、受教育程度、婚姻状况等)、户籍、健康状况(包括患者是否患有恶性肿瘤),以及患者过去一年的住院天数。

三、实证结果分析

(一) 描述性统计分析

本章首先对全样本和已统筹样本分别进行描述性统计,结果分别见表 5-5-1 和表 5-5-2。

表 5-5-1　各变量描述性统计(全样本)

变量	观测值	均值	标准差	最小值	最大值
对数医疗支出	2126	10.222	1.358	0	13.749
对数自付医疗支出	2127	9.131	1.798	−13.211	13.375
统筹(参照组:未统筹)	2127	0.615	0.487	0	1
年龄	2126	51.358	20.358	1	94
性别(1=女,0=男)	2127	0.234	0.423	0	1
受教育程度	2127	1.732	0.793	1	3
已婚(参照组:未婚)	2127	0.812	0.390	0	1
非农户口(参照组:农业)	2127	0.354	0.478	0	1
非农工作(参照组:无)	2127	0.464	0.499	0	1
对数人均收入	2127	9.438	1.269	0	14.509
患有慢性病(参照组:否)	2125	0.850	0.357	0	1
患有恶性肿瘤(参照组:否)	2127	0.152	0.359	0	1
安徽省(参照组:江苏省)	2127	0.197	0.398	0	1
贵州省(参照组:江苏省)	2127	0.550	0.498	0	1

注:受教育程度此处作为连续型变量进行处理。

表 5-5-2　各变量描述性统计(已统筹样本)

变量	观测值	均值	标准差	最小值	最大值
对数医疗支出	1309	9.839	1.522	0	13.749
对数自付医疗支出	1309	8.583	1.997	−13.211	13.158
一元制(参照组:二元补偿统一制)	1309	0.187	0.390	0	1
年龄	1308	53.404	19.271	1	90
性别(1=女,0=男)	1309	0.295	0.456	0	1
受教育程度	1309	1.675	0.791	1	3
已婚(参照组:未婚)	1309	0.854	0.353	0	1
非农户口(参照组:农业)	1309	0.328	0.470	0	1
非农工作(参照组:无)	1309	0.484	0.500	0	1
对数人均收入	1309	9.543	1.061	0	14.509
患有慢性病(参照组:否)	1307	0.799	0.401	0	1
患有恶性肿瘤(参照组:否)	1309	0.110	0.313	0	1
安徽省(参照组:江苏省)	1309	0.154	0.361	0	1
贵州省(参照组:江苏省)	1309	0.435	0.496	0	1

(二) 计量结果分析

1. 夏普里值分解结果

如前所述,夏普里值分解可以看出不同因素对城乡大病患者医疗支出及疾病经济负担公平性的贡献,且各因素的贡献可以进行横向加总,因此下文将采用夏普里值分解方法考察大病保险制度城乡统筹模式及其他因素对大病患者医疗卫生支出和自付医疗费用差异的贡献率。本章首先以全样本为研究对象,研究大病保险制度城乡统筹对患者医疗总支出和自付医疗支出在公平性方面的影响。其次,将已统筹样本作为研究对象,分析不同已统筹模式对患者医疗总支出和自付医疗费用公平性的影响。

从表 5-5-3 的回归分解结果来看,以基尼系数衡量的大病患者医疗总支出差异为 0.0704。可以看出,大病患者的医疗总支出因统筹、性别、年龄、地区、患病情况等因素的不同而表现出一定差异。从各因素的比较来看,是否统筹因素的贡献率为 26.387%,其相对重要程度较高。此外,性别因素对医疗支出差异的相对贡献率为 6.318%,其余因素对医疗总支出差异的贡献率都相对较低,如地区因素对医疗总支出差异的相对贡献率合计为 5.5%,年龄和患有恶性肿瘤两个变量的相对贡献率分别为 3.211% 和 2.523%。上述结果表明大病保险制度城乡统筹与未统筹地区之间居民医疗支出存在较大差异。因此,在制度层面,促进大病保险制度的城乡统筹有利于缩小大病患者在医疗支出方面存在的差异。此外,也应着力改善不同地区及不同健康禀赋人群的医疗服务利用差异,促进医疗卫生服务进一步的公平。

表 5-5-3　医疗总支出和自付医疗支出的夏普里值分解(全样本)

变量	对数医疗支出 贡献额	对数医疗支出 贡献率(%)	对数自付医疗支出 贡献额	对数自付医疗支出 贡献率(%)
统筹(参照组:未统筹)	0.0186	26.387	0.0318	33.797
年龄	0.00226	3.211	0.00145	1.544
性别(1=女,0=男)	0.00445	6.318	0.00370	3.935
受教育程度①	0.000968	1.376	0.00202	2.150
已婚(参照组:未婚)	0.000000	0.001	0.000003	0.003
非农户口(参照组:农业)	0.000204	0.290	0.000067	0.072
非农工作(参照组:无)	0.000542	0.770	0.00198	2.110
对数人均收入	0.000269	0.382	0.000818	0.870
患有慢性病(参照组:否)	0.00039	0.555	0.00136	1.450
患有恶性肿瘤(参照组:否)	0.00178	2.523	0.000245	0.260
安徽省(参照组:江苏省)	0.00210	2.977	0.00195	2.074
贵州省(参照组:江苏省)	0.00142	2.022	0.00325	3.454

(续表)

变量	对数医疗支出		对数自付医疗支出	
	贡献额	贡献率(%)	贡献额	贡献率(%)
残差	0.0374	53.190	0.0454	48.280
总和	0.0704	100.000	0.094	100.000

注：① 此处将受教育程度视为连续型变量，1表示小学及以下，2表示初中，3表示高中及以上，主要是为了便于进行夏普里值分解。

此外，表5-5-3还显示了全样本中自付医疗支出的夏普里值分解结果，以基尼系数衡量的城乡大病患者的自付医疗支出差异为0.094。可以看出，大病患者的自付医疗支出随统筹模式、地区变量、性别、受教育程度、非农工作、年龄和慢性病等指标的不同而表现出一定差异。从各因素的比较来看，统筹模式的贡献率为33.797%，其相对重要程度较高。排在第二位的影响因素为地区变量，其相对贡献率合计为5.528%。其他因素的贡献率相对较低，例如，性别因素对大病患者自付医疗支出的相对贡献率为3.935%，受教育程度的贡献率为2.150%。除上述因素外，非农工作、年龄和慢性病也是显著影响自付医疗支出差异的因素，其相对贡献率分别为2.110%、1.544%和1.450%。上述结果表明大病保险制度城乡统筹与未统筹地区之间大病患者的自付医疗支出存在较大差异，因此，除改善地区及不同健康禀赋人群的医疗服务利用差异外，在制度层面，促进大病保险制度的城乡统筹也有利于缩小大病患者在自付医疗支出方面存在的差异。

已统筹模式中大病患者的医疗总支出的夏普里值分解结果见表5-5-4。可以看出，对于已统筹地区，以基尼系数衡量的大病患者医疗总支出差异为0.0841，大病患者的医疗支出随地区、性别、年龄、受教育程度、户口类型等因素的不同而表现出一定差异。从各因素的比较来看，地区因素的贡献率为13.356%，其重要程度高于其他因素。此外,部分社会人口学特征如性别、年龄和受教育程度对医疗总支出差异的贡献显著,相对贡献率分别为 8.454%、7.851% 和 2.953%。户口类型对医疗总支出的相对贡献率为 1.994%,也对医疗总支出的差异存在一定影响。需要注意的是,全样本分解结果中统筹因素占据较大比重,但在已统筹样本中,统筹层次变量,即一元制相对二元补偿统一制的虚拟变量,对于大病患者医疗总支出的相对贡献率为 0.173%,表明大病保险制度已统筹模式之间居民医疗支出差异较小。对于已实施城乡统筹的地区,应着重减小不同地区和健康禀赋间人群的医疗服务利用差异,同时,进一步提高一元制模式地区在居民医疗服务利用方面的公平性。

表 5-5-4 医疗总支出和自付医疗支出的夏普里值分解(已统筹样本)

变量	对数医疗支出 贡献额	对数医疗支出 贡献率(%)	对数自付医疗支出 贡献额	对数自付医疗支出 贡献率(%)
统筹(参照组:二元补偿统一制)	0.000145	0.173	0.00469	4.183
年龄	0.00660	7.851	0.00508	4.530
性别(1=女,0=男)	0.00711	8.454	0.00563	5.013
受教育程度	0.00248	2.953	0.00462	4.115
已婚(参照组:未婚)	0.000019	0.022	0.000326	0.290
非农户口(参照组:农业)	0.00168	1.994	0.00273	2.436
非农工作(参照组:无)	0.000375	0.445	0.00119	1.062
对数人均收入	0.000463	0.551	0.000881	0.785
患有慢性病(参照组:否)	0.000151	0.179	0.00124	1.105
患有恶性肿瘤(参照组:否)	0.00189	0.000	0.00133	1.183
安徽省(参照组:江苏省)	0.00863	10.256	0.0150	13.370
贵州省(参照组:江苏省)	0.00261	3.100	0.00455	4.054
残差	0.0537	63.833	0.0650	57.874
总和	0.0841	100.000	0.112	100.000

表5-5-4还显示了已统筹样本中自付医疗支出的夏普里值分解结果,可以看出,以基尼系数衡量的城乡大病患者的自付医疗支出差异为0.112。大病患者的自付医疗支出随地区、性别、年龄、统筹模式、受教育程度、户口类型等因素的不同而表现出一定差异。从各因素的比较来看,地区因素的贡献率合计为17.424%,相对重要程度最高,远超过其他因素的贡献率。贡献方面排在第二的是性别变量,其对总的不平等的贡献率为5.013%。年龄、统筹模式和受教育程度的相对贡献率分别为4.530%、4.183%和4.115%,三者相差不大。其他因素的贡献率相对较低,例如,户口类型对自付医疗支出差异的相对贡献率为2.436%,患有恶性肿瘤、患有慢性病和非农工作对大病患者自付医疗支出的相对贡献率分别为1.183%、1.105%和1.062%,其值相对较低。上述结果表明对于已统筹样本,地区因素占比较大。大病保险制度城乡已统筹模式之间大病患者的自付医疗支出存在差异,但统筹模式变量的贡献率相对较低。

四、研究结论与政策含义

本章主要利用夏普里值分解法着重考察大病保险制度不同城乡统筹模式下重大疾病患者医疗支出和疾病经济负担公平性的差异。前述章节的实证分析已经表明,相比未统筹模式,统筹模式下城乡大病患者的自付费用下降明显,除此之外,大病患者的年龄、性别、受教育程度、非农就业情况、收入、患病情况及地区变量也会影响患者的医疗支出、自付费用、实际报销比和疾病经济负担比。对于已实施大病保险制度城乡统筹的地区,相比二元补偿统一制模式,一元制模式下患者的疾病经济负担比未有显著下降,但其自付医疗支出明显更低,实际报销比显著更高。此外,患者的年龄、性别、受教育程度、户籍类型、患病情况和地区变量也会影响这两种模式下大病患者的自付医疗支出、实际报销比和疾病经济负担比。夏普里值分解结果显示,对于全样本,统筹模式为医疗总支出和自付医疗支出差异的主要贡献因素。此外,地区和性别等因素亦对上述变量的差异产生较大影响。但对于已统筹样本,地区因素对医疗总支出和自付医疗支出的贡献率远高于其他因素,城乡统筹层次变量对医疗总支出和自付医疗支出差异的贡献率相对较低。此外,性别和健康状况等其他因素也对上述变量的差异产生一定影响。

总体而言,大病保险制度在具体实践中的城乡统筹层次越高,患者的自付医疗支出越低,城乡居民大病保险制度对患者疾病经济负担的减轻作用就越明显。大病保险制度有无统筹对大病患者的医疗支出差异影响显著,因此尚未实施大病保险制度城乡统筹的地区,应尽快推进大病保险制度的城乡整合。已经实施大病保险制度城乡统筹的地区,可进一步提高大病保险制度的城乡统筹层次,使其统筹得更为充分,进而改善患者经济绩效。在提升大病患者疾病经济负担公平性方面,尽管城乡统筹模式变量亦对患者疾病经济负担公平性差异有一定影响,但是否统筹的影响远大于不同统筹模式的影响。因此,在大病保险制度城乡统筹这个问题上,应加快推进未统筹地区的整合工作,提升不同健康和收入禀赋下大病患者疾病经济负担的公平性,有效降低大病患者的医疗经济风险,提升其健康人力资本。

第六章　大病保险统筹模式与健康绩效公平性

健康是个体生存和发展的基础，人们通过消费或投资健康获得人力资本，进而改善生活水平。2016年10月25日，中共中央、国务院印发《"健康中国2030"规划纲要》，将公民健康提升至国家战略地位，维护公民健康权利是我国医疗保险治理现代化的价值目标（黄国武、仇雨临，2019）。社会医疗保险通过收入再分配与互助共济，能够消除个体收入及其他初始资源禀赋差异所造成的健康不公平。尽管我国已基本建成"全民医保"制度体系，但不同统筹区的差异化政策降低了医保制度的公平性（申曙光，2017）。

个体罹患重大疾病会损害其健康状况，进而剥夺其获得健康人力资本的能力。城乡居民大病保险制度旨在对大病患者给予进一步补偿，减轻其疾病经济负担并促进医疗服务利用，最终实现提高其健康产出的目的。但各地大病保险制度实施模式各异，不同城乡统筹模式下大病患者因面临差异化的筹资与补偿政策，在提升不同收入群体健康公平方面可能存在差异。本研究基于微观个体调研数据，分析大病保险制度不同城乡统筹模式在大病患者健康公平方面存在的差异。

一、实证分析框架

世界卫生组织在1996年《健康与卫生服务的公平性》倡议书中

提到,健康公平是指所有社会成员有机会获得尽可能高的健康水平,这是人类的基本权利。社会中的每一个个体应有公平的机会达到其最佳健康状况,不应有人在获得健康方面受到不利的影响。(WHO,1996)

医疗保险通过大数法则发挥互助共济的作用,对医疗资源进行配置,使低收入及弱势群体利用更多的医疗卫生资源,进而改善其健康水平,减少居民因个体经济状况或社会地位面临的健康不公平。有关医保对健康公平的促进作用,国内外相关文献呈现出不同研究结论。部分研究表明医疗保险能够改善参保者的医疗服务利用可及性及公平。叶志敏(Winnie Yip)和彼得·伯曼(Peter Berman)(2001)发现埃及的学校健康保险计划能够显著改善儿童访视率在不同收入人群中的分布差异。

胡宏伟、刘国恩(2012)发现城居保能显著改善弱势群体的医疗卫生服务利用与健康水平,但与职工医保和公费医疗相比,其保障作用相对有限,不同社会经济地位居民因禀赋与制度差异而在医疗服务利用和健康方面存在较大差距。有学者利用CHNS数据发现,我国存在着有利于高收入人群的健康与医疗服务利用不平等,医疗保险等因素会加剧医疗服务利用方面的不平等,农村相比城市健康不平等程度更甚,且城乡健康不平等随时间推移逐渐加剧(解垩,2009)。齐良书、李子奈(2011)利用CHNS数据发现2004—2006年医疗服务利用变动有利于低收入者,反映出新农合实施后的政策效果。

部分研究认为我国医保改革没有明显促进健康公平绩效的改善(Forget et al.,2002;Shortt,2002)。国内,马超等(2018)利用2014年全国流动人口动态监测数据,发现从事前角度来看,统筹城乡医保制度能够显著减小流动人口医疗保健方面的机会不平等。马超等(2017)研究发现医保统筹相对于未统筹,能够显著减小居民在医疗服务利用和健康水平方面的不平等。刘晓婷、黄洪(2015)研究发现职工医保和城居保显著促进了老年人的医疗服务利用,增进了健康公平，但新农合因保障待遇过低与制度设计缺陷，参保与未参保老年人在医疗服务利用和健康方面未有显著差异。

城乡居民大病保险制度通过对发生高额医疗支出的大病患者进行二次补偿，减轻大病患者因疾病而面临的经济负担，防止参保患者陷入因病致贫和返贫的困境。对于参保大病患者而言，重大疾病的二次补偿，理论上能够促进其医疗服务利用，改善健康水平，增进整个参保群体在健康水平上的公平。但是与基本医保一致，因社会经济发展水平的差异，各地大病保险制度实施模式各异：部分地区按照原有基本医保对重大疾病参保患者进行划分，城镇职工、城镇居民和农村居民面临不同的筹资标准与补偿待遇，即本研究中的未统筹模式；部分地区城镇居民和农村居民面临相同的筹资与补偿政策，而职工在筹资与补偿方面与城乡居民存在差异，即本研究中的二元补偿统一制模式；亦有地区开展城镇职工、城镇居民和农村居民享受相同的大病保险补偿政策，即本研究中的一元制模式。从城乡统筹的角度来看，统筹层次越高，居民越能够公平地享有同等的重大疾病保障水平，长期存在的不同社会阶层个体的健康不公平得以减小。因此本研究假定大病保险制度城乡统筹地区的健康不平等程度要低于未统筹地区，且城乡统筹层次越高，健康不平等程度越低。

二、模型设定与变量选择

（一）研究方法

在衡量健康公平方面，大多数研究主要运用集中指数及其分解，研究与社会经济地位相关的健康不平等，社会经济地位指标主要涵盖职业（Kunst and Mackenbach，1994）和种族（Saftlas et al.，2000）等变量。大量文献主要研究与收入相关的健康不平等，如顾海等人（2017，2019）和 O. 奥唐纳（O. O'Donnell）等人（2008）。但对于政策制定者而言，他们不可能仅仅关心健康不平等程度，他们更愿意用健康不平等的增加来换取平均健康水平的改善（Wagstaff et al.，1991）。亚当·瓦格斯塔夫（Adam Wagstaff）（2002）提出了健康绩效指数，该指数既可以用于反映平均健康水平，也可以用于反映人群中健康不平等程度。本章首先通过计算大病保险制度不同城乡模式下样本的集中指数，来比较不同模式下与收入相关的健康不平等的差异情况。集中指数反映了与某一社会经济地位相关的健康不平等，其计算公式如下：

$$CI = \frac{2}{n \cdot \mu} \sum_{i=1}^{n} y_i R_i - 1$$

其中 $R_i = (i-0.5)/n$，i 表示第 i 个个体，n 表示样本量，μ 表示被解释变量的均值，y_i 表示被解释变量，R_i 表示第 i 个个体在整个样本分布中的秩。集中指数值域为 -1—1。若被解释变量表示正向指标，则当 $CI>0$ 时，集中曲线在 45 度平等线下方，表示存在亲富人的不平等，当 $CI<0$ 时，集中曲线在 45 度平等线上方，表示存在亲穷人的不平等；若被解释变量为反向指标，则正好相反。CI 的绝对值越大，集中曲线距离 45 度平等线越远，表明相应变量表征的不平等程度越高。在收入不平等研究中，部分文献指出可以通过加入不平等厌恶参数来反映不同群体对公平价值判断的敏感程度，最具代表性的指数是施洛莫·伊扎齐（Shlomo Yitzhaki）（1983）提出的扩展的基尼系数，扩展的集中指数计算公式如下：

$$C(v) = 1 - v(v-1) \int_0^1 (1-p)^{v-2} L(p) \mathrm{d}p, v > 1$$

上式也可被转换为：

$$C(v) = 1 - \frac{v}{n \cdot \mu} \sum_{i=1}^{n} h_i (1-R_i)^{(v-1)}, v > 1$$

$$或 C(v) = -\frac{v}{\mu} \mathrm{cov}(h_i, (1-R_i)^{(v-1)}), v > 1$$

其中，v 为不平等厌恶参数，当 $v=2$ 时，$C(2)$ 为标准的集中指数，当 $v=1$ 时，每个人的健康权重相同，这种情况下价值判断认为健康不平等并不重要。所以当 $C(2)=0$ 时，仍然存在健康不平等。v 越大，表明在穷人的健康水平上的权重越大。

然后，本研究采用瓦格斯塔夫的健康绩效指数模型对不同统筹模式的大病保险进行健康的公平性分析（Wagstaff，2002）。健康绩效指数可以反映样本中大病患者的平均健康水平和不同收入群体之间的健康不平等程度，该健康绩效指数可以看作群体中每个成员健康水平的加权平均，其中穷人的权重要高于富人，具体计算方式如下：

$$I(v) = \frac{1}{n}\sum_{i=1}^{n} h_i v (1-R_i)^{v-1}$$

瓦格斯塔夫（2002）已经证明，上式等价于：

$$I(v) = \mu(1-C(v))$$

其中，n 是样本数；h_i 代表个体的健康水平，可用自评健康得分或健康量表进行度量；$R_i = i$ 代表样本在收入分布中的秩；v 代表不平等厌恶参数。

当健康指标为负向指标时（数值越大，表明健康状况越差），$I(v)$ 越大则表明健康绩效越差，$C(v)<0$ 表示健康存在亲富人的不平等，根据 $I(v)$ 和 $C(v)$ 之间的关系，此时 $I(v)$ 的数值会大于平均健康水平 μ。例如，以下两个国家可能有同样的 $I(v)$，其中一国健康平均水平 μ 较高，但是不同收入组之间健康较为平等；而另一个国家的健康平均水平较低，且存在高收入人群的健康不平等。若一个国家的总体健康水平随着收入的增加单调下降，不平等厌恶程度越高，健康平均水平 μ 和健康绩效指数 $I(v)$ 之间的差距越大。国内利用健康绩效指数分析的研究较少，解垩、涂罡（2011）运用健康绩效指数分析我国卫生健康绩效，结果表明我国卫生健康绩效逐年下降。根据上述

指数计算公式,本研究在经济水平类似的实验组和参照组计算健康绩效指数,从而比较大病保险制度城乡统筹与未统筹地区的健康不平等程度。

三、实证分析结果

(一) 描述性统计分析

从表 5-6-1 的描述性统计可以看出,自评健康作为正向指标,其值越高表示大病患者健康状况越好,从总体角度看,未统筹模式下患者的自评健康得分均值最高,二元补偿统一制次之,一元制模式下患者的自评健康得分最低,这可能与患者的健康意识及对健康内涵理解的差异相关。自理水平和焦虑或忧郁程度作为反向指标,其值越高,表示自理水平越低,焦虑或忧郁程度越高,从均值来看,二者均呈现出类似结论,即二元补偿统一制下大病患者的自理水平相对更高,焦虑或忧郁程度最低,其次是未统筹模式,一元制模式下大病患者的自理水平和心理健康状况均处于最低水平。

表 5-6-1 健康结果变量的描述性统计

变量/模式	观测值	均值①	标准差
自评健康			
一元制	245	3.024	1.238
二元补偿统一制	1064	3.320	1.041
未统筹	818	3.583	1.073
自理水平			
一元制	245	1.506	0.777
二元补偿统一制	1064	1.289	0.629
未统筹	818	1.293	0.616
焦虑或忧郁程度			
一元制	245	1.751	0.665

(续表)

变量/模式	观测值	均值①	标准差
二元补偿统一制	1064	1.274	0.498
未统筹	818	1.479	0.594

注：① 由于下文在计算集中指数及健康绩效指数时按照连续型变量进行处理，此处计算各变量在不同模式下的均值和标准差。

(二) 不平等测算结果分析

为了对比不同城乡统筹模式下患者的健康不平等程度和健康平均水平，首先利用普通集中指数计算患者的健康不平等程度，得到表5-6-2的结果。

表 5-6-2　不同模式下患者的健康集中指数

变量/模式	观测值	集中指数	标准误	p-value
自评健康				
一元制	245	0.069***	0.014	0.000
二元补偿统一制	1064	0.014***	0.006	0.009
未统筹	818	0.046***①	0.006	0.000
自理水平				
一元制	245	−0.069***	0.019	0.000
二元补偿统一制	1064	−0.024***	0.009	0.006
未统筹	818	−0.026***	0.010	0.006
焦虑或忧郁程度				
一元制	245	−0.048***	0.014	0.001
二元补偿统一制	1064	−0.020***	0.007	0.005
未统筹	818	−0.040***	0.008	0.000

注：① *** 代表集中指数在1%的显著性水平上显著。

据表5-6-2的结果，不同城乡统筹模式下与收入相关的健康不平等存在显著差异①,自评健康作为一个正向指标,其值越大,表明个体健康状况越好。集中指数结果表明,不同模式下在患者的健康方面均存在亲富人的不平等,且不同模式下患者自评健康的集中指数均显著不为0,在1%的显著性水平上显著。相比较而言,二元补偿统一制下,集中指数数值最小,表明此模式下自评健康的不平等程度最低。此外,自理水平和心理健康指标(焦虑或忧郁程度)作为反向指标,其集中指数为负表明存在亲富人的不平等,从显著性检验来看,不同统筹模式下自理水平和心理健康的集中指数均显著不为0,在1%的显著性水平上显著。集中指数数值表明,二元补偿统一制下,上述两个变量表征的健康不平等程度最低,未统筹模式下健康不平等程度次之,一元制模式下大病患者的健康不平等程度相对较高。

为进一步反映不同群体对公平价值判断的敏感程度,在上述标准集中指数的基础上加入不平等厌恶参数 v,计算不同厌恶程度下的集中指数和健康绩效指数,计算结果见表5-6-3和表5-6-4。

表5-6-3 不同厌恶程度及不同模式下的健康集中指数

变量/模式	$v=1.5$	$v=2$	$v=4$	$v=6$	$v=8$
自评健康					
一元制	0.043①	0.069②	0.118	0.139	0.152
二元补偿统一制	0.005	0.014	0.053	0.078	0.097
未统筹	0.026	0.046	0.095	0.123	0.143
自理水平					
一元制	−0.042	−0.069	−0.117	−0.126	−0.126
二元补偿统一制	−0.011	−0.024	−0.064	−0.087	−0.103
未统筹	−0.015	−0.026	−0.049	−0.058	−0.062

---

① 由于集中指数测算的是与某一社会经济地位相关的不平等,文献主要使用收入或支出作为社会经济地位变量进行测算。由于研究对象为大病患者,同时考虑家庭收入和规模,将家庭人均收入作为对个体进行排序的指标,测算健康不平等程度。

(续表)

变量/模式	$v=1.5$	$v=2$	$v=4$	$v=6$	$v=8$
焦虑或忧郁程度					
一元制	−0.029	−0.048	−0.090	−0.108	−0.115
二元补偿统一制	−0.009	−0.020	−0.051	−0.070	−0.083
未统筹	−0.023	−0.040	−0.084	−0.107	−0.123

注：① 表中对应单元格数字表示相应不平等厌恶程度和模式下的集中指数，在 Stata 命令中利用 conindex 命令无法计算其标准误和相伴概率，因此此处不予以汇报；② 表中 $v=2$ 时的集中指数与前述表格中标准集中指数相同，对应显著性也相同，此处不予标注。

表 5-6-4　不同厌恶程度及城乡统筹模式下的健康绩效指数

变量/模式	$v=1.5$	$v=2$	$v=4$	$v=6$	$v=8$
自评健康					
一元制	2.894	2.816	2.668	2.604	2.565
二元补偿统一制	3.304	3.274	3.145	3.061	2.998
未统筹	3.490	3.418	3.243	3.142	3.071
自理水平					
一元制	1.569	1.610	1.682	1.696	1.696
二元补偿统一制	1.303	1.319	1.371	1.401	1.421
未统筹	1.313	1.327	1.357	1.368	1.374
焦虑或忧郁程度					
一元制	1.802	1.835	1.909	1.940	1.952
二元补偿统一制	1.286	1.300	1.339	1.364	1.380
未统筹	1.513	1.538	1.603	1.637	1.661

v 反映了群体中对不平等的厌恶程度，从表 5-6-3 可以看出，随着 v 逐渐增大，不同城乡统筹模式下不同健康变量表征的健康不平等程度均有所提高，因为当 v 越来越大时，在穷人健康水平上赋予的权重也越来越大。从各变量结果来看，自评健康整体表现为亲富人

的健康不平等,且二元补偿统一制下自评健康不平等的程度最低[①]。不同模式下自理水平均存在亲富人的不平等,且从绝对数值上看,无论 v 取何值,一元制模式下自理水平的不平等程度更低。当 $v<4$ 时,二元补偿统一制下自理水平亲富人的不平等程度低于未统筹模式;当 $v>4$ 时,二元补偿统一制下自理水平亲富人的不平等程度要高于未统筹模式。此外,从焦虑或忧郁程度来看,二元补偿统一制下心理健康的不平等程度最低,未统筹模式与一元制模式下焦虑或忧郁程度的集中指数绝对值较高,且二者数值较为接近,表明此两种模式下的健康不平等程度较高。

表 5-6-4 计算了不同厌恶程度及大病保险制度城乡统筹模式下的健康绩效指数。健康绩效指数综合考虑健康的总体平均水平及群体中存在的健康不平等的程度,从公式 $I(v)=\mu(1-C(v))$ 可以看出,如果一种模式的健康不平等程度较高(假设健康变量为正向指标),但健康平均水平较高,而另一种模式健康不平等程度较低,但健康平均水平较低,那么这两种状态下的健康绩效指数可能相差不大。从表 5-6-1 的描述性统计可以看出,一元制模式下自评健康平均水平最低,二元补偿统一制和未统筹模式下自评健康平均水平较高,结合集中指数发现一元制下健康绩效指数最低,二元补偿统一制和未统筹模式下的健康绩效指数较高,且二者相差不大。随着不平等厌恶参数的提高,健康绩效指数呈现下降趋势,这是因为集中指数随着 v 的增加而增加,在平均健康水平不变的情况下,$I(v)$ 会越来越小。此外,自理水平和心理健康两个指标为反向指标,总体而言,二元补偿统一制下的健康绩效水平较高,一元制和未统筹模式下健康绩效水平较低。

综合上述结果可以发现,总体而言,无论主观自评健康,还是自

[①] 由于添加不平等厌恶参数后无法计算各集中指数对应的检验统计量及相伴概率,因此此处不能简单按照数值进行不同模式下不平等程度的比较。

理水平和焦虑或忧郁程度表征的心理健康水平,不同模式均呈现出亲富人的健康不平等,从绝对值来看,二元补偿统一制下集中指数最低,其次是未统筹模式,一元制模式下集中指数最高。此外,不同厌恶平等参数下的集中指数已表现出类似结论。健康绩效指数综合考虑健康平均水平和健康不平等情况,可以看出,二元补偿统一制下健康绩效较高,一元制和未统筹模式下健康绩效相对较低。

四、研究结论与政策含义

城乡居民大病保险制度旨在降低大病患者的医疗经济风险,缓解因病致贫和因病返贫现象,借以促进其医疗服务利用,使大病患者医疗可及性得到显著改善。医疗服务利用促进患者健康水平改善已被多数研究证实,因而理论上,城乡居民大病保险制度能够改善患者健康水平。自国家顶层设计出台以来,各地积极响应,开展和推进大病保险制度实践工作,但由于政治、经济、社会、文化等方面的差异,不同地区模式各异。本研究按照各地城乡居民大病保险具体实践情况,将各地大病保险制度分为一元制、二元补偿统一制和未统筹三种城乡统筹模式,考察大病保险制度不同城乡统筹模式下健康不平等程度及健康绩效水平。

一元制模式下城镇职工、城镇居民和农村居民筹资标准不同,但面临相同的补偿比例,大病保险基金在同一个基金池中。二元补偿统一制下,城镇居民和农村居民筹资标准可能相同也可能不同,但面临相同的补偿比例,城镇职工和城乡居民大病保险基金分属两个基金池。未统筹模式下城镇职工、城镇居民和农村居民所面临的大病保险筹资标准与补偿比例均存在较大差异,大病保险基金在各自的基金池中,即存在三个基金池。在一元制统筹模式下,城镇和农村居民相对职工医保参保群体筹资标准较低,但其享受到的补偿待遇与城镇职工相同,从公平的角度,大病保险制度城乡统筹理应能够减小大病患者在健康方面存在的不平等,且城乡统筹层次越高,其不平等程度也应越小。从实证分析的结果来看,健康指标的集中指数均反映出亲富人的不平等,统筹相比未统筹,其不平等程度更低,且未统筹模式下标准健康集中指数显著不为 0,在考虑不同平等厌恶参数后亦呈现出类似结论。此外,考虑不同城乡统筹模式下个体健康平均水平后,不同模式健康绩效亦存在显著差异。总体而言,统筹相比未统筹其健康不平等程度更低,健康绩效水平更高,且统筹与未统筹模式之间健康不平等的差异要大于不同统筹层次之间的差异。

各地在实施城乡居民大病保险制度之初,大病保险制度的城乡统筹层次与基本医保统筹层次趋同。全国多数地区在 2016 年之前仍是职工医保、城居保和新农合三种医保类型,不同险种之间筹资标准、补偿范围与报销比例均存在较大差异,各地大病保险制度工作的开展时间较早,部分地区开展城乡居民基本医保整合的时间较早,在实施大病保险制度时将其与基本医保挂钩。本章实证结果验证了大病保险制度城乡统筹相比未统筹,其健康不平等程度较低,肯定了大病保险制度城乡统筹的重要意义,对于尚未进行城乡统筹的地区,应首先解决统筹的问题。对于已统筹模式地区,应进一步关注大病患者中健康水平的分布,对健康水平较低且贫困的大病患者给予更多关注,达到精准促进大病患者健康公平的目的。

第六部分
城乡居民大病保险制度综合评价、政策建议与未来展望

第一章 城乡居民大病保险制度的综合评价

医疗保障制度通过价格补贴,能够改变医疗服务的相对价格,使患者得以享受医疗服务,并增加其健康人力资本,降低因疾病冲击而产生的医疗经济风险。我国作为社会医疗保险模式的国家,医疗保障制度逐步发展完善并取得一定积极成效。但是与此同时也伴随着一些争议和问题,如因病致贫和因病返贫现象未得到有效缓解,基本医保制度对灾难性卫生支出发生率的抑制作用有限。医保制度按照不同户籍、职业、身份划分参保人群,在制度设计上缺乏城乡公平性。在此基础上,本研究针对自2012年以来试点并逐步完善的城乡居民大病保险进行分析。一方面,利用国家层面的代表性大型微观数据集CHARLS,研究实施大病保险制度是否能够提高居民医疗卫生利用水平,并改善居民的总体健康状况;另一方面,在城乡居民大病保险全面实施的背景下,通过东部江苏省、中部安徽省和西部贵州省的一手微观调研数据,对比分析不同城乡统筹模式下大病保险制度实施效应及公平性方面的差异。根据上述分析,得到如下主要研究结论。

大病保险制度实施效应的实证研究表明:① 大病保险制度能够总体上促进城乡居民的住院医疗服务利用,提高居民住院就诊概率和住院服务利用强度,并对城乡居民的自评健康也起到显著改善作用,利用面板数据固定效应模型、PSM-DID、SDID 和非线性回归进行分析后结论依然稳健。制度实施对处于相对劣势"环境"的居民补偿效应更明显,提高农村居民和中低收入居民的医疗服务利用并促进其健康水平改善。中介效应分析证实了大病保险制度实施作用路径,即通过影响居民医疗服务利用对其健康水平产生影响。② 大病保险制度实施并未显著影响城乡居民的疾病相对风险度、住院自付医疗支出和家庭医疗支出,研究结论在固定效应模型、非线性面板Logit回归、PSM-DID等方法验证后仍然稳健。按照户籍和收入进行异质性分析后发现,无论城镇还是农村居民,制度实施对其疾病经济负担影响均不具有统计显著性。但是对于不同收入群体,大病保险制度的实施对疾病经济负担具有明显差异:对低收入群体的疾病经济负担不具有显著影响;对于中等收入群体会显著增加其医疗经济负担,表现在自付医疗支出显著提高,疾病相对风险度也会显著增加;对高收入群体,会对其疾病经济负担有显著负向影响。③ 总体而言,随着大病保险制度的实施,与收入相关的医疗服务利用和疾病经济负担不平等程度并未降低,反而有扩大趋势,但实施大病保险制度有利于健康不平等程度的降低。④ 我国各地区医疗服务体系运行效率总体水平相对较低,且效率值较低主要归因于技术水平较低,实施大病保险制度能够显著提高医疗服务体系综合效率值。

不同城乡统筹模式下大病保险制度实施效应差异性研究发现:① 大病保险城乡统筹相比未统筹能够显著增加大病患者的医疗服务利用,提升其实际报销比,并改善其健康水平。对于已统筹模式,一元制模式相比二元补偿统一制能够进一步提高城乡大病患者的医疗服务利用水平,并改善其自评健康状况。相比未统筹模式,大病保险制度城乡统筹对农村大病患者的医疗服务利用、实际报销比和自评健康均存在显著的积极效应,对于城镇大病患者的医疗服务利用和自评健康则无明显改善作用。已统筹模式下,一元制相比二元补偿统一制模式在城镇和农村大病患者的医疗服务利用和健康方面均起到显著正向作用,且对城镇大病患者的实施效应略大于农村患者。收入分样本回归显示,大病保险城乡统筹对低收入患者的实际报销比和健康均存在显著正向效应,但是对其医疗费用则无明显影响。对于中高收入组人群而言,大病保险城乡统筹的政策效果并不是很明显。一元制相对二元补偿统一制,能够显著增加各收入组患者的医疗服务利用,但对低收入人群的医疗服务利用的效应相对较弱。此外,一元制模式对低收入组和高收入组患者的健康起到显著改善作用,且对低收入组患者的健康改善效应更强。② 大病保险制度统筹组相比未统筹组能够显著降低患者的自付费用和疾病经济负担比,显著减轻了大病患者因罹患重大疾病而面临的高额经济负担;对于已经实施大病保险制度城乡统筹的地区,一元制模式相比二元补偿统一制,其大病患者的实际报销比更高,相对而言,大病保险制度城乡统筹对患者疾病经济负担的改善更为明显。

不同城乡统筹模式下大病保险制度实施公平性差异研究表明:① 在机会平等理论事前和事后补偿原则下,大病保险制度城乡统筹模式下农村大病患者所面临的医疗服务利用和健康公正缺口显著更小。无论在事前还是事后补偿原则下,大病保险制度城乡统筹均能显著缩小城乡大病患者在医疗服务利用和健康方面的公正缺口,能够减小城乡大病患者在医疗利用和健康方面存在的机会不平等。对于已统筹样本而言,一元制模式和二元补偿统一制模式在缩小城乡大病患者医疗服务利用和健康公正缺口方面并无显著差异,即在缩小城乡大病患者的机会不平等方面,暂无明显证据表明一元制相对二元补偿统一制更优。② 夏普里值分解结果显示,对于全样本,统筹模式为医疗总支出和自付医疗支出差异的主要贡献因素,收入因素为疾病经济负担比差异的主要贡献因素。但针对已统筹样本,对于医疗总支出和自付医疗支出而言,地区因素的贡献率远高于其他因素,城乡统筹层次变量对医疗总支出和自付医疗支出差异的贡献相对较小。尽管城乡统筹模式变量亦对患者疾病经济负担公平性差异有一定影响,但是否统筹对患者疾病经济负担差异的影响远大于不同统筹层次的影响。③ 健康指标的集中指数均反映出亲富人的不平等,统筹相比未统筹,其不平等程度更低,在考虑不同平等厌恶参数后亦呈现出类似结论。此外,考虑不同城乡统筹模式下个体健康平均水平后,不同模式健康绩效亦存在显著差异。总体而言,统筹相比未统筹其健康不平等程度更低,健康绩效水平更高,且统筹与未统筹模式之间健康不平等的差异要大于不同统筹层次之间的差异。

第二章　城乡居民大病保险制度优化的政策建议

我国已基本实现医保全民覆盖的政策目标,为了进一步减轻患者疾病经济负担,国家从 2012 年起开始实施城乡居民大病保险试点,对于因罹患重大疾病产生高额自付医疗支出的大病患者,基本医保对其医疗支出进行报销后,对其合规内自付医疗支出予以二次报销。其后,国家层面于 2015 年全面推进城乡居民大病保险制度的实施。为进一步提高基本医保制度的公平性,2016 年,国家开始整合城镇居民医保和新农合两项制度,建立统一的城乡居民基本医保制度。随着医保制度的日益完善,覆盖范围逐步扩大,且保障水平也日益提高,医保制度在保障居民医疗卫生服务可及和提高居民健康福利方面具有显著积极效应。2019 年 3 月,李克强总理在《2019 年政府工作报告》中提出,大病保险报销比例由 50% 提高到 60%。大病保险制度的实施一定程度上减轻了大病患者的疾病经济负担,随着城乡医疗保障制度的整合,进一步关注和优化城乡居民大病保险制度,保障城乡居民医疗服务利用和健康公平极为重要。根据本书研究结论及我国各地区大病保险制度运行现状,提出以下优化大病保险制度的实施的对策和建议:

(一) 逐步将大病保险融入基本医保之中,不断提高大病保险制度的保障水平

在我国基本医保制度设计框架下,大病患者在发生高额自付医疗支出后,由基本医保先对其进行补偿,大病保险作为基本医保的拓展和延伸,在基本医保补偿后对其医保目录内的自付医疗支出进行二次赔付。未来可通过进一步统筹整合基本医保和大病保险制度,包括起付线额度、封顶线额度、补偿范围及补偿比例等,将大病保险制度逐步融入基本医保的制度框架。

从筹资标准来看,《关于开展城乡居民大病保险工作的指导意见》(以下简称"《指导意见》")提出大病保险从基本医保资金中划拨5%左右作为大病保险基金,并要求各地区结合自身实际推进制度实践。但文件并未明确规定大病保险的筹资增长机制和保险费率动态调整机制,因而在具体大病保险实践中存在大病保险统筹层次较低、筹资标准与具体补偿机制不平衡等问题。此外,基本医疗保险主要是使居民的基本医疗卫生需求得到保障,而大病保险制度是对高额自付医疗支出的大病患者给予二次补偿。作为基本医保制度的延伸和拓展,多数地区的大病保险制度的补偿范围仍然在基本医保的"三个目录"之内,一定程度上使得大病保险与基本医保在保障功能方面重合,同时大病患者所需的药品及耗材往往在基本医保补偿范围之外,不利于降低大病患者的医疗经济风险。2019年,李克强总理在《2019年政府工作报告》中提出,继续提高城乡居民基本医保和大病保险保障水平,居民医保人均财政补助标准增加30元,一半用于大病保险。这说明大病保险自身也应有独立的筹资渠道和筹资增长机制。基于稳定的基金筹资渠道和增长机制,可以在基金承受能力范围内适度拓宽大病保险制度保障范围,平衡基金的支付能力与大病患者的就医需求,将部分治疗重特大疾病所需的药品纳入补偿范围,以求进一步降低重大疾病患者的医疗经济风险。

(二) 加快推进大病保险制度的城乡统筹,并逐步提高统筹层次

尽管我国已基本建成全民医疗保障体系,并且在医保缴费补助标准上做到向中西部倾斜,以减少困难市县的负担。但由于医保政策实行属地化管理,且按照户籍和身份区别参保人群,城乡间、地区间呈现碎片化的医保制度体系。前文实证研究结果表明,大病保险制度城乡统筹相比未统筹地区,能够显著提高重大疾病患者的实际报销比,降低大病患者的医疗经济风险并增进患者的健康福利,促进大病患者医疗利用和健康方面的公平性。此外,统筹相比未统筹所带来的积极效应远大于"一元制"模式和"二元补偿统一制"模式间的差异。且大病保险制度的城乡统筹能够显著提高医疗服务体系的总体运行效率。因此,目前应积极推进大病保险制度的城乡统筹,使未统筹模式尽快转变为"二元补偿统一制"模式。

此外,可先尝试将职工医保和城乡居民大病保险纳入同一制度框架下,在同一制度内按照筹资和补偿待遇形成不同档次,筹资水平和补偿待遇挂钩,由参保人自主选择参保何种档次的大病保险。在此基础上,逐步向与太仓地区一致的一元制模式转变,即城镇职工筹资水平要高于城乡居民的筹资水平,但在补偿待遇方面不因户籍和职业等身份有所区别,提升大病保险制度的总体福利效应水平。

《指导意见》中指出:"开展大病保险可以市(地)统筹,也可以探索全省(区、市)统一政策,统一组织实施,提高抗风险能力。"从目前各地大病保险具体实践情况来看,不同地区在统筹层次方面存在差异,主要包括省级、市级和县级三种统筹层次。在大病保险制度城乡统筹逐步深入的过程中,也应同步提高大病保险制度的纵向统筹层次,这样不仅有利于提升大病保险基金的抗风险能力,而且便于患者在不同地区之间就医转诊,实现医保更高层次的公平。

(三) 大病保险制度城乡统筹进程中需进一步关注制度实施的公平性

前文研究结论已经表明,大病保险制度城乡统筹能够发挥其政策红利,随着城乡统筹层次的提高,实施效应也会进一步得到提升。从公平性视角看,大病保险城乡统筹显著减小了城乡大病患者之间在医疗利用和健康方面的机会不平等,但是已统筹模式间公平效应并未表现出显著差异。在关注统筹层次所带来的总体大病保险制度红利的同时,也应兼顾其实施的公平性。

一方面,在统筹层次由二元补偿统一制逐步向一元制过渡的过程中,需要关注城乡大病患者在医疗服务利用和健康方面的机会平等是否有所提升,缓解制度分割所造成的不公平现象。另一方面,有无统筹模式下的公平性分析结果显示,事前补偿和事后补偿原则下城乡统筹在机会不平等方面的作用存在一定差异。事前补偿原则无须考虑个体努力信息,对处于劣势环境的个体予以补偿,在指导政策实践时简便易行。事后补偿原则将个体努力信息纳入考虑范围,对努力信息相同而处于劣势环境的个体予以补偿,更契合健康经济学中水平公平的理念。采用事后补偿原则优化大病保险制度设计,也与大病保险制度实现精准保障的目标相一致。因此,在未来大病保险制度城乡统筹进程中,应兼顾制度实施的有效性与公平性,以机会平等理论的事后补偿原则指导制度实践。在互联网信息高速发展的背景下,充分利用"互联网+医保"的优势,在考虑患者社会经济地位、就医需要等努力信息的基础上对其进行补偿,进一步提高制度的公平性。

(四)加强基层医疗机构服务能力建设,提高重特大疾病患者基层就医便利性和可及性

从目前我国不同等级的医疗卫生机构服务能力来看,各地普遍面临地区和城乡间医疗资源配置不均衡的难题,基层医疗机构服务能力薄弱的问题尤其突出。此外,由于具体实践中分级诊疗仍然落实不到位,个体罹患疾病仍然倾向于去高级别医疗机构。在此背景下,部分偏远地区的患者的就医可及性难以得到提高,医疗需求很难得到有效转化。

因此,政府部门需要进一步加大对基层医疗机构的投入,在城乡间公平地提供医疗基础设施,将医疗技术和方法深入推广到基层,同时提高基层医疗机构人员服务能力,定期开展基层医务工作人员培训,强化基层医疗机构服务能力,让大多数常见病种在基层就可治愈好转,提高群众就医获得感。同时加强运用远程医疗和互联网等信息技术手段提高患者就医的可及性和便利性,保证患者接受治疗的服务质量。与此同时,通过远程方式,大医院的医务工作者向基层医疗机构提供及时有效的帮助、指导和培训,让其服务能力得到大幅提升。此外,进一步打造"医联体",在人员上真正做到充分合理流动。高级别医疗机构委派学科带头人和业务骨干定期到基层医疗机构进行业务指导和专业培训,帮助提升基层医疗机构的技术水平。

除此之外,大病患者自身也应逐步转变重治疗、轻预防和康复的错误认识。诸多重大疾病在早期及时进行筛查和干预可以避免患者病情加重,避免小病拖成大病。患者以往重治疗的思想容易使小病拖成大病,随之而来的两个后果是:一方面,患者自身及家庭需要承担治疗大病的高额自付医疗支出,即便有多层次医疗保障体系发挥补偿作用,个人也需承担一定经济风险;另一方面,对于较为严重的疾病,在治疗过程中患者会承担较多疼痛且治愈效果有限,影响患者的生命质量。基于此,从社区及村居角度看,应当构建个体全生命周期的健康管理体系,在强化基层医疗机构服务能力的基础上为城乡居民提供全方位的健康管理。

(五)加强医保体系制度间衔接,实现大病保险制度精准保障

在对重大疾病患者医疗救助的方式上,对建档立卡贫困人员,各地普遍采取降低大病保险起付线额度和提高各费用段补偿比例的做法。此外,对于一些特殊困难群众,如贫困户、低保户、五保户等,地方政府在医疗救助上采取了免费参保、取消大病保险起付线、提高相应报销比例甚至是政府完全兜底的帮扶政策。这些特殊待遇使贫困群体享受到更高的保障水平,但同时也存在和基本医保的作用同质化的倾向,可能会产生过度需求等事后道德风险问题。

在大病保险制度保障水平不断提高的情况下,医疗救助应回归其兜底保障功能。在综合保障方面,医疗救助需对其救助对象及范围、救助方式和程序,以及具体救助标准等进行充分考量和确定,对于较为困难的大病患者,不仅关注其治疗过程中所需的医疗支出,而且对其医疗间接支出,如陪护、车旅、营养等进行一定程度的补偿,为全面增加个体及其家庭的健康人力资本提供重要支撑。

(六) 完善医保信息系统整合,加快推进大病保险"一站式"结算

在推进大病保险制度城乡统筹的过程中,信息系统的整合也尤为重要。在大病保险城乡统筹背景下,大病保险制度运行对信息管理系统及经办服务平台设计也提出了新的要求。同时在制度设计方面,在大病患者报销目录上做到城乡统一,包括大病患者的诊疗目录、药品目录和特殊医用耗材目录。

通过对所有联网的医保定点机构进行联网管理,推进重大疾病患者费用"一站式"结算,简化重特大疾病患者的结算程序,解决原来政策设计下大病患者总体报销周期较长的问题,切实解决参保大病患者因报销程序繁杂而面临较高经济风险的问题。

(七) 提高大病保险基金管理能力,进一步落实各地大病保险基金监管责任

城乡居民大病保险制度基金是维系该制度良好运行并且充分发挥其保障功能的核心和关键,因此,加强大病保险制度的基金管理,实现其并网运行和统筹管理,能够有效保证城乡大病患者在医疗利用和健康方面的公平性。在基金管理方面,不仅要加强大病保险基金的预算和决算编制,而且在大病保险运行过程中也要加强其基金收支管理。同时,在推进大病保险制度城乡统筹,并提高制度实施统筹层次的过程中,强化各统筹区医保部门对医疗机构的监管责任,引

导患者合理就医,防止诱导需求和过度需求等事后道德风险的产生,减少医疗资源的浪费与滥用现象,同时降低医保部门的管理成本,提高经办效率。

第三章 城乡居民大病保险制度未来研究展望

第一,在研究主题方面,本研究考察了大病保险制度的实施对城乡居民医疗服务利用、健康和疾病经济负担的影响,并比较大病保险制度有无城乡统筹、已统筹模式间实施效应的差异。目前,大病保险已覆盖全体居民基本医保的参保居民,且在全国范围内基本实现城镇和农村居民大病保险的整合。未来可以针对大病保险制度一元制模式和二元补偿统一制模式,收集两种模式下大病患者的多期追踪数据,利用多种实证研究策略,对统筹层次和实施效应之间的关系进行严格的因果推断,为进一步完善和优化大病保险制度设计提供更为严谨的实证证据。

第二,在研究主体方面,本研究主要是在需方患者视角下对大病保险制度实施效应、不同城乡统筹模式下大病保险制度的效应及公平性差异进行研究,已有文献对大病保险制度的基金运行情况及其可持续性进行了讨论(梅乐,2017;魏哲铭、贺伟,2017;张心洁等,2017),大病保险基金筹资压力、基金可持续性和制度实施效应之间的平衡,是值得进一步研究的方向。

第三,在制度定位和功能方面,已有研究对大病保险制度和基本医保制度之间的融合问题进行了初步讨论,如仇雨临、冉晓醒(2019)提出从长期角度,进一步对医疗资源进行整合,构筑以基本医保、大病保险和医疗救助为一体的基本医疗保障制度,发挥制度合力,提供更高水平的保障。大病保险制度和其他制度的融合机制,也是未来值得讨论的一个研究议题。

参考文献

(一) 英文文献

Abadie, Alberto. 2005. "Semiparametric difference-in-differences estimators." *The Review of Economic Studies* 72(1): 1-19.

Afonso A. N. and M. S. Aubyn. 2005. "Non-parametric approaches to education and health efficiency in OECD countries." *Journal of Applied Economics* 8(2): 227-246.

Alegría, Margarita, Glorisa Canino, Ruth Ríos, Mildred Vera, José Calderón, Dana Rusch, and Alexander N. Ortega. 2002. "Mental health care for Latinos: Inequalities in use of specialty mental health services among Latinos, African Americans, and non-Latino Whites." *Psychiatric Services* 53(12): 1547-1555.

Alkenbrack, Sarah, and Magnus Lindelow. 2015. "The impact of community-based health insurance on utilization and out-of-pocket expenditures in Lao People's Democratic Republic." *Health Economics* 24(4): 379-399.

Alleyne, George A. O., Juan Antonio Casas, and Carlos Castillo-Salgado. 2000. "Equality, equity: Why bother?" *Bulletin of the World Health Organization* 78: 76-77.

Ameyaw, Edward Kwabena, Raymond Elikplim Kofinti, and

Francis Appiah. 2017. "National health insurance subscription and maternal healthcare utilisation across mothers' wealth status in Ghana." *Health Economics Review* 7(1): 16.

Andersen, Ronald. 1968. "A behavioral model of families' use of health services." Chicago: Center for Health Administration Studies, University of Chicago.

Andersen, Ronald, Pamela L. Davidson, and Sebastian E. Baumeister. 2014. "Improving access to care." *Changing the US health care system: Key issues in health services policy and management.* San Francisco: Jossey-Bass 36(3): 33-69.

Ataguba, John Ele-Ojo, and Jane Goudge. 2012. "The impact of health insurance on health-care utilisation and out-of-pocket payments in South Africa." *The Geneva Papers on Risk and Insurance-Issues and Practice* 37(4): 633-654.

Atkins, Danielle N., Mary L. Held, and Lisa C. Lindley. 2018. "The impact of expanded health insurance coverage for unauthorized pregnant women on prenatal care utilization." *Public Health Nursing* 35(6): 459-465.

Baker, David W., Joseph J. Sudano, Jeffrey M. Albert, Elaine A. Borawski, and Avi Dor. 2001. "Lack of health insurance and decline in overall health in late middle age." *New England Journal of Medicine* 345(15): 1106-1112.

Barnard, Marius. 2004. "Critical illness insurance: Past, present and future." Http://www.actuaries.org.uk/sites/all/files/documents/pdf/Barnard.pdf.

Baron, Reuben M., and David A. Kenny. 1986. "The moderator-mediator variable distinction in social psychological research: Conceptual, strategic, and statistical considerations." *Journal of *Personality and Social Psychology* 51(6): 1173.

Bommier, Antoine, and Guy Stecklov. 2002. "Defining health inequality: Why Rawls succeeds where social welfare theory fails." *Journal of Health Economics* 21(3): 497-513.

Brown, Margaret, Andrew Bindman, and Nicole Lurie. 1998. "Monitoring the consequences of uninsurance: A review of methodologies." *Medical Care Research and Review* 55(2): 177-210.

Brown, Philip, and Caroline Theoharides. 2009. "Health-seeking behavior and hospital choice in China's New Cooperative Medical System." *Health Economics* 18(S2): S47-S64.

Card, David, Lawrence F. Katz, and Alan B. Krueger. 1994. "Comment on David Neumark and William Wascher, 'Employment effects of minimum and subminimum wages: Panel data on state minimum wage laws'." *ILR Review* 47(3): 487-497.

Card, David, Carlos Dobkin, and Nicole Maestas. 2008. "The impact of nearly universal insurance coverage on health care utilization: Evidence from Medicare." *American Economic Review* 98(5): 2242-2258.

Chen, Yuyu, and Ginger Zhe Jin. 2012. "Does health insurance coverage lead to better health and educational outcomes? Evidence from rural China." *Journal of Health Economics* 31(1): 1-14.

Cook, Benjamin, Thomas McGuire, and Jeanne Miranda. 2007. "Measuring trends in mental health care disparities, 2000-2004." *Psychiatric Services* 58(12): 1533-1540.

Cook, Benjamin, Thomas McGuire, Ellen Meara, and Alan

Zaslavsky. 2009. "Adjusting for health status in non-linear models of health care disparities." *Health Services and Outcomes Research Methodology* 9(1): 1.

Demissie, Bekele, and Keneni Gutema Negeri. 2020. "Effect of community-based health insurance on utilization of outpatient health care services in southern Ethiopia: A comparative cross-sectional study." *Risk Management and Healthcare Policy* 13: 141.

Doorslaer, Eddy van, and Xander Koolman. 2004. "Explaining the differences in income-related health inequalities across European countries." *Health Economics* 13(7): 609–628.

Dworkin, Ronald. 1981a. "What is equality? Part 1: Equality of welfare." *Philosophy & Public Affairs*: 185–246.

—. 1981b. "What is equality? Part 2: Equality of resources." *Philosophy & Public Affairs*: 283–345.

Eissa, Nada, and Jeffrey Liebman. 1996. "Labor supply response to the earned income tax credit." *The Quarterly Journal of Economics* 111(2): 605–637.

Eldridge, Damien, Ilke Onur, and Malathi Velamuri. 2017. "The impact of private hospital insurance on the utilization of hospital care in Australia." *Applied Economics* 49(1): 78–95.

Erlangga, Darius, Shehzad Ali, and Karen Bloor. 2019. "The impact of public health insurance on health care utilisation in Indonesia: Evidence from panel data." *International Journal of Public Health* 64(4): 603–613.

Erreygers, Guido. 2006. *Beyond the Health Concentration Index: An Atkinson Alternative for the Measurement of the*

Socioeconomic Inequality of Health. University of Antwerp, Research Administration.

Finkelstein, Amy, Sarah Taubman, Bill Wright, Mira Bernstein, Jonathan Gruber, Joseph Newhouse, Heidi Allen, Katherine Baicker, and Oregon Health Study Group. 2012. "The Oregon health insurance experiment: Evidence from the first year." *The Quarterly Journal of Economics* 127(3): 1057–1106.

Fleurbaey, Marc. 2008. *Fairness, Responsibility, and Welfare*. Oxford University Press.

Fleurbaey, Marc, and Erik Schokkaert. 2011. "Equity in health and health care." *Handbook of Health Economics*. Vol. 2. Elsevier. 1003–1092.

Fleurbaey, Marc, and Vito Peragine. 2013. "Ex ante versus ex post equality of opportunity." *Economica* 80(317): 118–130.

Grossman, Michael. 1972. "On the concept of health capital and the demand for health." *Journal of Political Economy* 80(2): 223–255.

Gu, H., Y. Kou, H. You, X. P. Xu, N. C. Yang, J. Liu, X. Y. Liu, J. H. Gu, and X. L. Li. 2019. "Measurement and decomposition of income-related inequality in self-rated health among the elderly in China." *International Journal for Equity in Health* 18: 11.

Gu, Hai, Yun Kou, Zhiwen Yan, Yilei Ding, Jusheng Shieh, Jun Sun, Nan Cui, Qianjing Wang, and Hua You. 2017. "Income related inequality and influencing factors: A study for the incidence of catastrophic health expenditure in rural China." *BMC Public Health* 17.

Guindon, G. Emmanuel. 2014. "The impact of health insurance on health services utilization and health outcomes in Vietnam." *Health Econ. Pol'y & L.* 9: 359.

Gustafsson-Wright, Emily, Gosia Popławska, Zlata Tanović, and Jacques van der Gaag. 2018. "The impact of subsidized private health insurance and health facility upgrades on healthcare utilization and spending in rural Nigeria." *International Journal of Health Economics and Management* 18(3): 221-276.

Hahn, Beth. 1994. "Health care utilization: The effect of extending insurance to adults on Medicaid or uninsured." *Medical Care*: 227-239.

Harman, Jeffrey S., Mark J. Edlund, and John C. Fortney. 2004. "Disparities in the adequacy of depression treatment in the United States." *Psychiatric Services* 55(12): 1379-1385.

Hayes, Andrew F. 2009. "Beyond Baron and Kenny: Statistical mediation analysis in the new millennium." *Communication Monographs* 76(4): 408-420.

Heckman, James J. 1976. "The common structure of statistical models of truncation, sample selection and limited dependent variables and a simple estimator for such models." In *Annals of Economic and Social Measurement*, volume 5, number 4, 475-492. NBER.

Hren, Rok. 2012. "Theoretical shortcomings of the Grossman model." *Bulletin: Economics, Organisation and Informatics in Healthcare* 28(1): 63-75.

Jeon, Boyoung, and Soonman Kwon. 2013. "Effect of private health insurance on health care utilization in a universal public insurance system: A case of South Korea." *Health Policy* 113 (1-2): 69-76.

JieAnNAMu, Xinpeng Xu, Hua You, Hai Gu, Jinghong Gu, Xiaolu Li, Nan Cui, and Yun Kou. 2020. "Inequalities in health-related quality of life and the contribution from socioeconomic status: Evidence from Tibet, China." *BMC Public Health* 20: 1-10.

Judd, Charles M., and David A. Kenny. 1981. "Process analysis: Estimating mediation in treatment evaluations." *Evaluation Review* 5(5): 602-619.

Khandker, Shahidur, Gayatri B. Koolwal, and Hussain Samad. 2009. *Handbook on Impact Evaluation: Quantitative Methods and Practices*. The World Bank.

Kunst, Anton E, and Johan P Mackenbach. 1994. "International variation in the size of mortality differences associated with occupational status." *International Journal of Epidemiology* 23(4): 742-750.

Lê Cook, Benjamin, Thomas G. McGuire, Kari Lock, and Alan M. Zaslavsky. 2010. "Comparing methods of racial and ethnic disparities measurement across different settings of mental health care." *Health Services Research* 45(3): 825-847.

Lei, Xiaoyan, and Wanchuan Lin. 2009. "The new cooperative medical scheme in rural China: Does more coverage mean more service and better health?" *Health Economics* 18(S2): S25-S46.

Levy, Helen, and David Meltzer. 2004. "What do we really know about whether health insurance affects health." *Health Policy and the Uninsured*: 179-204.

Li, Chaofan, Chengxiang Tang, and Haipeng Wang. 2019. "Effects of health insurance integration on health care utilization and its equity among the mid-aged and elderly: Evidence from China." *International Journal for Equity in Health* 18(1): 166.

Li, Xin, and Wei Zhang. 2013. "The impacts of health insurance on health care utilization among the older people in China." *Social Science & Medicine* 85: 59-65.

Li, Ye, Qunhong Wu, Ling Xu, David Legge, Yanhua Hao, Lijun Gao, Ning Ning, and Gang Wan. 2012. "Factors affecting catastrophic health expenditure and impoverishment from medical expenses in China: Policy implications of universal health insurance." *Bulletin of the World Health Organization* 90: 664-671.

Lichtenberg, Frank R. 2002. "The effects of Medicare on health care utilization and outcomes." *Forum for Health Economics & Policy*.

MacKinnon, David P., Amanda J. Fairchild, and Matthew S. Fritz. 2007. "Mediation analysis." *Annu. Rev. Psychol.* 58: 593-614.

MacKinnon, David P., Chondra M. Lockwood, Jeanne M. Hoffman, Stephen G. West, and Virgil Sheets. 2002. "A comparison of methods to test mediation and other intervening variable effects." *Psychological Methods* 7(1): 83.

Manning, Willard, Joseph P. Newhouse, Naihua Duan, Emmett B. Keeler, and Arleen Leibowitz. 1987. "Health insurance and the demand for medical care: Evidence from a randomized experiment." *The American Economic Review*: 251-277.

Mebratie, Anagaw, Robert Sparrow, Zelalem Yilma, Degnet Abebaw, Getnet Alemu, and Arjun Bedi. 2019. "The impact of Ethiopia's pilot community based health insurance scheme on healthcare utilization and cost of care." *Social Science & Medicine* 220: 112-119.

Meng, Qun, Ling Xu, Yaoguang Zhang, Juncheng Qian, Min Cai, Ying Xin, Jun Gao, Ke Xu, J. Ties Boerma, and Sarah L. Barber. 2012. "Trends in access to health services and financial protection in China between 2003 and 2011: A cross-sectional study." *The Lancet* 379(9818): 805-814.

Mooney, Gavin H. 2003. *Economics, Medicine and Health Care*. Pearson Education.

Murray C. J., Evans D. B. 2003. "Health system performance assessment: Debates, methods, and empiricism." Geneva: World Health Organization.

O'Connor, Genevieve Elizabeth. 2015. "The impact of insurance coverage on consumer utilization of health services." *International Journal of Bank Marketing*.

O'Donnell, O., van Doorslaer, E., Wagstaff, A., & Lindelow, M. 2008. "Analyzing Health Equity Using Household Survey Data: A guide to techniques and their implementation." Washington, DC: World Bank.

Ojeda, Victoria D., and Thomas G. McGuire. 2006. "Gender and racial/ethnic differences in use of outpatient mental health and substance use services by depressed adults." *Psychiatric Quarterly* 77(3): 211-222.

Peng, Xiaobo, and Dalton Conley. 2016. "The implication of health insurance for child development and maternal nutrition:

Evidence from China." *The European Journal of Health Economics* 17(5): 521-534.

Ramos, Xavier, and Dirk Van de Gaer. 2012. "Empirical approaches to inequality of opportunity: Principles, measures, and evidence." *IZA Discussion Paper* No. 6672

Roemer, John E. 1998. *Equality of Opportunity*. Harvard University Press, Cambridge.

—. 2002. "Equality of opportunity: A progress report." *Social Choice and Welfare* 19(2): 455-471.

—. 2012. "On several approaches to equality of opportunity." *Economics & Philosophy* 28(2): 165-200.

Roemer, John E, and Alain Trannoy. 2015. "Equality of opportunity." In *Handbook of Income Distribution*, 217-300. Elsevier.

Saftlas, Audrey, Lisa Koonin, and Hani Atrash. 2000. "Racial disparity in pregnancy-related mortality associated with livebirth: Can established risk factors explain it?" *American Journal of Epidemiology* 152(5): 413-419.

Sen, A. 1980. "Equality of What?" in S. McMurrin, ed., *Tanner Lectures on Human Values*, Volume 1, Cambridge University Press, Cambridge.

Shortt, Samuel ED. 2002. "Medical savings accounts in publicly funded health care systems: Enthusiasm versus evidence." *Cmaj* 167(2): 159-162.

Sobel, Michael E. 1982. "Asymptotic confidence intervals for indirect effects in structural equation models." *Sociological Methodology* 13: 290-312.

—. 1987. "Direct and indirect effects in linear structural equation models." *Sociological Methods & Research* 16(1): 155-176.

Spiers, Nicola, Carol Jagger, Michael Clarke, and Antony Arthur. 2003. "Are gender differences in the relationship between self-rated health and mortality enduring? Results from three birth cohorts in Melton Mowbray, United Kingdom." *The Gerontologist* 43(3): 406-411.

Tan, Si Ying, Xun Wu, and Wei Yang. 2019. "Impacts of the type of social health insurance on health service utilisation and expenditures: Implications for a unified system in China." *Health Economics, Policy and Law* 14(4): 468-486.

Tilahun, Hiwot, Desta Debalkie Atnafu, Geta Asrade, Amare Minyihun, and Yihun Mulugeta Alemu. 2018. "Factors for healthcare utilization and effect of mutual health insurance on healthcare utilization in rural communities of South Achefer Woreda, North West, Ethiopia." *Health Economics Review* 8(1): 1-7.

Van Der Wielen, Nele, Andrew Amos Channon, and Jane Falkingham. 2018. "Does insurance enrolment increase healthcare utilisation among rural-dwelling older adults? Evidence from the National Health Insurance Scheme in Ghana." *BMJ Global Health* 3(1).

Van Doorlaer, Eddy, Adam Wagstaff, and Magnus Lindelow. 2008. "Analyzing health equity using household survey data: A guide to techniques and their implementation." Washington, DC: The World Bank.

Van Doorslaer, Eddy, and Andrew Jones. 2003. "Inequalities in self-reported health: Validation of a new approach to measurement." *Journal of Health Economics* 22(1): 61-87.

Van Doorslaer, Eddy, Adam Wagstaff, Han Bleichrodt, Samuel Calonge, Ulf-G Gerdtham, Michael Gerfin, Jose Geurts, Lorna Gross, Unto Häkkinen, and Robert Leu. 1997. "Income-related inequalities in health: Some international comparisons." *Journal of Health Economics* 16(1): 93–112.

Vidyattama, Yogi, Riyana Miranti, and Budy P Resosudarmo. 2014. "The role of health insurance membership in health service utilisation in Indonesia." *Bulletin of Indonesian Economic Studies* 50(3): 393–413.

Wagstaff, Adam, Eddy Van Doorslaer, and Pierella Paci. 1989. "Equity in the finance and delivery of health care: Some tentative cross-country comparisons." *Oxford Review of Economic Policy* 5(1): 89–112.

Wagstaff, Adam, Pierella Paci, and Eddy Van Doorslaer. 1991. "On the measurement of inequalities in health." *Social Science & Medicine* 33(5): 545–557.

Wagstaff, Adam, and Eddy Van Doorslaer. 2000. "Measuring and testing for inequity in the delivery of health care." *Journal of Human Resources*: 716–733.

Wagstaff, Adam. 2002. *Inequality Aversion, Health Inequalities, and Health Achievement*. The World Bank.

Wagstaff, Adam, Eddy van Doorslaer, and Naoko Watanabe. 2003. "On decomposing the causes of health sector inequalities with an application to malnutrition inequalities in Vietnam." *Journal of Econometrics* 112(1): 207–223.

Wagstaff, Adam, and Magnus Lindelow. 2008. "Can insurance increase financial risk?: The curious case of health insurance in China." *Journal of Health Economics* 27(4): 990–1005.

Wagstaff, Adam, Magnus Lindelow, Gao Jun, Xu Ling, and Qian Juncheng. 2007. *Extending health insurance to the rural population: An impact evaluation of China's new cooperative medical scheme.* The World Bank.

Wagstaff, Adam, Magnus Lindelow, Jun Gao, Xu Ling, and Juncheng Qian. 2009. "Extending health insurance to the rural population: An impact evaluation of China's new cooperative medical scheme." *Journal of Health Economics* 28(1): 1-19.

Wan, Guanghua. 2004. "Accounting for income inequality in rural China: A regression-based approach." *Journal of Comparative Economics* 32(2): 348-363.

Wang, Hong, Winnie Yip, Licheng Zhang, and William Hsiao. 2009. "The impact of rural mutual health care on health status: Evaluation of a social experiment in rural China." *Health Economics* 18(S2): S65-S82.

Wang, Wenjuan, Gheda Temsah, and Lindsay Mallick. 2017. "The impact of health insurance on maternal health care utilization: Evidence from Ghana, Indonesia and Rwanda." *Health Policy and Planning* 32(3): 366-375.

Wang, Zhonghua, Xiangjun Li, Mingsheng Chen, and Lei Si. 2018. "Social health insurance, healthcare utilization, and costs in middle-aged and elderly community-dwelling adults in China." *International Journal for Equity in Health* 17(1): 1-13.

World Health Organization. 1996. "Equity in health and health care: A WHO/SIDA initiative."

Wu, Zhuochun, Peng Lei, Elina Hemminki, Ling Xu, Shenglan

Tang, Xiaoyan Li, Joanna Raven, Jun Gao, and Rachel Tolhurst. 2012. "Changes and equity in use of maternal health care in China: From 1991 to 2003." *Maternal and Child Health Journal* 16(2): 501 - 509.

Xu, Ke, David Evans, Guido Carrin, Ana Mylena Aguilarrivera, Philip Musgrove, and Timothy Evans. 2007. "Protecting households from catastrophic health spending." *Health Affairs* 26(4): 972 - 983.

Xu, Ke, David Evans, Kei Kawabata, Riadh Zeramdini, Jan Klavus, and Christopher Murray. 2003. "Household catastrophic health expenditure: A multicountry analysis." *The Lancet* 362(9378): 111 - 117.

Xu, Xinpeng, Hai Gu, Hua You, Lan Bai, Decheng Li, Nan Cui, Wenxuan Wu, and Yun Kou. 2020. "Are people enrolled in NCMS and CURBMI susceptible in catastrophic health expenditure? Evidence from China." *INQUIRY: The Journal of Health Care Organization, Provision, and Financing* 57: 0046958020919282.

Yang, Jun, Xiao Huang, and Xin Liu. 2014. "An analysis of education inequality in China." *International Journal of Educational Development* 37: 2 - 10.

Yip, Winnie, and Peter Berman. 2001. "Targeted health insurance in a low income country and its impact on access and equity in access: Egypt's school health insurance." *Health Economics* 10(3): 207 - 220.

Yitzhaki, Shlomo. 1983. "On an extension of the Gini inequality index." *International Economic Review*: 617 - 628.

Zawada, Anna, Katarzyna Kolasa, Christian Kronborg, Daniel

Rabczenko, Tomasz Rybnik, Jørgen Lauridsen, Urszula Ceglowska, and Tomasz Hermanowski. 2017. "A comparison of the burden of out-of-pocket health payments in Denmark, Germany and Poland." *Global Policy* 8: 123–130.

Zhang, Luying, Xiaoming Cheng, Rachel Tolhurst, Shenglan Tang, and Xiaoyun Liu. 2010. "How effectively can the New Cooperative Medical Scheme reduce catastrophic health expenditure for the poor and non-poor in rural China?" *Tropical Medicine & International Health* 15(4): 468–475.

Zhao, Weimin. 2019. "Does health insurance promote people's consumption? New evidence from China." *China Economic Review* 53: 65–86.

Zhao, Yang, Brian Oldenburg, Ajay Mahal, Yaqi Lin, Shenglan Tang, and Xiaoyun Liu. 2020. "Trends and socio-economic disparities in catastrophic health expenditure and health impoverishment in China: 2010 to 2016." *Tropical Medicine & International Health* 25(2): 236–247.

Zhu, L., H. Xu, and X. Cui. 2016. "Suggestion on Critical Illness Insurance in China." *Value in Health* 19(7): A816.

（二）中文图书

阿马蒂亚·森（Amartya Sen）：《以自由看待发展》，任赜、于真 译，北京：中国人民大学出版社，2013年，第53—56页。

蔡江南：《医疗卫生体制改革的国际经验》，上海：上海科学技术出版社，2016年，第164—184、209—228、251—269、309—337页。

陈文辉：《我国城乡居民大病保险发展模式研究》，北京：中国经济出版社，2013年，第52—76页。

顾海、李佳佳：《中国城镇化进程中统筹城乡医疗保障制度研究：模式选择与效应评估》，北京：中国劳动社会保障出版社，2013年，第172—199页。

顾海、马超、孙军：《机会平等、制度绩效与统筹城乡医保》，南京：南京大学出版社，2019年，第161—176页。

杰西·巴塔查里亚(Jay Bhattacharya)等：《健康经济学》，曹乾 译，桂林：广西师范大学出版社，2019年，第21—58、321—324、361—380页。

宋占军：《城乡居民大病保险政策评估与制度优化研究》，北京：经济科学出版社，2018年，第21—25页。

项莉：《中国重大疾病医疗保障理论与实践》，北京：科学出版社，2016年，第61—75页。

闫蕊、黄桂霞：《重大疾病医疗保障制度研究》，北京：中国劳动社会保障出版社，2017年，第62—68、86—96、168—188页。

约翰·罗尔斯(John Rawls)：《正义论》，何怀宏、何包钢、廖申白 译，北京：中国社会科学出版社，2016年，第5—14、136—141、298—303页。

(三) 中文论文

白重恩、李宏彬、吴斌珍：《医疗保险与消费：来自新型农村合作医疗的证据》，《经济研究》，2012年第2期。

曹阳、李海晶、高心韵：《基于重大疾病总费用的大病保险补偿模式分析》，《中国卫生事业管理》，2015年第8期。

常雪、苏群、周春芳：《城乡医保统筹对居民健康的影响》，《中国人口科学》，2018年第6期。

陈纯槿、李实：《城镇劳动力市场结构变迁与收入不平等：1989—2009》，《管理世界》，2013年第1期。

陈浩、周绿林：《中国公共卫生不均等的结构分析》，《中国人口科学》，2011年第6期。

陈华、邓佩云:《城镇职工基本医疗保险的健康绩效研究——基于CHNS数据》,《社会保障研究》,2016年第4期。

陈鸣声:《安德森卫生服务利用行为模型演变及其应用》,《南京医科大学学报(社会科学版)》,2018年第1期。

陈英、秦江梅、唐景霞、周杨、张丽芳、张艳春:《与收入相关的健康不平等及其分解》,《中国卫生经济》,2016年第4期。

陈在余、李薇、江玉:《农村老年人灾难性医疗支出影响因素分析》,《华南农业大学学报(社会科学版)》,2017年第1期。

陈珍、刘国琴、楚亚林、吴芳:《贵州省6县新农合重大疾病患者住院费用及保障水平分析》,《预防医学情报杂志》,2016年第9期。

程斌:《农村居民大病保险的运行分析》,《中国卫生经济》,2018年第4期。

程令国、张晔:《"新农合":经济绩效还是健康绩效?》,《经济研究》,2012年第1期。

程名望、Jin Yanhong、盖庆恩、史清华:《农村减贫:应该更关注教育还是健康?——基于收入增长和差距缩小双重视角的实证》,《经济研究》,2014年第11期。

仇雨临、冉晓醒:《大病保险创新发展研究:实践总结与理论思考》,《江淮论坛》,2019年第6期。

仇雨临、翟绍果、黄国武:《大病保险发展构想:基于文献研究的视角》,《山东社会科学》,2017年第4期。

崔志坤、张燕:《财政分权与医疗卫生支出效率——以江苏省为例》,《财贸研究》,2018年第9期。

戴平生:《医疗改革对我国卫生行业绩效的影响——基于三阶段DEA模型的实证分析》,《厦门大学学报(哲学社会科学版)》,2011年第6期。

邓佳欣、张媚、袁小丽、王晓昕:《政策协同对贫困患者经济减负效果评价研究》,《中国卫生政策研究》,2020年第6期。

代涛等:《我国新农合重大疾病保障制度的政策分析》,《中国卫生政策研究》,2013年第6期。

杜涛、冉伦、李金林、王珊珊:《基于DtSBM模型的中国医疗卫生服务效率动态评价》,《北京理工大学学报(社会科学版)》,2019年第4期。

段婷、高广颖、马骋宇、贾继荣、马千惠、那春霞:《北京市新农合大病保险实施效果分析与评价》,《中国卫生政策研究》,2015年第11期。

段婷、高广颖、沈文生、贾继荣、张斌:《新农合大病保险制度受益归属与实施效果分析——以吉林省为例》,《中国卫生政策研究》,2014年第11期。

封进、李珍珍:《中国农村医疗保障制度的补偿模式研究》,《经济研究》,2009年第4期。

封进、宋铮:《中国农村医疗保障制度:一项基于异质性个体决策行为的理论研究》,《经济学(季刊)》,2007年第3期。

冯海欢、辜永红、李天俊、李佳瑾、孙麟:《大病保险效果分析及对策建议——基于成都市某三甲医院的实践》,《现代预防医学》,2014年第21期。

傅虹桥、袁东、雷晓燕:《健康水平、医疗保险与事前道德风险——来自新农合的经验证据》,《经济学(季刊)》,2017年第2期。

高广颖、马骋宇、胡星宇、杨显、段婷、贾继荣:《新农合大病保险制度对缓解灾难性卫生支出的效果评价》,《社会保障研究》,2017年第2期。

高梦滔:《新型农村合作医疗与农户卫生服务利用》,《世界经济》,2010年第10期。

顾海:《中国统筹城乡医疗保障制度模式与路径选择》,《学海》,2014年第1期。

顾海、许新鹏、杨妮超:《城乡居民大病保险制度实施现状、问题及运行效果分析》,《中国卫生经济》,2019年第1期。

顾和军、刘云平:《中国农村儿童健康不平等及其影响因素研究——基于CHNS数据的经验研究》,《南方人口》,2012年第1期。

顾昕:《全民医疗保险与公立医院中的政府投入:德国经验的启示》,《东岳论丛》,2013年第2期。

韩文、杨雯婷、雷震、赵歆妍:《广西城镇居民大病保险实施效果评价:基于第一批试点地区的分析》,《中国卫生经济》,2016年第4期。

胡宏伟:《教育水平、医疗保险与健康风险——为什么医改的目标应是健康保障》,《山西财经大学学报》,2011年第8期。

胡宏伟:《城镇居民医疗保险对卫生服务利用的影响——政策效应与稳健性检验》,《中南财经政法大学学报》,2012年第5期。

胡宏伟、刘国恩:《城镇居民医疗保险对国民健康的影响效应与机制》,《南方经济》,2012年第10期。

胡宏伟、张小燕、赵英丽:《社会医疗保险对老年人卫生服务利用的影响——基于倾向得分匹配的反事实估计》,《中国人口科学》,2012年第2期。

胡琳琳:《我国与收入相关的健康不平等实证研究》,《卫生经济研究》,2005年第12期。

胡琳琳、胡鞍钢:《从不公平到更加公平的卫生发展:中国城乡疾病模式差距分析与建议》,《管理世界》,2003年第1期。

胡英:《中国分城镇乡村人口平均预期寿命探析》,《人口与发展》,2010年第2期。

胡玉杰:《地方医疗卫生公共服务供给效率的区域差异性》,《系统工程》,2018年第5期。

黄枫、甘犁:《过度需求还是有效需求?——城镇老人健康与医疗保险的实证分析》,《经济研究》,2010年第6期。

黄国武、仇雨临:《医疗保险治理现代化:内在逻辑和路径推演》,《四川大学学报(哲学社会科学版)》,2019年第2期。

黄薇:《保险政策与中国式减贫:经验、困局与路径优化》,《管理世界》,2019年第1期。

贾继荣、高广颖、马骋宇、那春霞、马千慧、段婷、俞金枝:《北京市新型农村合作医疗大病保险实施效果及基金流向研究》,《中国卫生经济》,2016年第1期。

简新华、黄锟:《中国城镇化水平和速度的实证分析与前景预测》,《经济研究》,2010年第3期。

焦静静:《城乡居民大病保险推进中存在的问题及对策分析》,《江苏科技信息》,2017年第21期。

金双华、于洁、田人合:《中国基本医疗保险制度促进受益公平吗?——基于中国家庭金融调查的实证分析》,《经济学(季刊)》,2020年第4期。

赖溁、黄莉:《基于DEA的重庆市医疗资源配置效率研究》,《中国卫生事业管理》,2014年第4期。

雷新宇、冯黎:《大病医疗保险实施现状及未来发展对策建议——以湖北省襄阳市为例》,《市场周刊(理论研究)》,2017年第5期。

李华、高健:《城乡居民大病保险治理"因病致贫"的效果差异分析》,《社会科学辑刊》,2018年第6期。

李萌、张旭东、郭淑岩、杨婷婷、杨威、黎浩、张建成、董四平:《应用Bootstrap-DEA方法的公立三级医院技术效率测量与比较分析》,《中国卫生政策研究》,2020年第3期。

李湘君、王中华、林振平:《新型农村合作医疗对农民就医行为及健康的影响——基于不同收入层次的分析》,《世界经济文汇》,2012年第3期。

李亚青:《城镇职工基本医疗保险分散大病风险研究——基于广东典型地区的分析》,《人口与发展》,2014年第1期。

李燕、刘坤、孙晓杰:《山东省3县农村老年人与收入相关的健康不平等状况及影响因素》,《山东大学学报(医学版)》,2016年第6期。

李阳、段光锋、袁丽、田文华:《我国大病保险发展趋势分析——基于三种典型模式》,《卫生经济研究》,2018年第4期。

李勇、周俊婷、赵梦蕊:《大病保险对我国中老年人家庭灾难性卫生支出影响实证分析》,《中国卫生政策研究》,2019年第6期。

李郁芳、王宇:《中国地方政府医疗卫生支出效率及影响因素研究》,《海南大学学报(人文社会科学版)》,2015年第3期。

李月娥、卢珊:《安德森模型的理论构建及分析路径演变评析》,《中国卫生事业管理》,2017年第5期。

林新真:《中德医疗保障制度对比分析及启示》,《价格理论与实践》,2013年第4期。

刘国恩、蔡春光、李林:《中国老人医疗保障与医疗服务需求的实证分析》,《经济研究》,2011年第3期。

刘嘉莉:《中国健康不平等影响因素研究》,武汉大学,2017年。

刘景章、王晶晶:《广东省公共卫生支出效率及其影响因素研究》,《产经评论》,2015年第5期。

刘孟飞、张晓岚:《我国医疗体系全要素生产率成长的区域差异及其成因分析》,《上海经济研究》,2013年第3期。

刘文玉:《中国财政分权对政府卫生支出效率的影响——基于省级面板数据的分析》,《经济问题》,2018年第6期。

刘小鲁:《中国城乡居民医疗保险与医疗服务利用水平的经验研究》,《世界经济》,2017年第3期。

刘小青:《农村重大疾病保障政策研究》,《中州学刊》,2014年第3期。

刘晓婷:《社会医疗保险对老年人健康水平的影响——基于浙江省的实证研究》,《社会》,2014年第2期。

刘晓婷、黄洪:《医疗保障制度改革与老年群体的健康公平——基于浙江的研究》,《社会学研究》,2015年第4期。

刘洋:《城乡居民大病保险问题与对策研究——以陕西省为例》,《西安交通大学学报(社会科学版)》,2016年第6期。

刘玉娟:《商业保险与社会医疗保险合作的实践——基于湛江模式和

番禺模式的比较分析》,《卫生经济研究》,2016年第6期。

卢珊、李月娥:《Anderson医疗卫生服务利用行为模型:指标体系的解读与操作化》,《中国卫生经济》,2018年第9期。

卢婷、柴云:《湖南省城乡居民大病保险保障效果实证分析》,《保险职业学院学报》,2017年第1期。

马超、顾海、李佳佳:《我国医疗保健的城乡分割问题研究——来自反事实分析的证据》,《经济学家》,2012年第12期。

马超、顾海、宋泽:《补偿原则下的城乡医疗服务利用机会不平等》,《经济学(季刊)》,2017年第4期。

马超、顾海、孙徐辉:《参合更高档次的医疗保险能促进健康吗?——来自城乡医保统筹自然实验的证据》,《公共管理学报》,2015年第2期。

马超、顾海、孙徐辉:《城乡医保统筹有助于农业流动人口心理层面的社会融入吗?》,《中国农村观察》,2017年第2期。

马超、顾海、孙徐辉:《医保统筹模式对城乡居民医疗服务利用和健康实质公平的影响——基于机会平等理论的分析》,《公共管理学报》,2017年第2期。

马超、曲兆鹏、宋泽:《城乡医保统筹背景下流动人口医疗保健的机会不平等——事前补偿原则与事后补偿原则的悖论》,《中国工业经济》,2018年第2期。

马超、俞沁雯、宋泽、陈昊:《长期护理保险、医疗费用控制与价值医疗》,《中国工业经济》,2019年第12期。

马千慧、高广颖、马骋宇、贾继荣、那春霞、俞金枝、段婷:《新型农村合作医疗大病保险受益公平性分析:基于北京市三个区县的数据分析》,《中国卫生经济》,2015年第10期。

马哲、赵忠:《中国儿童健康不平等的演化和影响因素分析》,《劳动经济研究》,2016年第6期。

毛阿燕、胡红濮、周颖萍、李亚子:《新农合重大疾病保障政策实施效果评价——基于北京市和海南省新农合住院患者数据》,《中国卫生政策研究》,2013 年第 6 期。

毛瑛、朱斌、刘锦林、吴静娴、井朋朋、李翌晨、宋晓阳:《我国大病保险政策评价:基于旬邑县的实证研究》,《中国卫生经济》,2015 年第 8 期。

梅乐:《城乡居民大病保险基金的运营绩效及承受能力研究——基于 H 省的实证分析》,《华中农业大学学报(社会科学版)》,2017 年第 6 期。

孟德锋、张兵、王翌秋:《新型农村合作医疗保险对农民健康状况的影响分析——基于江苏农村居民的实证研究》,《上海金融》,2011 年第 4 期。

孟颖颖、韩俊强:《医疗保险制度对流动人口卫生服务利用的影响》,《中国人口科学》,2019 年第 5 期。

潘杰、雷晓燕、刘国恩:《医疗保险促进健康吗?——基于中国城镇居民基本医疗保险的实证分析》,《经济研究》,2013 年第 4 期。

潘瑶、陈山泉、项莉、姚岚、周武、罗飞:《广西 A 县 0—14 岁儿童重大疾病医疗保障研究》,《中国卫生经济》,2013 年第 2 期。

裴金平、刘穷志:《中国财政医疗卫生支出的泰尔差异与效率评价》,《统计与决策》,2017 年第 24 期。

彭希哲、宋靓珺、黄剑焜:《中国失能老人长期照护服务使用的影响因素分析——基于安德森健康行为模型的实证研究》,《人口研究》,2017 年第 4 期。

齐良书、李子奈:《与收入相关的健康和医疗服务利用流动性》,《经济研究》,2011 年第 9 期。

阮航清、陈功:《中国老年人与收入相关的健康不平等及其分解——以北京市为例》,《人口与经济》,2017 年第 5 期。

申曙光:《新时期我国社会医疗保险体系的改革与发展》,《社会保障评论》,2017 年第 2 期。

宋占军:《城乡居民大病保险运行评析》,《保险研究》,2014年第10期。

宋占军:《天津市城乡居民大病保险保障水平研究》,《中国卫生经济》,2016年第8期。

宋占军:《城乡居民大病保险保障水平分析》,《中国物价》,2018年。

宋占军、朱铭来:《我国医疗保障体系绩效及其影响因素:2007—2011》,《江西财经大学学报》,2014年第5期。

孙冬悦、孙纽云、房珊杉、董丹丹、梁铭会:《大病医疗保障制度的国际经验及启示》,《中国卫生政策研究》,2013年第1期。

孙兰英、苏长好、杜青英:《农村老年人养老决策行为影响因素研究》,《人口与发展》,2019年第6期。

孙潇璨:《基于国际经验比较的重大疾病保障制度完善与思考》,《金融经济》,2019年第12期。

谭笑、王佳慧、张鑫、郑统、李叶、吴群红、于淼:《医保整合与未整合地区灾难性卫生支出及因病致贫情况比较研究》,《医学与社会》,2019年第10期。

汤丽娟、吴阿元:《镇江市居民医保部分重大疾病住院治疗运行情况及补偿支付方式探析》,《中国卫生经济》,2015年第12期。

汤小卉、陈华:《商业保险参与社会保险的探索——基于"湛江模式"的再思考》,《中国财政》,2013年第12期。

唐兴霖、黄运林、李文军:《地方政府城乡居民大病保险政策比较及其优化研究》,《理论探讨》,2017年第6期。

万广华、张茵:《收入增长与不平等对我国贫困的影响》,《经济研究》,2006年第6期。

王保真、徐宁、孙菊:《统筹城乡医疗保障的实质及发展趋势》,《中国卫生政策研究》,2009年第8期。

王超群、刘小青、刘晓红、顾雪非:《大病保险制度对城乡居民家庭灾难性卫生支出的影响——基于某市调查数据的分析》,《中国卫生事业管理》,2014年第6期。

王记文:《中国城乡居民平均预期寿命变化趋势:2000—2010 年》,《老龄科学研究》,2017 年第 12 期。

王箐、魏建:《竞争、医疗保险与宏观医疗效率——基于 DEA 模型的两阶段分析》,《经济问题》,2013 年第 4 期。

王黔京:《统筹城乡居民大病保险制度效应研究》,《公共管理学报》,2019 年第 4 期。

王钦池:《我国流动人口的健康不平等测量及其分解》,《中国卫生经济》,2016 年第 1 期。

王群、杨瑾、朱坤:《德国医疗费用控制的经验与启示》,《卫生经济研究》,2019 年第 9 期。

王琬:《大病保险筹资机制与保障政策探讨——基于全国 25 省〈大病保险实施方案〉的比较》,《华中师范大学学报(人文社会科学版)》,2014 年第 3 期。

王琬:《建立重特大疾病保障机制的国际经验》,《中国医疗保险》,2014 年第 7 期。

王琬、吴晨晨:《制度缘起、政策争议与发展对策——大病保险研究现状与思考》,《华中师范大学学报(人文社会科学版)》,2019 年第 1 期。

王先进:《城乡居民大病保险的地方实践考察》,《中国卫生事业管理》,2014 年第 9 期。

王延中、江翠萍:《农村居民医疗服务满意度影响因素分析》,《中国农村经济》,2010 年第 8 期。

王新军、郑超:《医疗保险对老年人医疗支出与健康的影响》,《财经研究》,2014 年第 12 期。

王翌秋:《新型农村合作医疗制度的公平与受益:对 760 户农民家庭调查》,《改革》,2011 年第 3 期。

王翌秋、徐登涛:《基本医疗保险是否能降低居民灾难性医疗支出?——基于 CHARLS 数据的实证分析》,《金融理论与实践》,2019 年第 2 期。

王懿俏、闻德亮、任苒:《Andersen 卫生服务利用行为模型及其演变》,《中国卫生经济》,2017 年第 1 期。

王中华:《江苏居民卫生服务利用的水平公平性——基于 CHNS 数据的测算》,《南京中医药大学学报(社会科学版)》,2013 年第 2 期。

魏哲铭、贺伟:《城乡居民大病保险制度实施困境与对策——以西安市为例》,《西北大学学报(哲学社会科学版)》,2017 年第 4 期。

魏众、B. 古斯塔夫森:《中国居民医疗支出不公平性分析》,《经济研究》,2005 年第 12 期。

温忠麟、张雷、侯杰泰、刘红云:《中介效应检验程序及其应用》,《心理学报》,2004 年第 5 期。

吴晨晨:《大病保险初衷、进展与挑战》,《金融博览》,2016 年第 12 期。

吴海波、周桐、刘统银:《我国大病保险实施进展、存在问题及发展方向》,《卫生经济研究》,2019 年第 4 期。

吴君槐、姜学夫:《北京市大病保险补偿方案精准性研究——基于收入分层的方案设计》,《社会保障研究》,2019 年第 3 期。

吴联灿、申曙光:《新型农村合作医疗制度对农民健康影响的实证研究》,《保险研究》,2010 年第 6 期。

吴群红、李叶、徐玲、郝艳华:《医疗保险制度对降低我国居民灾难性卫生支出的效果分析》,《中国卫生政策研究》,2012 年第 9 期。

武秀芳:《城乡居民大病保险政策实施存在问题及对策分析》,《人才资源开发》,2017 年第 14 期。

项莉、罗会秋、潘瑶、李聪、张颖:《大病医疗保险补偿模式及补偿效果分析——以 L 市为例》,《中国卫生政策研究》,2015 年第 3 期。

肖力玮、邓汉慧:《医疗服务体系效率及其影响因素分析》,《统计与决策》,2019 年第 11 期。

解垩:《与收入相关的健康及医疗服务利用不平等研究》,《经济研究》,2009 年第 2 期。

解垩、涂罡:《中国健康绩效的动态演进:公平与效率的权衡》,《中国软科学》,2011年第7期。

徐鹏、周长城:《我国老年人主观幸福感的影响因素研究——基于Anderson健康行为模型的实证分析》,《社会保障研究》,2014年第2期。

徐维维、许汝言、陈文、胡敏:《大病保险对农村居民医疗费用负担及其公平性影响》,《中国卫生经济》,2019年第7期。

徐伟、杜珍珍:《大病保险实施效果评价——以江苏省A市为例》,《卫生经济研究》,2016年第9期。

许建强、郑娟、井淇、李佳佳、徐凌忠:《山东省某市新农合大病保险补偿20类大病费用分布情况及效果评价》,《中国卫生统计》,2016年第1期。

许建强、郑娟、李佳佳、徐凌忠:《全民健康覆盖下城乡家庭灾难性卫生支出测量及差异分析》,《卫生经济研究》,2019年第3期。

闫菊娥、闫永亮、郝妮娜、杨金娟、高建民、李倩、王亚茹、赖莎:《三种基本医疗保障制度改善灾难性卫生支出效果实证研究》,《中国卫生经济》,2012年第1期。

杨丹琳、李正直、钱磊、李林贵:《宁夏某县大病保险政策实施现状分析》,《中国卫生经济》,2015年第4期。

杨红燕、黄梦:《灾难性卫生支出的城乡差异及分配敏感性研究》,《中国卫生政策研究》,2018年第7期。

杨林、盛银娟:《山东省医疗卫生事业财政投入绩效的影响因素研究》,《中国海洋大学学报(社会科学版)》,2015年第4期。

姚奕、陈仪、陈聿良:《我国基本医疗保险住院服务受益公平性研究》,《中国卫生政策研究》,2017年第3期。

叶静陶、卓琳、王国威、贡佳慧、刘丁阳、朱杰、徐玲、卓朗:《VAS、TTO、SG方法在EQ-5D生命质量测量中的差异及其消除研究》,《中国卫生统计》,2018年第1期。

于大川:《城镇居民医疗保险是否促进了医疗服务利用?——一项对制度运行效果的实证评估》,《金融经济学研究》,2015年第5期。

于保荣、柳雯馨、姜兴坤、陈正、彭文潇、王振华:《商业保险公司承办城乡居民大病保险现状研究》,《卫生经济研究》,2018年第3期。

臧文斌、赵绍阳、刘国恩:《城镇基本医疗保险中逆向选择的检验》,《经济学(季刊)》,2013年第1期。

詹长春、左晓燕:《农村居民大病保险经济补偿能力及效果》,《西北农林科技大学学报(社会科学版)》,2016年第5期。

詹长春、左晓燕、周绿林:《经济发展新常态下的农村居民大病保险可持续发展研究——基于江苏的实践调研》,《经济体制改革》,2016年第5期。

张纯洪、刘海英:《我国区域卫生经济系统的投入产出技术效率测度研究》,《中国卫生经济》,2009年第7期。

张凤、任天波、王俏荔:《公共医疗卫生支出效率及其影响因素研究——以宁夏为例》,《中国卫生事业管理》,2018年第6期。

张航、赵临、刘茜、张馨予、张瑶、王耀刚:《中国卫生资源配置效率DEA和SFA组合分析》,《中国公共卫生》,2016年第9期。

张籍元、马爱霞、唐文熙:《典型省市大病保障模式探究》,《卫生经济研究》,2019年第1期。

张洁:《我国新农合重大疾病保障制度的政策分析》,《现代经济信息》,2016年第21期。

张锦华、刘进、许庆:《新型农村合作医疗制度、土地流转与农地滞留》,《管理世界》,2016年第1期。

张宁、胡鞍钢、郑京海:《应用DEA方法评测中国各地区健康生产效率》,《经济研究》,2006年第7期。

张培林、谭华伟、刘宪、颜维华、张云、郑万会、彭玲、陈菲:《医疗费用控制约束下医疗卫生资源配置绩效评价研究》,《中国卫生政策研究》,2018年第3期。

张鹏飞:《医疗保险对老年人身体机能健康和心理健康的影响及其机制研究》,《云南民族大学学报(哲学社会科学版)》,2020年第2期。

张琪、吴传琦:《医疗保险类型与劳动力健康改善研究——来自CLDS经验数据的证据》,《四川理工学院学报(社会科学版)》,2018年第5期。

张翔、赵宝爱:《商业保险公司承保城乡居民大病医疗保险的可持续性研究——以山东J市为例》,《产业与科技论坛》,2018年第7期。

张晓岚、刘孟飞、李强:《人口因素对公共医疗服务效率的影响——区域差异与动态变化》,《南方人口》,2012年第3期。

张心洁、曾益、周绿林、刘畅:《农村居民大病保险基金运行的可持续性研究》,《西北农林科技大学学报(社会科学版)》,2017年第2期。

张研、张亮:《医疗保障体系与服务供给体系的摩擦与整合》,《中国卫生经济》,2017年第1期。

张哲元、陈华、李臻:《健康保险能改善健康吗——"新农合"的健康绩效评估》,《社会保障研究》,2015年第4期。

张正明、吴阿元、范馨、杨扬:《镇江市区居民医保重大疾病保障政策运行分析》,《中国医疗保险》,2016年第2期。

赵峰、刘锦林、吴静娴、井朋朋、卢黎歌:《全民健康覆盖目标下的政府主导型大病保险——基于旬邑模式经验的总结》,《西安交通大学学报(社会科学版)》,2014年第5期。

赵福昌、李成威:《国外医疗保险与医疗救助制度及其衔接情况与启示》,《经济研究参考》,2011年第46期。

赵广川、顾海:《医疗保险与医疗服务利用不平等分解》,《浙江社会科学》,2016年第5期。

赵广川、马超、顾海、孙徐辉:《"环境"还是"努力"?——医疗服务利用不平等的夏普里值分解》,《经济学报》,2015年第3期。

赵广川、马超、郭俊峰:《中国农村居民医疗消费支出不平等及其演变》,《统计研究》,2015年第10期。

赵华硕、郑楚、徐渭、夏莉莉:《基于社会资本的农村老年人群整体健康情况》,《中国老年学杂志》,2016年第23期。

赵绍阳、臧文斌、傅十和、刘国恩:《强制医保制度下无保险人群的健康状况研究》,《经济研究》,2013年第7期。

赵为民:《新农合大病保险改善了农村居民的健康吗?》,《财经研究》,2020年第1期。

郑功成:《健康中国建设与全民医保制度的完善》,《学术研究》,2018年第01期。

周黎安、陈烨:《中国农村税费改革的政策效果:基于双重差分模型的估计》,《经济研究》,2005年第8期。

周钦、蒋炜歌、郭昕:《社会保险对农村居民心理健康的影响——基于CHARLS数据的实证研究》,《中国经济问题》,2018年第5期。

周钦、田森、潘杰:《均等下的不公——城镇居民基本医疗保险受益公平性的理论与实证研究》,《经济研究》,2016年第6期。

周钦、臧文斌、刘国恩:《医疗保障水平与中国家庭的医疗经济风险》,《保险研究》,2013年第7期。

周小菲、薛建礼、陈滔:《经济增长、社会医疗保险和国民健康的相互影响——基于FAVAR模型的实证研究》,《保险研究》,2019年第2期。

周忠良、高建民、张军胜:《我国基本医疗保障制度受益公平性分析》,《中国卫生经济》,2013年第7期。

朱大伟、郭娜、王健、马豪:《经济状况相关的老年人健康不平等演变研究——基于CHARLS的实证研究》,《中国初级卫生保健》,2016年第4期。

朱孔来、李静静、乐菲菲:《中国城镇化进程与经济增长关系的实证研究》,《统计研究》,2011年第9期。

朱铭来、宋占军、王歆:《大病保险补偿模式的思考——基于天津市城乡居民住院数据的实证分析》,《保险研究》,2013年第1期。

朱铭来、于新亮、王美娇、熊先军:《中国家庭灾难性医疗支出与大病保险补偿模式评价研究》,《经济研究》,2017年第9期。

(四) 政策文件

国务院:《国务院关于整合城乡居民基本医疗保险制度的意见》(国发〔2016〕3号),2016年1月3日。

国家发改委、卫生部、财政部、人力资源和社会保障部、民政部、保监会:《关于开展城乡居民大病保险工作的指导意见》(发改社会〔2012〕2605号),2012年8月30日。

国务院办公厅:《国务院办公厅关于全面实施城乡居民大病保险的意见》(国办发〔2015〕57号),2015年8月2日。

国家医保局、财政部:《关于做好2019年城乡居民基本医疗保障工作的通知》(医保发〔2019〕30号),2019年5月13日。

浙江省人民政府办公厅:《浙江省人民政府办公厅关于加快建立和完善大病保险制度有关问题的通知》(浙政办发〔2014〕122号),2014年10月28日。

贵州省发改委:《贵州省关于印发〈贵州省开展城乡居民大病保险工作实施方案(试行)〉的通知》(黔发改社会〔2013〕201号),2013年1月21日。

六安市人力资源和社会保障局、六安市财政局:《关于印发〈六安市城乡居民大病保险实施办法(试行)〉的通知》(六人社秘〔2016〕337号),2016年11月17日。

太仓市人民政府:《2019年太仓市国民经济和社会发展统计公报》,2020年4月21日。

太仓市人力资源和社会保障局:《关于社会医疗保险大病住院医疗实行再保险的规定(试行)》(太人社规字〔2011〕5号),2011年4月15日。

太仓市人民政府:《市政府印发太仓市大病门诊医疗保险办法(试行)

的通知》(太政规〔2015〕5号),2015年6月18日。

太仓市医疗保障局、太仓市财政局:《关于调整2020年太仓市居民医疗保险筹资标准的通知》(太医保通〔2019〕25号),2019年12月28日。

太仓市人力资源和社会保障局:《关于大病医疗保险待遇向特殊人员倾斜的通知》(太人社医〔2017〕1号),2017年9月26日。

扬中市人民政府:《关于印发〈扬中市居民大病保险实施方案(试行)〉的通知》(扬政办发〔2014〕17号),2014年4月29日。

黔西南州政府:《关于印发黔西南州城乡居民基本医疗保险实施办法的通知》(州府办发〔2010〕158号),2010年10月。

灵璧县人民政府:《2018年灵璧县国民经济和社会发展统计公报》,2019年6月12日。

宿州市人民政府:《宿州市统一城乡居民基本医疗保险和大病保险保障待遇实施方案(试行)》(宿政办发〔2019〕5号),2019年6月16日。

贵州省发改委:《贵州省关于印发〈贵州省开展城乡居民大病保险工作实施方案(试行)〉的通知》(黔发改社会〔2013〕201号),2013年1月21日。

附录1

各省(直辖市、自治区)大病保险实施时间

省(直辖市、自治区)	大病保险实施年份
北京	2014
天津	2014
辽宁	2013
吉林	2013
福建	2013
山东	2014
湖北	2013
重庆	2013
青海	2013
海南	2014
河北	2013①
山西	2013②

① 2013年河北省石家庄、唐山开展大病保险试点工作,2014年全面铺开城乡居民大病保险工作。

② 2013年,山西省阳泉、运城启动大病保险试点,2014年,山西省内全面推开大病保险工作。

(续表)

省（直辖市、自治区）	大病保险实施年份
上海	2014①
浙江	2013②
湖南	2013③
四川	2013④
贵州	2013⑤
陕西	2013⑥
甘肃	2013⑦
新疆	2013⑧
广西	2013⑨
河南	2013⑩

---

① 2014年7月1日上海市起先在城镇居民医保参保人员中实施，新农合参合人员保留大病保障政策，2015年1月实现市级统筹，后进行衔接。

② 2013年起浙江省在绍兴、湖州先行试点大病保险，其余地区于2014年年底前出台实施方案，实现全覆盖。

③ 2013年湖南省试点区域为常德市、郴州市和湘西自治州，2014年全省推开试点工作。

④ 2013年四川省部分地区进行试点工作：乐山、宜宾、德阳、广元、南充、甘孜、巴中、遂宁。2014年四川省全面开展大病保险工作。

⑤ 2013年贵州省在贵阳市、毕节市、黔西南州开展大病保险工作试点，2015年年底前基本覆盖城乡居民。

⑥ 2013年开始时，陕西省在西安、宝鸡、延安、汉中四个市进行试点，2014年起，全省全面开展城乡居民统筹的市级大病保险工作。

⑦ 2013年4月底前，甘肃省在庆阳、金昌、定西三市启动城乡居民大病保险试点工作，2014年3月底前，全省全面启动城乡居民大病保险工作。

⑧ 2013年7月15日发文，提出在新疆五个地区进行试点（塔城、阿勒泰、乌鲁木齐、阿克苏、克州），成熟后全区推开。

⑨ 2013年1月，广西壮族自治区柳州、钦州启动大病保险试点。2014年3月，启动第二批试点：南宁、北海、防城港、百色、崇左。2015年10月，自治区又启动了第三批最后七个地市项目工作，实现了自治区全覆盖。

⑩ 2013年4月1日，河南省郑州市、新乡市开展农村大病保险试点，洛阳市、安阳市开展城镇居民大病保险试点。2014年10月1日全省启动新农合大病保险，对2014年1月到9月的合规大病予以报销。2015年河南省全省启动城镇居民大病保险。

(续表)

省(直辖市、自治区)	大病保险实施年份
江苏	2013①
安徽	2013②
云南	2009③
广东	2009④
江西	2009⑤
宁夏	2013⑥
西藏	2016⑦
内蒙古	2013⑧
黑龙江	2013⑨

① 2013年江苏省在苏州、南通、连云港、淮安和宿迁开展市级统筹的大病保险试点,并在其他省辖市至少选择一个县(市、区)开展试点。2014年在全省初步建立市级统筹的大病保险制度。

② 2013年安徽省选取合肥、蚌埠、六安、芜湖、铜陵五市开展城镇居民大病保险试点工作,在芜湖、定远、颍上、霍邱、巢湖、阜南、灵璧、蒙城、怀宁、宣州、舒城十一县开展农村居民大病保险试点工作。2014年其余市启动城镇居民大病保险,并新增五十五个县/区开展农村居民大病保险。2015年安徽省实现大病保险全覆盖。

③ 云南省楚雄州早在2009年和2010年就开始实施城镇居民和新农合大额补充基本医疗保险,2013年云南省选择昆明市、曲靖市试点城乡居民大病保险。2014年7月底前出台政策文件或实施方案,全面启动大病保险试点工作。

④ 2009年1月,湛江市统筹城乡居民医保,并通过社商合作开展大病二次补偿(门诊按病种、住院按费用的补偿方式)。在2012年完善并推广"湛江模式",在汕头、肇庆、清远、云浮开展试点的基础上,2013年全省50%以上的地级以上市正式实施,2015年全省全面实施大病保险。

⑤ 江西省城镇居民大病保险在2009年就发文实施,2011年在全国率先实现城镇居民大病医保全覆盖。对于农村居民,从2013年起,江西省每个设区市至少选择一个县(市、区)启动农村居民大病保险工作试点。

⑥ 2013年7月石嘴山市、固原市按市级统筹模式启动大病保险试点工作;在对大病保险试点工作总结评估的基础上,于2014年在全区推开。

⑦ 2016年10月发文,提出到2017年建立比较完善的大病保险制度。

⑧ 2012年10月,内蒙古自治区锡林郭勒盟率先开展大病保险。2013年6月,内蒙古选定呼和浩特等6个盟市进行试点实施大病保险,其后,大病保险在全区相继铺开。

⑨ 2013年7月,黑龙江省正式启动大病保险试点工作。2013年哈尔滨和绥化试点城镇居民大病保险。2014年启动齐齐哈尔、佳木斯、伊春、七台河、大庆的大病保险工作。按照国家要求,2015年年底前全面实施。

附录 2

关于开展城乡居民大病保险工作的指导意见
发改社会〔2012〕2605 号

各省、自治区、直辖市人民政府,新疆生产建设兵团:

根据《国务院关于印发"十二五"期间深化医药卫生体制改革规划暨实施方案的通知》(国发〔2012〕11 号),为进一步完善城乡居民医疗保障制度,健全多层次医疗保障体系,有效提高重特大疾病保障水平,经国务院同意,现就开展城乡居民大病保险工作提出以下指导意见:

一、充分认识开展城乡居民大病保险工作的必要性

近年来,随着全民医保体系的初步建立,人民群众看病就医有了基本保障,但由于我国的基本医疗保障制度,特别是城镇居民基本医疗保险(以下简称城镇居民医保)、新型农村合作医疗(以下简称新农合)的保障水平还比较低,人民群众对大病医疗费用负担重反映仍较强烈。

城乡居民大病保险,是在基本医疗保障的基础上,对大病患者发生的高额医疗费用给予进一步保障的一项制度性安排,可进一步放大保障效用,是基本医疗保障制度的拓展和延伸,是对基本医疗保障的有益补充。开展这项工作,是减轻人民群众大病医疗费用负担,解

决因病致贫、因病返贫问题的迫切需要;是建立健全多层次医疗保障体系,推进全民医保制度建设的内在要求;是推动医保、医疗、医药互联互动,并促进政府主导与市场机制作用相结合,提高基本医疗保障水平和质量的有效途径;是进一步体现互助共济,促进社会公平正义的重要举措。

二、开展城乡居民大病保险工作的基本原则

(一)坚持以人为本,统筹安排。把维护人民群众健康权益放在首位,切实解决人民群众因病致贫、因病返贫的突出问题。充分发挥基本医疗保险、大病保险与重特大疾病医疗救助等的协同互补作用,加强制度之间的衔接,形成合力。

(二)坚持政府主导,专业运作。政府负责基本政策制定、组织协调、筹资管理,并加强监管指导。利用商业保险机构的专业优势,支持商业保险机构承办大病保险,发挥市场机制作用,提高大病保险的运行效率、服务水平和质量。

(三)坚持责任共担,持续发展。大病保险保障水平要与经济社会发展、医疗消费水平及承受能力相适应。强化社会互助共济的意识和作用,形成政府、个人和保险机构共同分担大病风险的机制。强化当年收支平衡的原则,合理测算、稳妥起步,规范运作,保障资金安全,实现可持续发展。

(四)坚持因地制宜,机制创新。各省、区、市、新疆生产建设兵团在国家确定的原则下,结合当地实际,制定开展大病保险的具体方案。鼓励地方不断探索创新,完善大病保险承办准入、退出和监管制度、完善支付制度,引导合理诊疗,建立大病保险长期稳健运行的长效机制。

三、城乡居民大病保险的筹资机制

(一)筹资标准。各地结合当地经济社会发展水平、医疗保险筹资能力、患大病发生高额医疗费用的情况、基本医疗保险补偿水平，以及大病保险保障水平等因素，精细测算，科学合理确定大病保险的筹资标准。

（二）资金来源。从城镇居民医保基金、新农合基金中划出一定比例或额度作为大病保险资金。城镇居民医保和新农合基金有结余的地区，利用结余筹集大病保险资金；结余不足或没有结余的地区，在城镇居民医保、新农合年度提高筹资时统筹解决资金来源，逐步完善城镇居民医保、新农合多渠道筹资机制。

（三）统筹层次和范围。开展大病保险可以市（地）级统筹，也可以探索全省（区、市）统一政策，统一组织实施，提高抗风险能力。有条件的地方可以探索建立覆盖职工、城镇居民、农村居民的统一的大病保险制度。

四、城乡居民大病保险的保障内容

（一）保障对象。大病保险保障对象为城镇居民医保、新农合的参保（合）人。

（二）保障范围。大病保险的保障范围要与城镇居民医保、新农合相衔接。城镇居民医保、新农合应按政策规定提供基本医疗保障。在此基础上，大病保险主要在参保（合）人患大病发生高额医疗费用的情况下，对城镇居民医保、新农合补偿后需个人负担的合规医疗费用给予保障。高额医疗费用，可以个人年度累计负担的合规医疗费用超过当地统计部门公布的上一年度城镇居民年人均可支配收入、农村居民年人均纯收入为判定标准，具体金额由地方政府确定。合规医疗费用，指实际发生的、合理的医疗费用（可规定不予支付的事项），具体由地方政府确定。各地也可以从个人负担较重的疾病病种起步开展大病保险。

（三）保障水平。以力争避免城乡居民发生家庭灾难性医疗支出为目标，合理确定大病保险补偿政策，实际支付比例不低于50%；

按医疗费用高低分段制定支付比例,原则上医疗费用越高支付比例越高。随着筹资、管理和保障水平的不断提高,逐步提高大病报销比例,最大限度地减轻个人医疗费用负担。

做好基本医疗保险、大病保险与重特大疾病医疗救助的衔接,建立大病信息通报制度,及时掌握大病患者医保支付情况,强化政策联动,切实避免因病致贫、因病返贫问题。城乡医疗救助的定点医疗机构、用药和诊疗范围分别参照基本医疗保险、大病保险的有关政策规定执行。

五、城乡居民大病保险的承办方式

(一)采取向商业保险机构购买大病保险的方式。地方政府卫生、人力资源社会保障、财政、发展改革部门制定大病保险的筹资、报销范围、最低补偿比例,以及就医、结算管理等基本政策要求,并通过政府招标选定承办大病保险的商业保险机构。招标主要包括具体补偿比例、盈亏率、配备的承办和管理力量等内容。符合基本准入条件的商业保险机构自愿参加投标,中标后以保险合同形式承办大病保险,承担经营风险,自负盈亏。商业保险机构承办大病保险的保费收入,按现行规定免征营业税。已开展城乡居民大病保障、补充保险等的地区,要逐步完善机制,做好衔接。

(二)规范大病保险招标投标与合同管理。各地要坚持公开、公平、公正和诚实信用的原则,建立健全招标机制,规范招标程序。商业保险机构要依法投标。招标人应与中标商业保险机构签署保险合同,明确双方的责任、权利和义务,合作期限原则不低于3年。要遵循收支平衡、保本微利的原则,合理控制商业保险机构盈利率,建立起以保障水平和参保(合)人满意度为核心的考核办法。为有利于大病保险长期稳定运行,切实保障参保(合)人实际受益水平,可以在合同中对超额结余及政策性亏损建立相应动态调整机制。各地要不断完善合同内容,探索制定全省(区、市)统一的合同范本。因违反合同约定，或发生其他严重损害参保（合）人权益的情况，合同双方可以提前终止或解除合作，并依法追究责任。

（三）严格商业保险机构基本准入条件。承办大病保险的商业保险机构必须具备以下基本条件：符合保监会规定的经营健康保险的必备条件；在中国境内经营健康保险专项业务5年以上，具有良好市场信誉；具备完善的服务网络和较强的医疗保险专业能力；配备医学等专业背景的专职工作人员；商业保险机构总部同意分支机构参与当地大病保险业务，并提供业务、财务、信息技术等支持；能够实现大病保险业务单独核算。

（四）不断提升大病保险管理服务的能力和水平。规范资金管理，商业保险机构承办大病保险获得的保费实行单独核算，确保资金安全，保证偿付能力。加强与城镇居民医保、新农合经办服务的衔接，提供"一站式"即时结算服务，确保群众方便、及时享受大病保险待遇。经城镇居民医保、新农合经办机构授权，可依托城镇居民医保、新农合信息系统，进行必要的信息交换和数据共享，以完善服务流程，简化报销手续。发挥商业保险机构全国网络等优势，为参保（合）人提供异地结算等服务。与基本医疗保险协同推进支付方式改革，按照诊疗规范和临床路径，规范医疗行为，控制医疗费用。

商业保险机构要切实加强管理，控制风险，降低管理成本、提升服务效率，加快结算速度，依规及时、合理向医疗机构支付医疗费用。鼓励商业保险机构在承办好大病保险业务的基础上，提供多样化的健康保险产品。

六、切实加强监管

（一）加强对商业保险机构承办大病保险的监管。各相关部门要各负其责，配合协同，切实保障参保（合）人权益。卫生、人力资源社会保障部门作为新农合、城镇居民医保主管部门和招标人，通过日常抽查、建立投诉受理渠道等多种方式进行监督检查，督促商业保机构按合同要求提高服务质量和水平,维护参保(合)人信息安全,防止信息外泄和滥用,对违法违约行为及时处理。保险业监管部门做好从业资格审查、服务质量与日常业务监管,加强偿付能力和市场行为监管,对商业保险机构的违规行为和不正当竞争行为加大查处力度。财政部门对利用基本医保基金向商业保险机构购买大病保险明确相应的财务列支和会计核算办法,加强基金管理。审计部门按规定进行严格审计。

(二)强化对医疗机构和医疗费用的管控。各相关部门和机构要通过多种方式加强监督管理,防控不合理医疗行为和费用,保障医疗服务质量。卫生部门要加强对医疗机构、医疗服务行为和质量的监管。商业保险机构要充分发挥医疗保险机制的作用,与卫生、人力资源社会保障部门密切配合,加强对相关医疗服务和医疗费用的监控。

(三)建立信息公开、社会多方参与的监管制度。将与商业保险机构签订协议的情况,以及筹资标准、待遇水平、支付流程、结算效率和大病保险年度收支情况等向社会公开,接受社会监督。

七、工作要求

(一)加强领导,认真组织实施。各地要充分认识开展大病保险的重要性,精心谋划,周密部署,先行试点,逐步推开。已开展大病保险试点的省份要及时总结经验,逐步扩大实施范围。尚未开展试点的省份可以选择几个市(地)试点或全省进行试点。各地要在实践中不断完善政策。各省(区、市)医改领导小组要将本省份制定的实施方案报国务院医改领导小组办公室、卫生部、财政部、人力资源社会保障部、保监会备案。

(二)稳妥推进,注意趋利避害。各地要充分考虑大病保险保障的稳定性和可持续性,循序推进,重点探索大病保险的保障范围、保障程度、资金管理、招标机制、运行规范等。注意总结经验,及时研究解决发现的问题,加强评估,每年对大病保险工作进展和运行情况进行总结。各省(区、市)医改领导小组要将年度报告报送国务院医改领导小组办公室、卫生部、财政部、人力资源社会保障部、保监会、民政部。

(三)统筹协调,加强部门协作。开展大病保险涉及多个部门、多项制度衔接,各地要在医改领导小组的领导下,建立由发展改革(医改领导小组办公室)、卫生、人力资源社会保障、财政、保监、民政等部门组成的大病保险工作协调推进机制。中央有关部门加强对城乡居民大病保险工作的指导协调。卫生、人力资源社会保障、财政、保监等部门要按职责分工抓好落实,细化配套措施,并加强沟通协作,形成合力。各地医改领导小组办公室要发挥统筹协调和服务作用,并做好跟踪分析、监测评价等工作。

(四)注重宣传,做好舆论引导。要加强对大病保险政策的宣传和解读,密切跟踪分析舆情,增强全社会的保险责任意识,使这项政策深入人心,得到广大群众和社会各界的理解和支持,为大病保险实施营造良好的社会环境。

国家发展改革委
卫　生　部
财　政　部
人力资源社会保障部
民　政　部
保　监　会
2012年8月24日

附录3

国务院办公厅关于全面实施城乡居民大病保险的意见
国办发〔2015〕57号

各省、自治区、直辖市人民政府，国务院各部委、各直属机构：

城乡居民大病保险（以下简称大病保险）是基本医疗保障制度的拓展和延伸，是对大病患者发生的高额医疗费用给予进一步保障的一项新的制度性安排。大病保险试点以来，推动了医保、医疗、医药联动改革，促进了政府主导与发挥市场机制作用相结合，提高了基本医疗保障管理水平和运行效率，有力缓解了因病致贫、因病返贫问题。为加快推进大病保险制度建设，筑牢全民基本医疗保障网底，让更多的人民群众受益，经国务院同意，现提出以下意见。

一、基本原则和目标

（一）基本原则

1. 坚持以人为本、保障大病。建立完善大病保险制度，不断提高大病保障水平和服务可及性，着力维护人民群众健康权益，切实避免人民群众因病致贫、因病返贫。

2. 坚持统筹协调、政策联动。加强基本医保、大病保险、医疗救助、疾病应急救助、商业健康保险和慈善救助等制度的衔接，发挥协同互补作用，输出充沛的保障动能，形成保障合力。

3. 坚持政府主导、专业承办。强化政府在制定政策、组织协调、监督管理等方面职责的同时,采取商业保险机构承办大病保险的方式,发挥市场机制作用和商业保险机构专业优势,提高大病保险运行效率、服务水平和质量。

4. 坚持稳步推进、持续实施。大病保险保障水平要与经济社会发展、医疗消费水平和社会负担能力等相适应。强化社会互助共济,形成政府、个人和保险机构共同分担大病风险的机制。坚持因地制宜、规范运作,实现大病保险稳健运行和可持续发展。

(二)主要目标

2015年底前,大病保险覆盖所有城镇居民基本医疗保险、新型农村合作医疗(以下统称城乡居民基本医保)参保人群,大病患者看病就医负担有效减轻。到2017年,建立起比较完善的大病保险制度,与医疗救助等制度紧密衔接,共同发挥托底保障功能,有效防止发生家庭灾难性医疗支出,城乡居民医疗保障的公平性得到显著提升。

二、完善大病保险筹资机制

(一)科学测算筹资标准

各地结合当地经济社会发展水平、患大病发生的高额医疗费用情况、基本医保筹资能力和支付水平,以及大病保险保障水平等因素,科学细致做好资金测算,合理确定大病保险的筹资标准。

(二)稳定资金来源

从城乡居民基本医保基金中划出一定比例或额度作为大病保险资金。城乡居民基本医保基金有结余的地区,利用结余筹集大病保险资金;结余不足或没有结余的地区,在年度筹集的基金中予以安排。完善城乡居民基本医保的多渠道筹资机制,保证制度的可持续发展。

(三)提高统筹层次

大病保险原则上实行市(地)级统筹,鼓励省级统筹或全省(区、市)统一政策、统一组织实施,提高抗风险能力。

三、提高大病保险保障水平

(一)全面覆盖城乡居民

大病保险的保障对象为城乡居民基本医保参保人,保障范围与城乡居民基本医保相衔接。参保人患大病发生高额医疗费用,由大病保险对经城乡居民基本医保按规定支付后个人负担的合规医疗费用给予保障。

高额医疗费用,可以个人年度累计负担的合规医疗费用超过当地统计部门公布的上一年度城镇居民、农村居民年人均可支配收入作为主要测算依据。根据城乡居民收入变化情况,建立动态调整机制,研究细化大病的科学界定标准,具体由地方政府根据实际情况确定。合规医疗费用的具体范围由各省(区、市)和新疆生产建设兵团结合实际分别确定。

(二)逐步提高支付比例

2015年大病保险支付比例应达到50%以上,随着大病保险筹资能力、管理水平不断提高,进一步提高支付比例,更有效地减轻个人医疗费用负担。按照医疗费用高低分段制定大病保险支付比例,医疗费用越高支付比例越高。鼓励地方探索向困难群体适当倾斜的具体办法,努力提高大病保险制度托底保障的精准性。

四、加强医疗保障各项制度的衔接

强化基本医保、大病保险、医疗救助、疾病应急救助、商业健康保险及慈善救助等制度间的互补联动,明确分工,细化措施,在政策制定、待遇支付、管理服务等方面做好衔接,努力实现大病患者应保尽保。鼓励有条件的地方探索建立覆盖职工、城镇居民和农村居民的有机衔接、政策统一的大病保险制度。推动实现新型农村合作医疗重大疾病保障向大病保险平稳过渡。

建立大病信息通报制度，支持商业健康保险信息系统与基本医保、医疗机构信息系统进行必要的信息共享。大病保险承办机构要及时掌握大病患者医疗费用和基本医保支付情况，加强与城乡居民基本医保经办服务的衔接，提供"一站式"即时结算服务，确保群众方便、及时享受大病保险待遇。对经大病保险支付后自付费用仍有困难的患者，民政等部门要及时落实相关救助政策。

五、规范大病保险承办服务

（一）支持商业保险机构承办大病保险

地方政府人力资源社会保障、卫生计生、财政、保险监管部门共同制定大病保险的筹资、支付范围、最低支付比例以及就医、结算管理等基本政策，并通过适当方式征求意见。原则上通过政府招标选定商业保险机构承办大病保险业务，在正常招投标不能确定承办机构的情况下，由地方政府明确承办机构的产生办法。对商业保险机构承办大病保险的保费收入，按现行规定免征营业税，免征保险业务监管费；2015年至2018年，试行免征保险保障金。

（二）规范大病保险招标投标与合同管理

坚持公开、公平、公正和诚实信用的原则，建立健全招投标机制，规范招投标程序。招标主要包括具体支付比例、盈亏率、配备的承办和管理力量等内容。符合保险监管部门基本准入条件的商业保险机构自愿参加投标。招标人应当与中标的商业保险机构签署保险合同，明确双方责任、权利和义务，合同期限原则上不低于3年。因违反合同约定，或发生其他严重损害参保人权益的情况，可按照约定提前终止或解除合同，并依法追究责任。各地要不断完善合同内容，探索制定全省（区、市）统一的合同范本。

（三）建立大病保险收支结余和政策性亏损的动态调整机制

遵循收支平衡、保本微利的原则，合理控制商业保险机构盈利率。商业保险机构因承办大病保险出现超过合同约定的结余，需向城乡居民基本医保基金返还资金;因城乡居民基本医保政策调整等政策性原因给商业保险机构带来亏损时,由城乡居民基本医保基金和商业保险机构分摊,具体分摊比例应在保险合同中载明。

(四)不断提升大病保险管理服务的能力和水平

规范资金管理,商业保险机构承办大病保险获得的保费实行单独核算,确保资金安全和偿付能力。商业保险机构要建立专业队伍,加强专业能力建设,提高管理服务效率,优化服务流程,为参保人提供更加高效便捷的服务。发挥商业保险机构全国网络优势,简化报销手续,推动异地医保即时结算。鼓励商业保险机构在承办好大病保险业务的基础上,提供多样化的健康保险产品。

六、严格监督管理

(一)加强大病保险运行的监管

相关部门要各负其责,协同配合,强化服务意识,切实保障参保人权益。人力资源社会保障、卫生计生等部门要建立以保障水平和参保人满意度为核心的考核评价指标体系,加强监督检查和考核评估,督促商业保险机构按合同要求提高服务质量和水平。保险监管部门要加强商业保险机构从业资格审查以及偿付能力、服务质量和市场行为监管,依法查处违法违规行为。财政部门要会同相关部门落实利用城乡居民基本医保基金向商业保险机构购买大病保险的财务列支和会计核算办法,强化基金管理。审计部门要按规定进行严格审计。政府相关部门和商业保险机构要切实加强参保人员个人信息安全保障,防止信息外泄和滥用。

(二)规范医疗服务行为

卫生计生部门要加强对医疗机构、医疗服务行为和质量的监管。商业保险机构要与人力资源社会保障、卫生计生部门密切配合,协同推进按病种付费等支付方式改革。抓紧制定相关临床路径,强化诊疗规范,规范医疗行为,控制医疗费用。

（三）主动接受社会监督

商业保险机构要将签订合同情况以及筹资标准、待遇水平、支付流程、结算效率和大病保险年度收支等情况向社会公开。城乡居民基本医保经办机构承办大病保险的，在基金管理、经办服务、信息披露、社会监督等方面执行城乡居民基本医保现行规定。

七、强化组织实施

各省（区、市）人民政府和新疆生产建设兵团、各市（地）人民政府要将全面实施大病保险工作列入重要议事日程，进一步健全政府领导、部门协调、社会参与的工作机制，抓紧制定实施方案，细化工作任务和责任部门，明确时间节点和工作要求，确保2015年底前全面推开。

人力资源社会保障、卫生计生部门要加强对各地实施大病保险的指导，密切跟踪工作进展，及时研究解决新情况新问题，总结推广经验做法，不断完善大病保险制度。加强宣传解读，使群众广泛了解大病保险政策、科学理性对待疾病，增强全社会的保险责任意识，为大病保险实施营造良好社会氛围。

国务院办公厅

2015年7月28日

附录 4

问卷编号：_____

城乡居民重大疾病保障制度模式效应评估调查问卷

您好，我们是南京大学卫生政策与管理研究中心的研究人员。受国家自然科学基金项目"城乡居民重大疾病保障制度模式、效应评估与对策研究"（基金项目号：71573118）的委托，我们将进行城乡居民重大疾病保障制度模式效应评估的问卷调查，旨在了解城乡居民重大疾病保障制度对大病患者医疗服务及健康方面的影响，以促进相关制度政策的完善。

所有调查信息仅用于科学研究，对于您提供的一切信息，我们会严格遵守《中华人民共和国统计法》（1996年修正）第十五条规定：属于私人、家庭的单项调查资料，非经本人同意，不得泄露。感谢您的支持与配合！

南京大学卫生政策与管理研究中心
地址：南京市栖霞区仙林大道163号
邮编：210023 电话：025-89680735

家庭住址：_____市_____区(县、市)_____街道(乡镇)_____社区(村)_____号(幢)

被访者姓名：_____ 联系电话：_____

医保卡号：_____

身份证号：_____

调查时间：____年___月___日___时___分

调查员姓名：_____ 联系电话：_____

审核人姓名：_____

A. 人口学背景资料

编码	问题	注释	填写值
A01	性别	1＝男;2＝女	
A02	出生年份	(年)	
A03	年龄	(周岁)	
A04	学历	【代码1】	
A05	现在是否工作	1＝是;2＝否,退休;3＝否,失业	
A06	工作类型	【代码2】	
A07	婚姻状况	1＝已婚;2＝未婚;3＝离异;4＝丧偶;5＝同居	
A08	目前户口类型	1＝农业;2＝非农;3＝统一居民户口	
A09	家庭常住人数	在当前家庭居住满6个月的人数(人)	

代码1:1＝未受过教育;2＝小学(私塾);3＝初中;4＝高中(职高或中专);5＝大专;6＝大学本科;7＝硕士及以上

代码2:1＝国家机关、党群组织、企业、事业单位负责人;2＝专业技术人员;3＝办事人员和有关人员;4＝社会生产服务和生活服务人员;5＝农林牧渔劳动者;6＝生产制造及有关人员;7＝军人;8＝不便分类的其他劳动者

B. 家庭收支情况

编码	问题	单位	金额
B01	过去一年,家庭总收入[如工资性收入、非工资性收入(如房租)等]	(万元)	
B02	过去一年,家庭总支出(不包括购买汽车、房子等大额支出)	(万元)	
B03	过去一年,家庭医疗支出(就医、买药等费用)	(万元)	
B04	最近一月,食品消费支出(主要指米、面、水果、调料等支出,不包括烟酒、宴席)	(元)	

C. 医疗保险

编码	问题	注释	填写值
C01	参加何种医疗保险(可多选)	【代码3】	
C02	过去一年是否享受二次补偿待遇	1=是;2=否	
C03	二次补偿报销方式	1=实时报销;2=先垫付后报销;3=其他方式( )	
C04	过去一年是否享受医疗救助	1=是;2=否	
C05	医疗救助方式	1=免费参保;2=实时救助;3=事后救助	
C06	过去一年医疗救助补偿了多少钱	单位:元	
C07	是否还参加其他补充医疗保险	1=是;2=否	

代码3:1=职工医保;2=城镇居民医保;3=新农合;4=城乡居民医保;5=公费医疗;6=商业医疗保险

D. 健康状况、功能及行为

编码	问题	注释	填写值
D01	您的身高	(厘米)	
D02	您的体重	(公斤)	
D03	是否患有慢性病	1＝是;2＝否(跳转 D05)	
D04	患有何种慢性病(可多选)	【代码 4】(可多选)	

代码 4:1＝高血压;2＝血脂异常;3＝糖尿病;4＝恶性肿瘤(癌症);5＝慢性肺部疾患;6＝肝脏疾病;7＝心脏病;8＝中风(脑卒中、脑梗);9＝肾脏疾病;10＝胃部或消化系统疾病;11＝情感及精神问题;12＝记忆相关疾病;13＝关节炎或风湿;14＝哮喘;15＝其他

编码	问题	注释	填写值
D05	因何病进行二次报销(大病保险)	疾病名称	
D06	疾病严重程度	1＝不严重;2＝一般;3＝严重	
D07	与同龄人比,您目前的健康状况	1＝非常不健康;2＝比较不健康;3＝一般;4＝比较健康;5＝非常健康	
D08	与去年相比,您觉得您的健康状况变化如何	1＝变好;2＝差不多;3＝变差	
D09	最近一个月,您觉得您的行动能力如何	1＝我可以四处走动,没有任何困难;2＝我行动有些不方便;3＝卧床不起	
D10	最近一个月,您觉得您的自我照顾能力如何	1＝完全可以自理;2＝洗澡和穿衣服有问题;3＝无法自己洗澡和穿衣服	
D11	最近一个月,您觉得您在日常活动方面能力如何(如工作、做家务)	1＝没有问题;2＝有些问题;3＝无法进行日常活动	
D12	最近一个月,感到疼痛或不舒服程度如何	1＝没有;2＝中度;3＝极度	
D13	最近一个月,感到焦虑或忧郁程度如何	1＝没有;2＝中度;3＝极度	

(续表)

编码	问题	注释	填写值
D14	请您给自己的健康状况打分	100分制,分数越高,健康状况越好	
D15	您现在是否吸烟	1=吸烟;2=已戒烟(跳转D17);3=不吸烟(跳转D17)	
D16	最近一个月,您平均每天吸多少支烟	(支)【1包20支】	
D17	您平时是否喝酒	1=几乎不喝酒(跳转D19);2=每月1—2次;3=每周1—2次;4=每天	
D18	每次饮酒量	1=少量;2=适量;3=大量	
D19	参加体育锻炼的频率	1=几乎不锻炼;2=每月1—2次;3=每周1—2次;4=每周3—4次;5=每天	
D20	您过去一年是否参加过体检	1=是;2=否	

E. 医疗服务利用

E1. 最近一次生病时的就医行为

编码	问题	注释	填写值
E01	您最近一次感觉不舒服或身体不适是什么时候	1=1周以内;2=1个月以内;3=半年以内;4=1年以内;5=超过1年	
E02	当时是否就医	1=是;2=否(跳转至E10,谨慎选择)	
E03	本次就医,初诊选择的是哪类医疗机构	【代码5】	
E04	该医疗机构距离您的住所有多远	1=小于1 km;2=1—3 km;3=3—10 km;4=10—50 km;5=大于50 km	
E05	这次就医,是否住院	1=是;2=否(跳转至E07)	

(续表)

编码	问题	注释	填写值
E06	若住院,住院天数	(天)	
E07	本次就医,总共花了多少钱(包括报销或减免费用)	(元)	
E08	其中,报销了多少钱	(元)	
E09	自己支付了多少钱	(元)	
E10	您没有就医的原因	1=之前已经看过医生了; 2=病情不严重,不需要看医生; 3=没有钱看病;4=没有时间看病; 5=去医院交通不方便; 6=医院服务态度不好; 7=认为看医生没有用;8=其他 (　　)	

代码5:1=村卫生室(社区卫生服务站、私人诊所);2=乡镇卫生院(社区医院);3=县、区级医院;4=市、地级医院;5=省级医院

E2. 过去一年医疗成本

编码	问题	注释	填写值
E11	过去一年,您看过几次门诊	(次)	
E12	您主要去下列哪种医疗机构就诊	【代码6】	
E13	在门诊总共花了多少钱(包括报销或减免费用)	(元)	
E14	其中,报销了多少钱	(元)	
E15	自己支付了多少钱	(元)	
E16	住院次数	(次)	
E17	到何种医疗机构住院	【代码6】	

代码6:1=村卫生室(社区卫生服务站、私人诊所);2=乡镇卫生院(社区医院);3=县、区级医院;4=市、地级医院;5=省级医院

| E18 | 住院您一共花了多少钱(包括报销或减免费用) | (元) | |

(续表)

编码	问题	注释	填写值
E19	其中,报销了多少钱	(元)	
E20	自己实际支付了多少钱	(元)	
E21	请您估算一下所花费的车旅费、营养伙食费及陪护费大概是多少	(元)	

F. 满意度

编码	问题	注释	填写值
F01	对目前的重大疾病保障制度的满意度	1=非常不满意 2=不满意 3=一般 4=比较满意 5=非常满意	
F02	对大病保险的缴费水平的满意度		
F03	对大病保险的合规费用的满意度		
F04	对大病保险的报销比例的满意度		
F05	对大病保险设置的封顶线的满意度		

附录 5

面上访谈调研提纲

（注：如该市各区县存在差异，请对差异较为明显的情况予以说明。）

1. 该市城乡居民大病保险实施的时间是？（如果不同区县实施的时间存在差异，请予以说明。）
2. 该市近三年参与城乡居民大病保险的人数是？
3. 该市近三年城乡居民大病保险筹资水平如何？（如果是城居保和新农合大病保险分开运行，则分别进行询问。）
4. 该市近三年城乡居民大病保险分段补偿比例如何？（如果是城居保和新农合大病保险分开运行，则分别进行询问。）
5. 该市城乡居民大病保险不同区县政策是否存在差异？如果存在，存在何种差异？
6. 该市城乡居民大病保险经办方式和承办商保公司是？
7. 该市近三年城镇职工大病保险筹资水平和分段报销比例如何？
8. 居民进行大病保险报销流程及时间是？
9. 该市居民报销大病保险人次（日/月）是？
10. 近三年当地医保基金结余情况如何？
11. 近三年当地医疗机构数和医疗卫生人员数是？

12. 近几年当地经济发展情况(包括当地人均 GDP、城镇居民人均可支配收入和农村居民人均纯收入等)怎样?

13. 近几年当地常住人口和人口结构是?

后　记

我国基本医保制度设计日臻完善，使居民就医可及性得到一定程度的提高，然而居民仍面临较大医疗卫生支出压力。大病保险制度对高额医疗费用患者进行二次补偿，其对居民的影响效应及程度亟待探究。同时，医疗保障制度分割运行、医保制度间差异过大等现象也带来了居民医疗服务利用和健康方面的严重的不公平问题。2016年，国务院印发《国务院关于整合城乡居民基本医疗保险制度的意见》，各地在国家顶层设计下逐步推进两项医保制度的整合，以实现医疗保障更高层次的公平。但是由于不同地区医保制度发展存在不协调不充分问题，各地实施医保制度城乡整合的模式及时间并不一致。这为进一步研究大病保险制度不同城乡统筹模式实施效应差异提供了基础。

2010年和2014年，在国家自然科学基金委资助下，本人主持了两项国家自然科学基金面上项目——"城市化进程中城乡医疗保障的统筹模式研究：效应评估与最优模式选择"（2011—2013）和"统筹城乡医疗保障制度对城乡居民健康及医疗利用的影响研究——基于自然实验框架下的分析"（2014—2017）。通过广泛深入调研典型试点地区，我们在全国范围内总结了基本医保制度城乡统筹的不同模式，并对统筹城乡医保制度绩效及各种模式的政策效应进行评估研究。在实际调研中我们发现，除基本医保制度外，大病保险制度也在全国范围内有三种典型的城乡统筹模式，基于前述研究课题，我们对城乡居民大病保险制度实施效应及不同城乡统筹模式效应差异进行研究,本书是对本人主持的国家自然科学基金面上项目"城乡居民重大疾病保障制度模式、效应评估与对策研究"(2016—2019)成果的总结,从制度绩效及城乡统筹两个视角全面、系统地研究大病保险制度实施效应是本书的一大创新。

衷心感谢国家自然科学基金委对本课题研究的大力支持,感谢各调研地区人社和卫生部门、医疗保障局、医疗保险基金管理中心等经办部门及相关人员的大力支持,感谢南京大学卫生政策与管理研究中心团队在调研过程中的辛勤付出,也向所有支持和帮助本书写作及出版的人员表示衷心感谢!

顾 海

南京大学卫生政策与管理研究中心主任

图书在版编目(CIP)数据

大病保险制度效应及对策研究：基于统筹城乡医保视角 / 顾海，许新鹏著. — 南京：南京大学出版社，2021.7
（公共事务与国家治理研究丛书）
ISBN 978-7-305-24592-3

Ⅰ.①大… Ⅱ.①顾… ②许… Ⅲ.①医疗保险－保险制度－研究－中国 Ⅳ.①F842.684

中国版本图书馆 CIP 数据核字(2021)第 122612 号

出版发行　南京大学出版社
社　　址　南京市汉口路 22 号　　邮　编　210093
出 版 人　金鑫荣

丛 书 名　公共事务与国家治理研究丛书
书　　名　大病保险制度效应及对策研究：基于统筹城乡医保视角
著　　者　顾海　许新鹏
责任编辑　郭艳娟

照　　排　南京南琳图文制作有限公司
印　　刷　南京玉河印刷厂
开　　本　635×965　1/16　印张 25　字数 353 千
版　　次　2021 年 7 月第 1 版　2021 年 7 月第 1 次印刷
ISBN 978-7-305-24592-3
定　　价　80.00 元

网址：http://www.njupco.com
官方微博：http://weibo.com/njupco
官方微信号：njupress
销售咨询热线：(025) 83594756

* 版权所有，侵权必究
* 凡购买南大版图书，如有印装质量问题，请与所购图书销售部门联系调换